倉本一宏［編］

10

寛仁三年（一〇一九）四月～寛仁四年（一〇二〇）閏十二月

現代語訳 小右記

吉川弘文館

凡例

一、本書は、藤原実資の日記『小右記』の現代語訳である。

一、原文、および書き下し文は、紙幅の関係上、収録しなかった。

一、全十六冊に分けて刊行する。それぞれの収録範囲は、以下の通りである。

1 貞元二年(九七七)三月—永延二年(九八八)十二月
2 永祚元年(九八九)正月—長徳元年(九九五)十月
3 長徳二年(九九六)正月—寛弘二年(一〇〇五)三月
4 寛弘二年(一〇〇五)四月—寛弘八年(一〇一一)十二月
5 長和元年(一〇一二)正月—長和二年(一〇一三)六月
6 長和二年(一〇一三)七月—長和三年(一〇一四)十二月
7 長和四年(一〇一五)四月—長和五年(一〇一六)二月
8 長和五年(一〇一六)三月—寛仁元年(一〇一七)十二月
9 寛仁二年(一〇一八)正月—寛仁三年(一〇一九)三月

10　寛仁三年(一〇一九)四月―寛仁四年(一〇二〇)閏十二月
11　治安元年(一〇二一)正月―治安二年(一〇二二)十二月
12　治安三年(一〇二三)正月―治安三年十二月
13　万寿元年(一〇二四)正月―万寿二年(一〇二五)八月
14　万寿二年(一〇二五)九月―万寿四年(一〇二七)六月
15　万寿四年(一〇二七)七月―長元二年(一〇二九)九月
16　長元三年(一〇三〇)正月―長久元年(一〇四〇)十一月

一、現代語訳の底本としては、大日本古記録(東京大学史料編纂所編纂、岩波書店、初刷一九五九～一九八六年)を用いた(主に第四刷〈二〇〇一年〉を利用した)。大日本古記録一巻が、この現代語訳二巻分に相当するように分割した。

一、この現代語訳第一〇巻に相当する大日本古記録が底本とした写本は、以下の通りである(逸文については、出典をそれぞれ明示してある)。

寛仁三年(一〇一九)四月―六月	広本	前田本甲第二十三巻	尊経閣文庫蔵
七月―九月	広本	前田本甲第二十四巻	尊経閣文庫蔵
十月―十二月	広本	前田本甲第二十五巻	尊経閣文庫蔵
寛仁四年(一〇二〇)七月―九月	略本	東山御文庫本第三十五冊	東山御文庫蔵

十月―閏十二月　広本　前田本甲第二十六巻　尊経閣文庫蔵

一、現代語訳は逐語訳を旨としたが、よりわかりやすくするため、語句を補ったり、意訳を行なっている箇所もある。ただし、原文の用字（特に人名呼称）は、なるべく尊重した。

一、古記録の現代語訳はきわめて困難であるため、本書は現代語訳の断案というものではまったくなく、一つの試案と考えていただきたい。

一、底本の誤字については、原則として文字を訂正して現代語訳を行なった。また、脱字や虫食いがある部分については、他の古記録や儀式書などによって推定できる部分は、現代語訳を行なった。文字を推定できない箇所については、おおむね判読できない字数の分を□□で示した。

一、裏書については段落を替えて表記した。また、表の記載・裏書にかかわらず、底本が段落を替えている部分については、本書でも段落替えを行なった。

一、漢字の表記については、常用漢字表にあるものは、原則として常用漢字体に改めた。

一、本文の註や割書は、〈　〉の中に入れて区別した。

一、各日付と干支の後に、その日の記事の主要な出来事を、簡単に太字で示した。

一、人名に関する註は、（　）の中に入れて付けた。原則として毎月、最初に見える箇所に付けた。ただし、人名呼称が代わった場合は、また名だけを付けた。

一、ルビは毎月一回、最初に見える箇所に付けた。原則として『平安時代史事典』（角田文衛監修、古代

学協会・古代学研究所編、角川書店、一九九四年)、『日本国語大辞典』(日本国語大辞典第二版編集委員会・小学館国語辞典編集部編、小学館、二〇〇〇～二〇〇二年)、『国史大辞典』(国史大辞典編集委員会編、吉川弘文館、一九七九～一九九七年)の訓みに準拠した。

一、特に女性名の訓み方については、現在、明らかになっているものは少ないが、あえて『平安時代史事典』の訓みを用いた。『平安時代史事典』利用の便を考えたためである。

一、用語解説と人物注は、巻末にごく少量だけ付けた。『平安時代史事典』、『国史大辞典』、『日本国語大辞典』を参照した。ルビを多めに付けているので、他はこれらの辞典を引いていただきたい(ジャパンナレッジの利用をお勧めする)。

一、書き下し文については国際日本文化研究センターのウェブサイト(http://db.nichibun.ac.jp/ja/)に「摂関期古記録データベース」として公開しているので、索引代わりに是非ご利用いただきたい。『御堂関白記』『権記』『春記』『左経記』『八条式部卿私記』『太后御記』『沙門仲増記』『元方卿記』『済時記』『藤原宣孝記』『一条天皇御記』『二東記』『後朱雀天皇御記』『定家朝臣記』『師実公記』『後三条天皇御記』『寛治二年記』『季仲卿記』『清原重憲記』『高階仲章記』の書き下し文も公開している。

目　次

本巻の政治情勢と実資

寛仁《かんにん》三年(一〇一九)三月二十一日に出家した後も、藤原道長《みちなが》の権力には、いささかの翳《かげ》りも見えなかった。「禅閤《ぜんこう》」として政治を主導した道長であったが、やはりひと区切りついたという心境となったのであろう、この頃から『御堂関白記』の記事は極端に少なくなる。

このような折、小一条院《こいちじょういん》敦明《あつあきら》親王の妃《ひ》であった藤原顕光《あきみつ》二女の延子《のぶこ》が四月十一日に急逝《きゅうせい》した。実資は、「心労《しんろう》」によるものと記しているが、やがて顕光と延子の霊が道長一家に襲いかかることになる。

四月十七日、大宰府《だざいふ》から刀伊《とい》の入寇《にゅうこう》を伝える飛駅使《ひえきし》が到達した。刀伊というのは高麗《こうらい》語で高麗以東の夷狄《いてき》つまり東夷《とうい》に日本文字を当てたもので、もっぱら北方に境を接する東女真《ひがしじょしん》(東部満州《まんしゅう》のツングース系の民族。後に中国で金《きん》や清《しん》を建国することになる)のことを指していた。女真族はこの頃、しばしば高麗を掠奪《りゃくだつ》していて、この時も高麗の後で北部九州に向かったのであった(土田直鎮『王朝の貴族』)。

刀伊によって殺された者が、報告されただけで三六五人、拉致《らち》された者が一二八九人という被害は、大変なものであった。たまたま藤原隆家《たかいえ》が大宰権帥《だざいのごんのそち》として現地で戦闘指揮にあたったおかげで、何

後一条天皇後宮系図

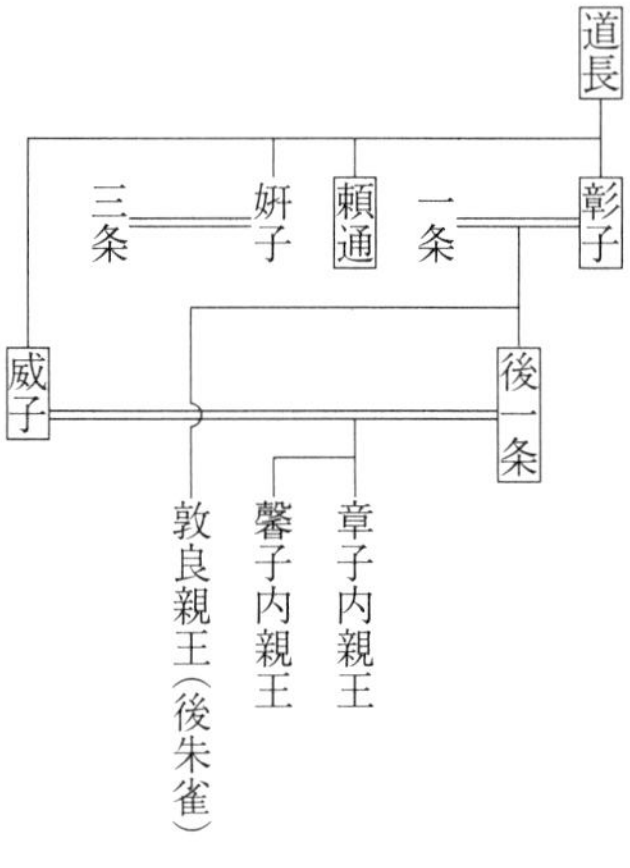

とか撃退できたのである。

この間、道長は四月二十日に桟敷《さじき》で賀茂祭《かものまつり》を見物したりしていた。道長や藤原頼通《よりみち》の禄は甚だ過差《かさ》であって、実資は、「人の狂乱、世の衰亡」と怒っている。また、二十四日には、道長は東大寺《とうだいじ》と延《えん》暦寺《りゃくじ》の両方で受戒《じゅかい》を行なうと言い出して、延暦寺僧である院源《いんげん》は過差であると憤っている。もちろん、結局は行なっているが。

道長の病悩の方も、完全に治まったわけではなかった。四月二十八日には、道長の昼寝は病悩の徴《ちょう》証《しょう》であるとの報が寄せられ、五月二十四日には重く病んだ。実資が見舞いに訪れても会うことはできず、藤原教通《のりみち》を介して、「今回は、まったく存命できないであろう」との言葉が伝えられた。六月一日には念仏を始めるなど、極楽往生《ごくらくおうじょう》に向けた準備を始めたが、三日には何と、道長は憑坐《よりまし》を用いずに自ら霊気《れいき》（物怪《もののけ》）を顕露《けんろ》させ、これを調伏《ちょうぶく》したという。いつも出てくる物怪は同じ顔ぶれなので、慣れてしまっているのであろうか。

この頃、左大臣《さだいじん》の顕光が辞任するという噂が宮廷を駆けめぐり、誰が新しい大臣に上るかについて、特に道長の意向をめぐって侃々諤々《かんかんがくがく》の情報が飛び交っていた。実資は、当然それは自分であると思っていたが、上席には道長の異母兄である藤原道綱《みちつな》がいた。道綱は六月十五日、道長に、「一、二箇月でも大臣の座を貸してもらいたい。決して政務には関わらない」などと懇望《こんもう》し、「一文不通《いちもんふつう》の人を丞《じょう》相《しょう》（大臣）に任じるのは世が許さない」と実資を怒らせている。道綱は十九日には、道長と源倫子《ともこ》に任大臣を懇望しているが、結局は顕光の辞任は噂に過ぎず、そのまま左大臣の座に居坐り続けた。それにしても、道長（と倫子）の政治力の強さを改めて見せつけた騒動であった。

六月二十九日、大宰府が注進《ちゅうしん》した刀伊を撃退した勲功者《くんこうしゃ》の処遇を議す陣定が開かれた。大宰府からは十一人の勲功者（大宰府に直結する前府官系武士と「住人」を冠する在地武士）が上申《じょうしん》されたが、問題となったのは、彼らにどのような行賞を行なうかではなく、そもそも彼らに行賞を行なう必要があるのかどうかであった。

どういうことかと言うと、勲功が有る者に賞を進めるということを四月十八日付で勅符《ちょくふ》に載せたとはいっても、戦闘はすでに四月十三日に終わっており、勅符が未だ到らない前に勲功を立ててしまったからであるという、信じがたい理由によるものであった。

藤原公任《きんとう》と藤原行成《ゆきなり》という、当時を代表する有能な公卿は、行賞を行なうべきではないという意見を述べた。しかし実資が、「勅符が到ったかどうかを論じてはならない。たとえ行賞を募《つの》っていなくとも、勲功が有れば賞を賜うことに何事が有ろうか。寛平《かんぴょう》六年(八九四)に『新羅《しんら》の凶賊』が対馬島《つしま》に到り、島司文室善友《ふんやのよしとも》が撃退した時にも賞を給わった。まして今回は、刀伊人が人民千余人を拉致し、数百の人や牛馬を殺害し、また壱岐守《いきのかみ》藤原理忠《まさただ》を殺した大事件である。それを追い返し、刀伊人を射殺したのであるから、やはり賞が有るべきである。もし賞を与えなければ、今後は奮戦する者がいなくなるであろう」と、至極当然の意見を述べると、藤原斉信《ただのぶ》がそれに同調した。その後、公任と行成はじめ次席の者も同じ意見となった。

なお、一見すると、公任や行成がとんでもない意見を述べたようにも見えるが、実は彼らの意見の方が正論なのであった。朝廷からの追討宣旨がないまま、勝手に地方で戦闘を行ない、それに対して朝廷が後追いで行賞を行なうとなると、まさに自力救済(=暴力主義)を旨とする中世の到来を意味することになる。それは後の後三年の役や、源頼朝による平泉征討で、明らかになってくることになる(対馬島司が新羅海賊を撃退したのは、当然の職務である)。

七月十七日、道長は土御門第《つちみかどてい》の東に丈六《じょうろく》の阿弥陀像と四天王像を造立することを発願《ほつがん》し、新堂の木造始《こづくりはじめ》を行なった。これが後に無量寿院《むりょうじゅいん》そして法成寺《ほうじょうじ》につながることになる。

道長は九月二十七日に受戒のために東大寺に出立《しゅったつ》した。その際、注目すべきは、六日に、円融《えんゆう》院が受戒した時の先例を人々の日記に求めているということである。実資はさっそく、七日に日記を抄写《しょうしゃ》して提出しているが、道長の自己認識がよく窺える。また、受戒当日の二十九日には、東大寺勅封《ちょくふう》御倉の鍵を奈良《なら》まで持って来させている。おそらくこの時、正倉院《しょうそういん》を開封したのであろう。道長はいったい、どの宝物を見たかったのであろうか。

「病は気から」というのか、この頃は道長の病悩の記事が見られなくなる。出家と寺院の造営《ぞうえい》で、気分もよくなっていたのであろう。

十一月十六日、道長の二男で検非違使《けびいし》別当《べっとう》となっていた藤原頼宗《よりむね》が、実資に別当辞任の事情を語っている。検非違使庁の政務はきわめて不都合で、どうしようもない。皆は自由に振舞い、何事も執行することができない。官人の心は清直ではない、というものである。それを聞いた実資は、官人たちは道長の命によって意に任せて執行し、別当を無視しているのであろうと推測し、他の別当ではますます難しいであろうと記している。

十二月九日、実資は財産分与を定めた。小野宮・荘園・牧・厩は、女の千古《ちふる》に相続させ、官文書・日記は追って千古所生の男子に相続させることとし、残りの幾分かを良円《りょうえん》と資平《すけひら》に相続させるというものであった。処分の文書を作成し、「道俗の子たちは、一切、口入《こうじゅ》してはならない」という筆致に、実資の強い意志が窺える。

寛仁四年(一〇二〇)三月二十二日、道長は三后(藤原彰子《あきこ》・藤原妍子《きよこ》・藤原威子《たけこ》)の行啓《ぎょうけい》を迎えて間口十一間の阿弥陀堂(無量寿院)の落慶供養を盛大に挙行した(『御堂関白記』、『諸寺供養類記《しょじくようるいき》』所引『小右記』)。七月には頼通も病悩し、二十七日に法性寺《ほっしょうじ》の五大堂《ごだいどう》に参籠した。道長はこれに同行したが、嘆息《たんそく》は極まりなかったという。

九月二十八日には、道長は灸治《きゅうじ》を行ない、その後に湯治《とうじ》を行なっている。この治療で、延暦寺での受戒は延期された。灸治は十月五日にも行なっている。

一方、この頃、後一条天皇は重く瘧病《おこりやまい》を病んでいた。九月十一日、道長は瘧病の祓《はらえ》の懈怠《けたい》によって腹立《ふくりゅう》が甚しく、諸卿を罵辱《ばじょく》し、家の子は道長の前に進むことができなくなっていた。二十八日には、邪気が憑坐に駆り移った際には平常を得るが、憑坐が平常に復すと後一条は「むつかり」叫ぶとされ、御悩が邪気によることの明証であるとされた。

そして翌九月二十九日、もっとも恐れていた事態が出来《しゅったい》した。後一条(敦成親王《あつひら》)のために立太子《りったいし》できないまま、寛仁二年(一〇一八)に薨《こう》じてしまっていた敦康《あつやす》親王の霊が、後一条に出現したのである。「また種々の物気《もののけ》(物怪)が顕露した」とあるが、後一条に襲いかかった数々の霊(敦康の外戚《がいせき》たちであろうか)に接して、道長は何を思ったであろうか。

十月十六日には、後一条に病悩が重く発っていた際に、道長が祈禱《きとう》を行なっている。後一条に取り憑《つ》いた邪気は人に移り、その声が時々聞こえてきたが、道長の様子は、あたかも験者《げんざ》(加持祈禱をして霊験をあらわす行者)のようであったという。

この十月の朔日《さくじつ》からは、道長は公卿《くぎょう》たちの請願を嫌って、対面を避けるようになっていた。徐々に政治の第一線からは退こうとしていたのであろう。十一月十三日には、無量寿院の門に「召しの無い人は参ってはならない」という札を立てて、人の推参《すいさん》を禁じている。十二日に二、三人の公卿が参ったので腹を立てたからだという。

十一月二十九日、実資の養子である参議藤原資平は、自分が勘解由長官《かげゆのかみ》・大蔵卿《おおくらきょう》・修理大夫《しゅりだいぶ》・左京大夫《だいぶ》のどれかに任じられるという情報を得た。「皆、不要の官である」ということで、頼通に書状を送って抗議し、道長の許には直接出向いて、これを愁えた。

この日、頼通からは、承諾した旨の返答があったが、道長は、「官職は公家《くげ》(天皇・朝廷)の御定である。あれこれ申してはならない」と言って突き放した。除目が始まり、資平がふたたび頼通に書状を送ったところ、「無理に任じるわけにはいかない。任じられる人の本意に従わなければならない。ところが入道殿は、必ず任じるようにということである。その命には背き難い」という返答があった。

結局、資平は修理大夫に任じられ、道長二女の妍子に辞任の仲介を乞うたりしているが、道長の意向に従うようにとの頼通の勧告を受け入れ、嫌々ながら、翌年の八月まで勤めている。

十二月四日、早くも九体阿弥陀像《くたいあみだぞう》の造立が終わり、土御門第の南にある小南第《こみなみてい》に仮安置した。いよいよ道長は、浄土への第一歩を踏み出したのである。なお、十二月十三日に道長は比叡山に登り、廻《え》心菩薩戒《しんぼさつかい》を受けている。

なお、道長は、寛仁二年十二月に生まれた頼通の同母弟教通《のりみち》の一男信家《のぶいえ》（母は藤原公任女）を頼通の猶子《ゆうし》としていた。摂関家内部における頼通と教通の嫡流《ちゃくりゅう》争いを予防しようとしたのである。また、この寛仁四年十二月には、具平《ともひら》親王王子の万寿宮資定《ますのみやすけさだ》王を元服《げんぷく》させて源師房《もろふさ》と名乗らせ、頼通の猶子とした。信家や師房がそのまま頼通の後継者と目されたのかどうかは、難しい問題であるが、なかなか男子にも恵まれない頼通の後継者問題については、道長も頭の痛いことだったのである。

現代語訳 小右記 10

大臣闕員騒動

寛仁三年（一〇一九）四月―
寛仁四年（一〇二〇）閏十二月

寛仁三年（一〇一九）

藤原実資六十三歳（正二位、大納言・右大将）　後一条天皇十二歳　藤原道長五十四歳　藤原頼通二十八歳　藤原彰子三十二歳　藤原威子二十一歳

○四月

一日、戊子。　賀茂祭の文書／旬平座

左中弁《さちゅうべん》（藤原）経通《つねみち》が、宣旨《せんじ》および斎院《さいいん》（選子《のぶこ》内親王）の禊祭《けいさい》料の進未《しんみ》勘文《かんもん》を持って来た。子細は目録にある。

「今日、後《ご》一条《いちじょう》天皇は紫宸殿《ししんでん》に出御《しゅつぎょ》しなかった」と云うことだ。

二日、己丑。　旬儀／道長室倫子、実資の道長への発言を悦ぶ

宰相（藤原資平《すけひら》）が来て云ったことには、「昨日、中納言《ちゅうなごん》（藤原）行成《ゆきなり》・（源）経房《つねふさ》・（藤原）実成《さねなり》、参議《さんぎ》（藤原）朝経《あさつね》・私（資平）が参入しました。秉燭《へいしょく》の後、宜陽殿《ぎようでん》に着しました。饗宴が有りました。大納言《だいなごん》（藤原）道綱《みちつな》は、宿衣《しゅくえ》を着して、台盤所《だいばんどころ》に参りました。□卿相《けいしょう》は、甚だ道理が無いということを□」と云うことだ。

夜に乗じて、（橘）儀懐朝臣《よしかねあそん》が来て、語って云ったことには、「先日、汝《なれ》（実資）が密かに談った事を、北方《きたのかた》（源倫子《ともこ》）に洩らし申しました。悦気《えっき》が有りました」ということだ。大略は、先日、私が入道殿《にゅうどうどの》（藤原道長《みちなが》）に申しておいた。

三日、庚寅。　深覚の来訪

東大寺《とうだいじ》別当《べっとう》僧都《そうず》深覚《しんがく》が来訪された。清談《せいだん》の次いでに云ったことには、「入道殿が住まれる所について、汝（実資）が申した趣旨は、只今、或いは伝え談られた。すでに私（深覚）の思うところと合っている。感嘆に堪えず、来たものである」ということだ。

四日、辛卯。　道長への見舞いの可否／非常赦／諸所に火事

早朝、あれこれが云ったことには、「入道殿が重く悩《や》まれている」と。また、云々、縦横していた。そこで宰相を参らせた。しばらくして、帰り出て云ったことには、「『昨夜、重く悩まれた。今朝は宜しくいらっしゃる』ということでした。汝（実資）が参るかどうかについて、源大納言《げんだいなごん》（俊賢《としかた》）に伝え達しました。報じて云ったことには、『今の間は、大した事はおありにならない。参らないとはいっても、何事が有るであろうか。尋常に伺候している卿相たちが参って伺候するのが通例である。他の人については、必ずしも馳せることはないのではないだろうか』ということでした。昨夜、非常赦《ひじょうしゃ》を行なわれました。中納言行成卿が上卿《しょうけい》を勤めました。暁方に臨んで、赦免しました」と云うことだ〈子の終剋の頃、蓮花《れんげ》十字の東西・富《とみ》小路の東西・大炊御門《おおいみかど》大路以南・冷泉院《れいぜいいん》小路の南北の人々の宅が焼亡した。東風が頻りに吹いた。怖畏《ふい》は、もっともはなはだしかった。諸卿は摂政《せっしょう》殿（藤原頼通《よりみち》）に参集した。火が滅しようとした頃、宰相と一緒に参入した。立ったまま奉謁《ほうえつ》した。しばらくして、退帰した。東方は、段々と白んでいた。寅剋であろうか。〉。

五日、壬辰。　擬階奏に加署／道長を見舞う／諸所に火事

擬階奏《ぎかいのそう》に加署《かしょ》した。

入道殿に参った。源大納言〈俊賢。〉・四条大納言《しじょうだいなごん》〈(藤原)公任《きんとう》。〉、二位宰相《にいさいしょう》〈(藤原)兼隆《かねたか》。〉・右兵衛督《うひょうえのかみ》〈(藤原)公信《きんのぶ》。〉・右大弁《うだいべん》〈朝経。〉が、先に参っていた。左衛門督《さえもんのかみ》〈(藤原)頼宗《よりむね》。〉を介して、おっしゃられて云ったことには、「この四、五日、大いに悩んでいまして、逢うことができない」と。しばらくして、斎院に参った。左中弁経通が、私の車後《くるまじり》に乗った。客殿《きゃくでん》に於いて、出車《いだしぐるま》と出馬《しゅつば》について定めた。史《し》(但《たん》波《ばの》)奉親《ともちか》朝臣が伺候した。院司《いんじ》たちも、同じく伺候した。禊祭について命じられた。左少将《さしょうしょう》(藤原)誠《さね》任《とう》と少納言《しょうなごん》(藤原)基房《もとふさ》を垣下《えんが》とした。斎院は粉熟《ふずく》を供した。晩方、退帰した。酉剋の頃、北隣の(藤原)佐光《すけみつ》朝臣の宅の西廊の上に、火が投げ上げられた。煙が発した際、宰相の宅の人が見付けて、雑人《ぞうにん》たちが撲滅《ぼくめつ》した。また今夜、戌剋の頃、上東門《じょうとうもん》大路以北・帯刀町《たちはきまち》の東西の小人の宅が焼亡した。「去夜と今夜の焼亡は、皆、盗人が行なったものである」と云うことだ。また、昨月の晦日《つごもり》ごろの雨夜、四条《しじょう》の小人の宅が焼亡した。常陸介《ひたちのすけ》(藤原)惟通《これみち》の旧妻の宅に、群盗《ぐんとう》が火を付け、惟通の女《むすめ》が焼き殺された。現在、すでに憲法《けんぽう》は無い。万人は膝を抱えて天を仰いでいる。

六日、癸巳。　道守舎造営を進言

京中の処々で、昼夜を論じず、火事が有る。皆、これは盗賊が行なうところであって、憲法が無いことが致したものである。昨日、卿相が入道殿に参会した次いでに、嘆息するばかりであった。四条大納言が云ったことには、「条々の夜行《やぎょう》を行なわれなければならない」と。私が云ったことには、「道守《みちもり》舎《や》を造って、保々《ほほ》に命じて宿直《とのい》させるのが、もっとも佳《よ》いであろう」と。源大納言が響応《きょうおう》した。

七日、甲午。　維摩会講師宣旨／俊賢、第三度上表

擬講《ぎこう》経救《きょうきゅう》が来て、講師《こうじ》宣旨《せんじ》を蒙《こうむ》った慶賀《けいが》を告げた〈「年は三十九歳」ということだ。〉。大納言俊賢卿は、今日、重ねて上表《じょうひょう》を行なった。但し、太皇太后宮大夫《たいこうたいごうぐうだいぶ》は辞さなかった。

八日、乙未。　灌仏会

灌仏会《かんぶつえ》は通例のとおりであった。内裏に参らなかった。灌仏会の布施《ふせ》を、内（後一条天皇）と東宮（敦良《あつなが》親王）に奉献《ほうけん》した〈各々、紙四帖《じょう》。檀紙《だんし》に包んだ。紙の上に、「右大将《うだいしょう》」と書いて、白木《しらき》に付けた。〉。

九日、丙申。　藤原顕光、御禊前駆定の上卿を藤原公季に譲る

大外記《だいげき》（小野）文義《ふみよし》が云ったことには、「左大臣（藤原顕光《あきみつ》）は、一昨日、御禊《ごけい》の前駆《ぜんく》を定められるということについて、あらかじめその戒めが有りました。ところが急に、犬の産穢《さんえ》を申されました。そこで右大臣（藤原公季《きんすえ》）に命じられました。明日、定め申されることになりました。また、他にも議定《ぎじょう》が有ります」ということだ。

召使《めしつかい》が云ったことには、「明日、右大臣が定め申される事が有ります。参入してください」ということだ。病悩を称しておいた。

十一日、戊戌。　小一条院女御延子、急逝／太皇太后・中宮、内裏還啓／詔書に加署／資平を斎院

御禊行事とするよう奏上

「昨夜、左大臣の二娘(藤原延子《のぶこ》)〈院(小《こ》一条院《いちじょういん》)の御息所《みやすどころ》。〉が、急に亡逝《ぼうせい》した」と云うことだ。「心労《しんろう》である」と云うことだ。召使が申して云ったことには、「外記《げき》(高橋)国儀《くにのり》が申させて云ったことには、『今夜、太皇太后《たいこうたいごう》(藤原彰子《あきこ》)および中宮《ちゅうぐう》(藤原威子《たけこ》)が、内裏に御入《ぎょにゅう》することになっています。その行啓《ぎょうけい》に供奉《ぐぶ》してください』ということです」と。腰病によって騎馬に堪えられないということを申させた。また、披露《ひろう》するよう、源中納言《げんちゅうなごん》〈経房。〉に伝え達しておいた〈後に聞いたことには、「両宮(彰子・威子)は、車を分けて、同じ時剋に御入した」と云うことだ。〉。

詔書《しょうしょ》〈赦。〉の覆奏《ふくそう》に加署した。参議資平が禊祭の日に斎院に参るという事について、蔵人《くろうど》(藤原)範永《のりなが》を介して奏上させた。他の参議は皆、その役を勤めた。資平は未だ勤めていない。そこで奏上させたものである。

十二日、己亥。　**後涼殿の北道に追剝**

右近将曹《うこんのしょうそう》(紀)正方《まさかた》が云ったことには、「一昨夜、主殿司《とのものつかさ》の女が、後涼殿《こうりょうでん》の北道に於いて、盗人の為にすべて衣裳を剝がれました」ということだ。「刀を抜いて頸《くび》に充て、声を放たせませんでした」と云うことだ。未だ聞いたことのない事である。御所の最近辺で、どうしてましてや里第《りてい》である。末世《まっせ》と称すべきである。悲しいことよ。

十三日、庚子。　**放火、頻発／諸条に道守舎を造り、検非違使に巡検させる**

「昨夜、襲芳舎《しゅうほうしゃ》の放火を撲滅した。また、藍園《あいぞの》の付火《つけび》も撲滅した。また、小野宮《おののみや》の東町《ひがしまち》の小人の宅の放火は、帥中納言《そちちゅうなごん》（藤原隆家《たかいえ》）の家の宿直の者が見付けて告げ、すぐに撲滅した」と云うことだ。「帥《そち》（隆家）の家の宿護《しゅくご》の者が、夜、舎の上にいた」と云うことだ。「連夜、京中で、往々にこの事が起こる。放免《ほうめん》が行なったものである」と云うことだ。特に宮中に起こったのは、極めて奇怪である。どうして天譴《てんけん》を降さないのであろうか。また、朝廷が定め行なわれるところは無い。愚《ぐ》（実資）が思うところは、付火の者を捕えて進上した輩《やから》に、殊賞《しゅしょう》を加える宣旨を、もしかしたら下されるべきであろうか。そうすれば怖畏が有るであろうか。このことは、密々に四条大納言と頭弁《とうのべん》経通に伝え達した。放火が断たなければ、天下は滅亡してしまうのか。「この二、三日の間、諸条に道守舎を造った」と云うことだ。去る五日、卿相が入道殿に参会した。京中に付火が有るので、道守舎を造るべきであるという事を、私が述べたものである。「その後、検非《けび》違使《いし》の官人たちを召し仰せたのである」と云うことだ。検非《けび》違使《いし》別当《べっとう》（頼宗）は、あの日、入道殿にいた。考えると、仰せ下したのか。後日、四条納言が伝え送って云ったことには、「夜行については、あの日、検非違使別当に伝えた。その次いでに道守舎について命じたのであろうか」と。

十四日、辛丑。　滝口に放火犯人を捜索させる

蔵人範永が来て、仰せを伝えて云ったことには、「資平朝臣は、巡が到ったので、禊祭の行事《ぎょうじ》とすることとする」ということだ。外記国儀を召して、宰相に、斎院に参るよう〈禊祭の日。〉、命じた。滝口《たきぐち》紀惟光《これみつ》が云ったことには、「去る夕方、蔵人左衛門権佐《さえもんのごんのすけ》（藤原）資業《すけなり》が滝口たちに宣旨を伝え仰せて云ったことには、『宮中の放火の者を捜索して捕えたならば、賞して左右衛門尉《えもんのじょう》とする』ということでした」と。惟円《いえん》が来て、帥の室（源兼資《かねすけ》女）の書状を伝えた。これは子の右兵衛佐《うひょうえのすけ》（藤原経輔《つねすけ》）の御禊の前駆の際の事である。「帥が万物を調備して送ったので、夕方に到着します」ということだ。

十七日、甲辰。　禊祭勘文／小除目／刀伊、対馬・能古島に来寇

左中弁が、陰陽寮《おんみょうりょう》が勘申《かんじん》した禊祭の文を持って来た〈点地《てんち》の文一枚・禊祭両日に御出《ぎょしゅつ》する日時文、各一枚。〉。見終わって、奏上するよう伝えた。宰相が来た。すぐに内裏に参った。夜に入って、帰って来て云ったことには、「入道殿に参り、次いで内裏に参りました。斎院司除目《さいいんしじもく》〈斎院次官《さいいんのすけ》。〉が行なわれました。中納言行成が上卿を勤めました」と云うことだ。戌剋の頃、惟円師が帥中納言の書状〈ただ一行。〉を持って来た。今月七日の書状に云ったことには、「刀伊《とい》国の者五十余艘《そう》が対馬《つしま》島に来着《らいちゃく》し、殺人・放火しています。要害《ようがい》を警固《けいご》し、兵船《へいせん》を差し遣わします。大宰府《だざいふ》は飛駅言上《ひえきごんじょう》します」ということだ。惟円が帰り去って幾《いくば》くもなく、重ねて来て云ったことには、「八日に内房《ないぼう》（兼資女）に送った帥の書状を、同じく飛駅で持って来ました。云ったことには、『その異国船は乃古《のこ》島〈大宰府の警固所《けいごしょ》を去ることはわずかである。〉に来着した』と云うことです」ということだ。

十八日、乙巳。　大宰府解／刀伊来寇についての陣定／諸道を警固／飛駅使に寮馬を給う

早朝、召使が来て云ったことには、「巳剋以前に参入してください」ということだ。何日か、腰病を煩っている。我慢して、宜しければ参入するということを、召使に伝えておいた。宰相が来て云ったことには、「忌日《きにち》であるので参ることができません」ということだ。忌日とはいっても、格別な召しが有るのであるから、参入しなければならない。

「昨夜、飛駅の解文《げぶみ》について、侍従中納言《じじゅうちゅうなごん》行成卿が処理した」と云うことだ。宰相は、大宰府の解文の詳細を行成卿に問い遣わした。返報の書状に云ったことには、「大宰府の解文に云ったことには、『刀伊国が、対馬・壱岐《いき》島を攻撃しました〈対馬守《つしまのかみ》（大春日《おおかすがの》）遠晴《とおはる》が、大宰府に参って、事情を申しました。壱《い》岐守《きのかみ》（藤原）理忠《まさただ》は殺害されました。また、筑前《ちくぜん》国乃古島〔「警固所の近々の所」と云うことです。〕が伝えたことには、「あの賊は、多く来襲して、敵対することができません。その速さは隼《はやぶさ》のようです」と云うことだ。〉。帥は軍を率いて警固所に到り、合戦することになりました』と云うことです」と。入道殿に参った。すぐに拝謁した。大宰府が言上した兵船について談られた。次いで内裏に参った。右大臣、大納言（藤原）斉《ただ》信《のぶ》・公任、中納言行成・頼宗・実成、参議（源）道方《みちかた》・公信・（藤原）通任《みちとう》が、先に参入していた。刀伊国について、壁の後ろに於いて行成卿に問うた。「議定は、すでに終わりました」ということだ。私は陣座《じんのざ》に着した。大臣（公季）が大宰府解《だざいふげ》一枚〈今月七日・八日の解文。〉〈対馬守遠晴の申状は、「壱岐守理忠が殺された事。あの島の講師常覚《じょうかく》が逃れて来て、理忠の郎等《ろうどう》某《なにがし》丸《まる》が申したところの趣旨を申したものです。刀伊国の船五十余艘は、その速さが隼のようです」と云うことだ。「海陸から人々が来襲したので、攻撃しました」ということだ。飛駅に云ったことには、「刀伊国の者二人が射殺されました」ということだ。〉を給わって云ったことには、「行なわれなければならない事を定め申さなければならない」と。また云ったことには、「この大宰府解は、『官裁《かんさい》』と記しているが〈奏状を作成すべきである。〉、飛駅の申状ではないのは、如何なものか」と。私が答えて云ったことには、「諸卿の僉議《せんぎ》は、如何だったのでしょうか」と。大臣が云ったことには、「要害を警固し、追討を加えることとなった。勤功が有った者に賞を加えることとなった。大宰府解は『官裁』と記しているが、本来ならば官符《かんぷ》を給わなければならない。ところが、勅符《ちょくふ》ではなかったので、遅く到ったのであろうか。函の上に『飛駅』と記し、やはり勅符を給わなければならない。但し、官符の文には、違例《いれい》であることを記さなければならない。また賞すという事は、前例を調べると、勅符に載せていない。そこで官符に載せることとした。種々の内外の御祈禱《きとう》〈仏事。〉を行なわれなければならない。山陰《さんいん》・山陽《さんよう》・南海道《なんかいどう》は、要害を警固しなければならない事を定め申した」と。私が云ったことには、「この他には、また申すことはありません。但し、警固しなければならない事は、同じく北陸道《ほくりくどう》にも下給すべきでしょう」と。大臣は承諾して、左大弁《さだいべん》道方に命じた。大臣が寛平《かんぴょう》の外記《げき》日記《にっき》を引見《いんけん》して云ったことには、「北陸・山陰・山陽・南海道の要害を警固するということが有った。汝（実資）が定め申したことに叶っている」ということだ。また云ったことには、「飛駅使《ひえきし》に、もしかしたら馬寮《めりょう》の馬を下給すべきであろうか」と。覚えていないということを答えた。外記に問われたところ、「見えるところはありません」ということだ。諸卿が云ったことには、「確かに覚えているところが無いとはいっても、召して下給すべきであろうか。推して量るところである」

ということだ。未だ勅符について行なわれない前に、病悩を称して退出した。後日、飛駅式《ひえきしき》を見た。発遣される時は、馬寮の馬を下給する。返遣《へんけん》の時は、見えるところは無かった。発遣の例に准じて、下給すべきであろうか。

後に聞いたことには、「賞を加えるという事・奏状ではなかった事は、やはり勅符に載せられた」ということだ。少納言(藤原)信通《のぶみち》が談ったところである。或いは云ったことには、「賞については、募られてはならない」と云うことだ。

「飛駅使二人に馬寮の馬を下給した」と云うことだ。

十九日、丙午。　斎院御禊／前駆経輔の牛童、過差により検非違使に追捕される

未剋の頃、斎院に参った。宰相が従って参入した。宰相は殿上人《てんじょうびと》の座の上首《じょうしゅ》に着した。行事の弁経通も、同じ座に着した。外記と史は、南座《なんざ》に着した。院司を召させた。長い時間が経って、斎院長官《さいいんのかみ》(源)光清《みつきよ》朝臣が参入した。「禊祭料が未だ究めて進上されていませんので、院の事が行ない難いのです。走孺《はしりわらわ》の狩袴《かりばかま》も未だ調備していません。また、下仕《しもづかえ》の裳《も》も、少々足りません」ということだ。また、申して云ったことには、「下仕の裳が足りませんので、古い裳を着させては如何でしょう。また走孺の狩袴に古いものを用いるのは如何でしょう」ということだ。伝えさせて云ったことには、「事はすでに御出の時剋に臨んでいる。事を欠くことのない様、算段して行なうよう、召し仰させたのである」と。行事の弁朝臣が云ったことには、「先日、禊祭の未《み》進勘文《しんかんもん》を進上しました。その後、あれこれを申していません。すでに究めて進上したということがわかりました。すでに当日に臨んで、このことを申すのは、そうであってはなりません」ということだ。先ず肥牛《こえうし》を見た。申剋に臨んで、下仕と走孺を見た。(橘)義通《よしみち》朝臣が勧盃《けんぱい》を行なった。私の盃を宰相資平に差し出すわけにはいかない。そこで更に私は義通に授けた。義通が宰相に差し出した。「衛府《えふ》の前駆と次第使《しだいし》は、座に着していません。ただ蔵人所《くろうどどころ》の陪従《べいじゅう》二人が、座に着しています。他は皆、故障を称して、院外に伺候しています」ということだ。申剋、御車を寄せた。私は一条院《いちじょういん》の北辺りに於いて見物した。宰相は車後に乗った。日が未だ入らない頃、斎王《さいおう》(選子内親王)が渡られた。考えるに、東洞院《ひがしのとういん》大路の辺りで、日が入ったのか。「右兵衛佐経輔の牛童《うしわらわ》は、狩衣《かりぎぬ》の縫目に銀箔《ぎんぱく》を押していた。検非違使たちは、斎院から出た際に、看督長《かどのおさ》に召し搦めさせたが、牛童は遁走して、人の宅に入った。これは経輔朝臣の騎馬の宅である。看督長が追捕《ついぶ》した際、左衛門尉《さえもんのじょう》(藤原)為親《ためちか》が出逢い、追捕してはならないということを命じた。看督長は為親の従者を搦めて、連行した。検非違使の官人は、すぐに禁固《きんこ》した。看督長は、為親の従者の為に衣の袖を引き断たれた。また、負っていた靫《ゆき》を損傷された」と云うことだ。(源)懐信《かねのぶ》朝臣が云ったことには、「騎馬所の人々が、到り会いました。ところが為親もまた、前駆です。そこで馬に騎っています。看督長に会っていません。はなはだ事実の無い事です」ということだ。祭の後〈二十四日。〉、為親の従者に問うたところ、「左衛門尉が申したところによって、行なったものです」ということだ。これは左衛門府生《さえもんのふしょう》(笠《かさの》)良信《よしのぶ》が申したところである。

二十日、丁未。　大宰府使を引見／飛駅の来ないことを憤る／道長、桟敷で賀茂祭を見物することを定む

「帥《そち》納言《なごん》の使（藤原）公政《きんまさ》が、今日、帰る」ということだ。そこで□□行、召し遣わして、刀伊国について直接、伝えた。飛駅は重ねて来ない。人々は傾き憤った。黄昏に臨んで、宰相が来て云ったことには、「入道殿に参りました。左大将《さだいしょう》（藤原教通《のりみち》）が云ったことには、『桟敷《さじき》にいらっしゃって、見物されることになった』ということでした。或いは云ったことには、『美濃守《みののかみ》（藤原）泰通《やすみち》が、饗饌《きょうせん》を奉仕する』と云うことでした」と。

二十一日、戊申。　諸社奉幣使

異《い》国《こく》凶賊《きょうぞく》が鎮西《ちんぜい》に来襲した事によって、諸社に御幣使《ごへいし》を出立《しゅったつ》された〈大納言公任卿が上卿を勤めた。〉。「摂政は、今日、賀茂《かも》社に参られることになっていた。ところが、朝廷の奉幣《ほうべい》によって延引《えんいん》した」と云うことだ。宰相が来て云ったことには、「今日、奉幣使《ほうべいし》の宰相は、故障を申しました。参仕するよう、蔵人右少弁《うしょうべん》資業朝臣が、摂籙《せつろく》（頼通）の命を奉って書状を送ってきました」と。すぐに急いで参入した。内裏から伝え送って云ったことには、「左大弁が参入しました。そこで松尾《まつのお》・平野《ひらの》使《し》を兼ねて勤めることになりました」と。

黄昏、宰相が来て云ったことには、「午剋、奉幣使を出立されました。妊者《にんじゃ》が有ったので、垣中に入らず、斎院次官（源）頼重《よりしげ》朝臣に宣命《せんみょう》を読ませました」ということだ。

二十二日、己酉。　賀茂祭／祭使に摺袴を送る

摺袴《すりばかま》を源大納言の御許に送った。息左少将(源)顕基《あきもと》は、今日、祭使《さいし》を勤めるのである。宰相が来て云ったことには、「祭使《さいし》所《しょ》〈一条院別納《べちのう》。〉を退出して、そこから斎院に参ることにします」ということだ。私は未剋、斎院に参った。先ず事情を宰相の許に示し遣わした。左近府生久友《さこんのふしょうひさとも》が、途中に於いて源大納言の書状を伝え申して云ったことには、「薬袋十二を、すぐに貸し送ってください」ということだ。人を久友に差し副え、(中原)師重《もろしげ》の許に仰せ遣わした。宰相は上東《じょうとう》門から扈従《こしょう》して、斎院に参った。宰相が云ったことには、「源大納言は、思い忘れて手振《てぶり》の薬袋を準備しませんでした。また、魚袋《ぎょたい》を揃えませんでした。そこで急に取り遣わしたのです。故実《こじつ》に云ったことには、『近衛府使《このえふし》は、或いは飾釼《かざりたち》を着す〈代える。〉』と。どうしてましてや魚袋はなおさらです」と。今日の饗宴は、斎院が設備したものである。(藤原)師経《もろつね》朝臣〈四位。〉が、勧盃を行なった。私は左少将誠任に目くばせした。誠任は来て、盃を差し出した。宰相と左中弁は、座にいたとはいっても、便宜《びんぎ》が無かったので、誠任に差し出した。師経と誠任は、饗の事によって、垣下として、座にいた。斎院の事を催促させた。斎院長官光清が申して云ったことには、「事は漸く準備し終わりました」ということだ。飾馬《かざりうま》と童女《どうにょ》の馬を見た。童女の馬は、もう一疋が、未だ率いて来ていなかった。これは帥宮《そちのみや》(敦平《あつひら》親王)が出されることになっていた馬である。重ねて催促させたのである。□漸く申剋に及んだ。また陰気が有った。そこで座を起って、御所に進んだ。御輿《みこし》を寄せさせた。ところが、騎馬女十二人の髪が、未だ理髪《りはつ》し

ていなかった。申して云ったことには、「借り奉った女たちが、遅参《ちさん》して来たのです。そこで早く髪を上げることができませんでした」ということだ。手を分けて、髪を上げさせた。時剋は推移した。やっと上げ終わった。院司を介して事情を聞いたところ、「御衣《おんぞ》は未だ縫い出していません。また、童女の汗衫《かざみ》も、未だ縫い終わっていません」ということだ。この間、長い時間、停まり立った。院司が申して云ったことには、「帥宮は、出馬は堪えられないことを申されています」ということだ。院司に何とかして奉るよう命じた。方策が無いということを申した。童女一人が供奉していない。馬が無いことによるものである。時剋は多く移った。斎院は御輿に乗られた。私は一条院の北辺りに於いて見物した。宰相は車後に乗った。未だ日没に及ばない頃、御後ろの供奉の者が渡ってしまった。家に帰った後、しばらくして、秉燭となった。

二十三日、庚戌。　賀茂祭諸宮使・舎人随身の禄、過差

「今年、大殿《おおとの》(道長)の御馬舎人《とねり》の禄や、二位宰相の子の中宮使《ちゅうぐうし》中宮亮《ちゅうぐうのすけ》(藤原)兼房《かねふさ》に、絹十五疋と被物《かずけもの》を下給した」と云うことだ。「皇太后宮使《こうたいごうぐうし》の皇太后宮亮《こうたいごうぐうのすけ》(源)済政《なりまさ》と、東宮使《とうぐうし》の東宮学士《とうぐうがくし》(藤原)広業《ひろなり》の過差《かさ》は、極まり無かった。両殿(道長・頼通)の随身府生《ずいじんふしょう》は、牽馬《ひきうま》の口取《くちとり》となって、桑糸十疋・米三十石・被物」と云うことだ。人の狂乱、世の衰亡《すいぼう》である。「或る居飼《いかい》の禄は絹二疋。或いは手《た》作布《づくりのぬの》五端《たん》。被物を加えた」と云うことだ。奇怪である、奇怪である。述べ尽くすことはできない。

「御禊の前駆右衛《え》門権佐《もんのごんのすけ》(藤原)章信《あきのぶ》は、大殿の御馬に乗った。舎人に絹十疋と被物を下給した。乏少であるということを述べ、罵辱《ばじょく》したことは極まり無かった。居飼は手作布五端」と云うことだ。

二十四日、辛亥。　寛平六年の新羅来寇の際の宣命草／道長受戒定／相撲使選定を命ず

寛平六年の新羅《しんら》凶賊の時の宣命は、小野美材《よしき》の自筆の草案《そうあん》を慮外に見付けることができた。今回は、格別な御祈禱は行なわれない。はなはだ懈怠《けたい》である。そこで宣命を源大納言の許に送った。両殿〈入道・摂政。〉に覧せる為である。書写《しょしゃ》して、四条大納言に送った。宣命の趣旨がはなはだ優美であることを見せる為である。報じて云ったことには、「美材の文華《ぶんか》は、群を抜くものである。『菅家集《かんけしゅう》』に見える」ということだ。また云ったことには、「入道殿は、昨夜、内裏に参った。僧綱《そうごう》五人・御前僧《ごぜんそう》四人・中童子《ちゅうどうじ》二人・大童子《だいどうじ》十二人〈二人は長。〉。元の御随身は、釼《たち》を着さずに伺候していた。摂政以下の家の子が供奉していた。今日、然るべき雑事を定められた」と云うことだ。「僧正済信《そうじょうさいしん》を師として、先ず南京《なんきょう》に於いて受戒《じゅかい》する。次いで大僧正慶円《だいそうじょうきょうえん》を師として、廻《え》心戒《しんかい》を受ける。法印院源《ほういんいんげん》は憤怒《ふんぬ》した」と云うことだ。「出家の時には、天台《てんだい》(延暦寺《えんりゃくじ》)の人(院源)に随って菩薩戒《ぼさつかい》を受けた。更に声聞戒《しょうもんかい》を受けられるのは、如何なものか。やはり過差となるであろう」ということだ。「止めることはできないのか」ということだ。

相撲使《すまいのつかい》を定めるよう、右近将曹正方を介して、右中将《うちゅうじょう》(藤原)公成《きんなり》に云い遣わした。すぐに返事が有った。儀懐朝臣が云ったことには、「去る夕方、入道殿の御前僧の他は、五位四人でした」ということだ。

二十五日、壬子。　異国賊を京送するとの虚報／大宰府解／刀伊を撃退、これを追撃

早朝、惟円が来て云ったことには、「鎮西の事は、まったく音沙汰がありません」ということだ。すぐに帰り去った後、幾くもなく来て、云ったことには、「備中《びっちゅう》から参上した者が申して云ったことには、『異国の者何人かを、壱岐島に於いて打ち得た。その一人を兵士に付して、参上させた』ということです」と。先ず言上を経てから、処置すべきであろうか。直ぐに参上させたというのは、如何なものか。山崎《やまざき》に留めて、大宰府解を進上するよう指示しておいた〈後に聞いたことには、「この事は、大虚言《だいきょげん》でした。まったく参上させた者はいません」と云うことだ。近代は、ただ虚言を宗とする。〉。酉剋の頃、惟円が帥の書状〈去る十六日の書状。〉を持って来た。「異国人が来寇《らいこう》しました。九日に来寇しました。合戦の子細は大宰府解にあります」と。また、辞退すべきかどうかについて伝えた。惟円が云ったことには、「使者は隼船《じゅんせん》に乗って参上します。但し、異国は八日、急に能古《のこ》島に来着しました。同じく九日に博多《はかた》田に乱れて上陸しました。大宰府兵は、急に徴発《ちょうはつ》することはできません。先ず平為忠《ためただ》と平為方《ためかた》が帥の先駆《さきがけ》として、合戦に馳せ向かいました。異国軍は多く射殺されました。死体は戦場に留めず、船中に持ち入りました。また棄て置く者もいました。また生虜《せいりょ》となる者もいました。また、兵具《ひょうぐ》や甲冑《かっちゅう》を奪取しました」ということだ。「一船の中に五、六十人がいました。合戦の場では、人毎に楯《たて》を持っていました。前陣の者は鉾《ほこ》を持っていました。次陣は大刀を持っていました。次陣は弓箭《きゅうせん》の者でした。箭《や》の長さは一尺余りほどです。射力ははなはだ猛々しいものでした。楯を穿《うが》ち、人に当たりました。大宰府軍で射殺された者は、ただ下人だけです。将軍である者は射られませんでした。馬に乗って馳せ向かい、射取りました。ただ鏑矢《かぶらや》の声を恐れて、引き退きました〈『刀伊国の人の中には、新羅(高麗《こうらい》)国の人もいました』と云うことです。〉。船に乗って遁れ去りました。岸に沿って、船を掉《さお》さしました。大宰府軍は、兵船が無いので、追撃することができませんでした。陸路から馳せ行きました。刀伊人は、更に船を下りて、筥崎宮《はこざきぐう》を焼こうとしました。府兵は前行していた兵一人を射殺しました。驚いて船に乗り、逃遁しました。十日と十一日は北風が猛烈に吹きました。還り渡ることができず、海中に逗留《とうりゅう》しました。神明《しんめい》が行なったものでしょうか。両日の間、大宰府は兵船三十八艘を急ぎ造らせて、追襲させました。賊徒《ぞくと》は遁れ去り、本州(高麗)を指して漕ぎ去りました。大宰府の兵船は、また今、二十余艘が、勝ちに乗じてこれを追撃しました。また(平)致行《むねゆき》朝臣は、十余艘を調備して、合流しました。但し、先ず壱岐・対馬島に到るように、日本の境に限って襲撃するように、新羅の境に入ってはならないということを、都督《ととく》(隆家)が誡め仰せたところです」ということだ。使者がまた云ったことには、「只今では、追討して平定されたようなものです。賊徒の甲冑や兵具を、少々、奪取されました」と。また云ったことには、「陸路から刀伊国の者を捕えて進上するということは、十六日以前には承らなかったところです」ということだ。あれこれの説は、信受《しんじゅ》することができないばかりである。

後に帥の使の説を聞いたことには、「壱岐・対馬島の人たちは、すべて拉致《らち》されて船に載せられた。合戦の際、島人たちが叫んで云ったことには、『馬を馳せかけて射よ。臆病《おくびょう》は死んでしまった』と。

そこで官軍《かんぐん》は馳せ進んで射た。刀伊人は遁走して、船に帰り乗った。この頃、取り載せられていた二島の者は、多く船から下り、博多田に逃げて来た。云ったことには、『この刀伊人の特徴は、多く食い、また多く水を飲む。馬を馳せて鏑矢を射ると、恐怖の様子が有る』ということだ。また云ったことには、『児を荒巻《あらまき》にして、博多田津に落とし置いた』と云うことだ。『人を食った』と」と云うことだ。

二十六日、癸丑。　興福寺物忌／大宰府解の奏上

今日は山階寺《やましなでら》（興福寺《こうふくじ》）の物忌《ものいみ》である。左中弁経通が来て云ったことには、「大宰府が言上した異国凶賊についての解文を、摂政が、奏上されるよう、右相府《うしょうふ》（公季）に申されました。御返事に云ったことには、『物忌の上に、咳病《がいびょう》が発動《はつどう》して、参入することができない』ということでした。もしかしたら汝（実資）に命じられるのではないでしょうか」ということだ。答えて云ったことには、「右府（公季）と私は、同じ甲子の生まれである。同じく物忌である」と。もし摂政の命が有れば、この趣旨を申すようにということを伝えておいた。弁が云ったことには、「按察《あぜち》使（斉信）は病悩が有ります。もしかしたら四条大納言に命じられるでしょうか」ということだ。事情を問い遣わしたところ、報じて云ったことには、「明日、定め申されなければならないということを、右府に申された」ということだ。

二十七日、甲寅。　相撲使定、延引／大宰府解についての陣定／非常赦詔書覆奏

早朝、右近将曹正方が申して云ったことには、「右中将公成の書状に云ったことには、『今日、相撲使を定めるということを将たちに告げさせたのですが、皆、故障を申しました。もし手結《てつがい》の日に定める例が有るのならば、状況に随うことにします』ということです」と。頭弁経通が、摂政の命を伝えに来た。云ったことには、「大宰府の解文について〈飛駅の解文。刀伊国の凶賊が退却した事など。〉、今日、定め申すこととする」ということだ。参入するということを申した。また、云ったことには、「四条大納言〈公任。〉及び汝〈実資〉は、別に内豎《ないじゅ》を遣わして、必ず参るようにということを仰せ遣わさせた」ということだ。「他の者は、大外記文義に命じて申させることにした」ということだ。経通が退去した後、内豎が来て、参るようにということを伝えた。只今、参入するということを申させた。また、召使が来て、参るようにということを告げた。未剋の頃、参入した〈宰相が車後に乗った。〉。しばらくして、左大弁〈道方。〉が参入した。外記《げき》順孝《のぶたか》を召して、上達部《かんだちめ》が参っているかどうかを問うた。申して云ったことには、「大納言〈公任。〉と右衛門督《えもんのかみ》〈実成。〉は、病悩が有るとはいっても、我慢して、宜しければ、参入することになっています。他の者は故障があります」ということだ。頭弁経通が大宰府の解文を下給して云ったことには、「定め申すように」ということだ。申させて云ったことには、「見参《げんざん》している上達部の数が少ない。仰せに随って定め申さなければならない」と。おっしゃられて云ったことには、「重ねて大納言を召し遣わして、定め申すように」ということだ。召し遣わしている間に、大納言と右衛門督が参入した。これより先に、経通が大宰府の解文を下給して云ったことには、「定め申すように」ということだ。大宰府の解文は、云々。定め申して云ったことには、「刀伊国の人と申して、獲得した者は三人である。推訊《すいじん》したところ、申して云ったことには、『高麗国は、刀伊の賊を防禦する為に、その辺州《へんしゅう》に遣わした。ところが、かえって刀伊の為に捕獲されたのである』と云うことだ。数千人の刀伊の賊の他に、高麗人はどうして必ず捕えられたのか。偽って刀伊の人と称しているのか。決断して、大宰府が言上すべきであろう。兵具や首虜《しゅりょ》を進上させるまでもない。また、四王寺《しおうじ》の御修法《みしほ》を、特に行なわれるように。対馬島司遠晴は、早く本島に遣わすように。但し、事に堪える者を差し副えて、防護に勤めさせるように。国々に命じて、兵糧《ひょうろう》を運ばせるように。防人《さきもり》を催し遣わすように。また、壱岐守理忠が殺害された事は、今回の解文に、確かに尋ね問うて、言上しなければならなかった。ところが、それについては無かった。そのことを指摘すべきである。事がもしも事実であるならば、しばらく権摂《ごんせつ》の使を遣わして、警固させなければならない」と。定め申した趣旨は、経通を介して摂政に申させた。命じて云ったことには、「上達部が定め申したところに任せて、報符《ほうふ》を下給するように」ということだ。「但し、兵糧の糒《ほしいい》を注進《ちゅうしん》するよう、報符に加えて載せるように」ということだ。すぐにこの事を経通に命じた。また、大宰府解を下給した。報符に載せなければならない。晩方、退出した。

詔書の覆奏について、大外記文義が申してきた。次席の人に申すよう命じた。後に聞いたことには、「大納言公任卿が、これを奏上した〈後日、大納言が云ったことには、『先ず内侍《ないし》が伺候しているかどうかを問わなければならなかった。ところが、問わずに直奏《じきそう》してしまった。思失《ししつ》していたのである』ということだ。〉」と。

二十八日、乙卯。　道長の昼寝は不例の徴証／安倍吉昌、卒去

宰相が来た。退去して、晩に臨んで、また来て云ったことには、「入道殿と摂政殿に参りました。格別な事はありませんでした」と。律師《りっし》定基《じょうき》が云ったことには、「入道殿の昼寝は、御心地《ここち》が宜しくない時の事です」ということだ。

二十九日、丙辰。

「天文博士安倍吉昌《よしまさ》朝臣が卒した」と云うことだ。

何事も無かった。

○五月

一日、丁巳。　道長邸法華三十講始／賀茂神領文書を進覧／大宰府に下す官符を訂正させる

今日、入道殿《にゅうどうどの》(藤原道長《みちなが》)の三十講始《さんじっこうはじめ》が行なわれた。未剋の頃、参入した。御堂《みどう》の南廊《なんろう》にいらっしゃった。簾中《れんちゅう》に招き入れられて、清談《せいだん》した。その次いでに、賀茂《かも》御社《おんしゃ》の四至《しし》について申した〈天台《てんだい》(延暦寺《えんりゃくじ》)の申請した西坂下《にしさかもと》の四至の事などである。〉。「(源)経頼《つねより》朝臣《あそん》は、未だその事を申していない」ということだ。天台の四至の官符《かんぷ》は、勘申《かんじん》させてある。ところが、未だ入道殿の御覧を経ていないということを承って、驚くばかりである。おっしゃって云ったことには、「経頼は任国にいる。今日か明日に参上することになっている」と云うことだ。しばらくして、御堂に移られた〈簾中にいらっしゃった。大僧都《だいそうず》尋円《じんえん》と前大僧都《さきのだいそうず》尋光《じんこう》が伺候した。〉。すぐに鐘を打った。摂政《せっしょう》(藤原頼通《よりみち》)は堂前《どうぜん》の座に着した。下官(実資)及び大将〈(藤原)教通《のりみち》。〉・左衛門督《さえもんのかみ》〈(藤原)頼宗《よりむね》。〉・皇太后宮権大夫《こうたいごうぐうごんのだいぶ》〈(源)経房《つねふさ》。〉、伊予守《いよのかみ》〈(藤原)兼隆《かねたか》。〉・左大弁《さだいべん》〈(源)道方《みちかた》。〉・右兵衛督《うひょうえのかみ》〈(藤原)公信《きんのぶ》。〉・修理大夫《しゅりだいぶ》〈(藤原)通任《みちとう》。〉、三位中将《さんみちゅうじょう》二人〈左は(藤原)道雅《みちまさ》、右は(藤原)兼経《かねつね》。〉が、序列どおりに座に着した。講師《こうじ》は律師《りつし》懐寿《かいじゅ》、問者《もんじゃ》は律師明尊《みょうそん》。論義《ろんぎ》が終わって、行香《ぎょうごう》が行なわれた〈摂政以下。〉。僧たちが退下した後、南廊に還られた。左中弁《さちゅうべん》(藤原)経通《つねみち》が、大宰《だざい》府《ふ》に下給する官符を見せてきた。条々が有った。条毎に難点が有った。改め直すよう指示しておいた。

三日、己未。　大宰報符案／顕光を弔問／右近衛府相撲使定／相撲使定文

大宰府への報符《ほうふ》の草案《そうあん》を、今朝、見た。改め直す事が有った。摂政に覧せるよう、左中弁に指示しておいた。

盛算阿闍梨《じょうさんあじゃり》を呼んで、書状を左府(藤原顕光《あきみつ》)に伝えさせた〈院(小一条院《こいちじょういん》)の御息所《みやすどころ》(藤原延子《のぶこ》)が逝去《せいきょ》したことを遣わしたのである。賀茂祭《かものまつり》以前であったので参らず、その後は日次《ひなみ》が宜しくなく、今になるまで弔問《ちょうもん》しなかったということである。〉。

今日、相撲使《すまいのつかい》を定めることとするということを、先日、右中将《うちゅうじょう》(藤原)公成《きんなり》に伝えておいた。今朝、右近将曹《うこんのしょうそう》(紀)正方《まさかた》が申して云ったことには、「その事を申し定める為に、来るようです」ということだ。しばらくして、中将朝臣(公成)が来て云ったことには、「今日、相撲使について摂政に申しました。その後、おっしゃって云ったことには、『随身番長《ずいじんばんちょう》(秦《はたの》)武方《たけかた》を遣わすように』ということでした。武方が私(公成)に告げて云ったことには、『差し遣わされるわけにはいきません』ということでした。

武方の申したことに随うことができないのでしょうか。大略、武方が思ったところは、『相撲使に選ばれるのは、入道殿の御随身(下毛野《しもつけのの》)光武《みつたけ》を長く遣わすのであろう』と。この疑いによって、今、退いて辞遁《じとん》したものでしょうか」と云うことだ。右近将監《うこんのしょうげん》(身人部《むひとべの》)保春《やすはる》は、賭射《のりゆみ》で多く的に当てた。あの時、入道殿は相撲使として遣わすという興言《きょうげん》が有った。先日、摂政に申したところ、遣わすようにとの意向が有った。将監《しょうげん》については、処置し難い。そこで意向を取っただけである。定め遣わすよう、中将に指示しておいた。宰相(藤原資平《すけひら》)が来た。晩に臨んで、また来て云ったことには、「入道殿の三十講に参りました。今夕、内裏に参られます」と云うことだ。

左中弁が伝え送って云ったことには、「大宰府に下給する官符を摂政殿に覧せました。おっしゃって云ったことには、『はなはだ吉い。但し、農業を懈怠《けたい》してはならないということを入れるように』ということでした」と。仰せ事が無かったので、入れさせなかったのであるが、この事は要須《ようしゅ》の事である。去る寛平《かんぴょう》五年閏五月三日の勅符《ちょくふ》〈新羅《しんら》海賊《かいぞく》を追討する事。〉に云ったことには、「現在、務めは農要に有る。時を失わせてはならない。且つは征討《せいとう》し、且つは耕作するのは、良将《りょうしょう》の術である。勅が到ったならば、奉って行なえ」と。

相撲使の定文《さだめぶみ》を、右近府生《うこんのふしょう》(身人部)保重《やすしげ》が持って来た。見終わって、返給した。右中将公成、右少将《うしょうしょう》(藤原)良頼《よしより》・(源)隆国《たかくに》たちが定めた。

元慶《がんぎょう》二年四月二十八日の勅符〈出羽《でわ》の夷賊《いぞく》を討滅《とうめつ》する事。都良香《みやこのよしか》が作成した。〉。

重ねて奏状を得ると、詳しく凶類《きょうるい》が滋蔓《じまん》し、良民《りょうみん》を殺略《さつりゃく》したことを知った、云々。今、進上した奏状は極めて省略されている。胡城《こじょう》は雲に隔てられ、皇居は天に遙かである。路は遠く、事は疑わしいが、指示を仰ぐべきではない。必ず事は巨細《こさい》無く、委曲《いきょく》に記録して、知見させるように。老弱は征行を行ない、耕種は務めを廃する。早く染鍔《せんがく》の労を休め、まさに橐弓《たくきゅう》の化を崇《たっと》ばなければならない。勅が到ったならば、奉って行なえ。

この勅書《ちょくしょ》は大いに優美である。そこでいささか、所々の要句《ようく》を記し付けただけである。

四日、庚申。　大宰府報符の字句を改める／右近衛府荒手結

大宰府の報符を左中弁の許から見て送ってきた。「奸猾襲来《かんかつしゅうらい》」という文を止め、「奸猾来侵《らいしん》」に改めるよう、示し遣わしておいた。「この官符は、今日、請印《しょういん》を行ないました」と云うことだ。

夜に入って、右近府生（紀）保方《やすかた》が手結《てつがい》を持って来た。右中将（藤原）長家《ながいえ》、少将隆国・良頼が着し行なった。

五日、辛酉。　手結の訂正／粕・藤蕨酒

早朝、手結を下給した。「日下部《くさかべ》」を誤って「草部」と記していた。右近府掌《うこんのふしょう》（荒木）武晴《たけはる》を「近衛《このえ》」と書いていた。この両事を将の許に示し遣わしただけである。馬場所《ばばしょ》が糟《かす》と藤蕨酒《ふじわらびざけ》を進めた。

六日、壬戌。　右近衛府真手結

真手結《まてつがい》が行なわれた。将の禄は大褂《おおうちき》、射手《いて》の官人の禄は絹六疋、射手の物節《もののふし》以下の禄は布九十端《たん》。

但し、四端の余剰が有った。「雑駆仕《ぞうくし》の分」と云うことだ。饗料《きょうりょう》米は、あらかじめ下給しておいた。今日、手結の垣下《えんが》として、五位・六位を差し遣わした。戌剋の頃、右近府生保方が手結を持って来た。右中将公成・長家、右少将隆国・良頼が着し行なった。

七日、癸亥。　手結を下す

早朝、手結を下給した。

八日、甲子。　夢想／道長の封戸勅書に対する公任の疑義／兼家の先例

今日、内裏および三十講所に参ろうとした。ところが、夢想《むそう》が静かではなかった。そこで車の轄《くさび》を解かなかった。

四条大納言《しじょうだいなごん》(藤原公任《きんとう》)が、書状を示し送られて云ったことには、「昨日、摂政の御書状が有ったので、今日、参入する。勅書の上卿《しょうけい》を勤めることになった。『これは入道殿の御封戸《ふこ》についての事』と云うことだ。大入道殿《だいにゅうどうどの》(藤原兼家《かねいえ》)の御時の事について、もしかしたら聞かれているところは有るであろうか。御暦に記されているだろうか。故(菅原)宣義《のぶよし》が抄出《しょうしゅつ》した詔勅《しょうちょく》の中に、この勅が有る。『先ず入道《にゅうどう》関白《かんぱく》(兼家)の任人や賜爵《ししゃく》は、やはり三宮に准じる。封戸は勅を改めない』と云うことだ。書中に、『任人や賜爵の儀は三宮に准じる。そこで領地の制を改めず、二千戸を割いて特に加える』と云うことだ。表状に云ったことには、『月日勅書を読むと、「その封二千戸を賜わり、任人や賜爵は三宮に准じる」と云うことだ』と。勅答《ちょくとう》は、『その三宮に准じる儀を辞し、それで封二千戸の制を謝す』と云うこと

だ。これを考えると、最初の勅書は、二千戸を割いて新たにこれを加えるという文は、本封《ほんぷう》に別封《べつぷう》二千戸を加えるようである。これによって、端《はし》に書いた文は、宣義が記したものである。出家した人は、どうして位封《いふ》や職封《しきふ》が有るであろうか。表および勅答には、ただ『別封』と有る。『加』の字は、疑うところが無いわけではない。如何であろう。また、『勅書には御画《ごかく》が無い』ということだ。御所に赴かず、ただ摂政に奉るべきであろうか。先例では、幼主《ようしゅ》とはいっても、皆、奏上する。近代はそうではない。今、御元服《げんぷく》を加えられたが、このような事は如何であろう」ということだ。報じて云ったことには、「暦に記したものは無い。或る書に云ったことには、『ただ入道殿の例は、三宮の年爵《ねんしゃく》や年官《ねんかん》に准じ、および別封二千と記している』と。そもそも、出家した人に位や職の封戸が有るはずはないのではないか。また、『御画の無い文書《もんじょ》は、奏上されるわけにはいかない』ということだ。古跡《こせき》はまた、御所に赴いて奏聞《そうもん》し、御所から摂政の所へ遣わされた。ところが近代は、そうではない。但し、事はすでに軽くはない。御所に進んで奏上されるのが宜しいのではないか。事の疑いが有るのならば、先ず奏者に伝え、事情に随って処置されては如何か」と。近代の事は、古昔《こせき》のようではないばかりである。

九日、乙丑。　**道長を旧のごとく准三宮とす／三条院国忌／東北院の供僧の補任の仰書／資平、顕光を弔問**

昨日の勅書の趣旨、および進んで奏上するかどうかについて、大納言《だいなごん》（公任）の御許に問い達した。報じて云ったことには、「任人と賜爵は、元のとおり改めなかった。また、封戸二千戸と、位封や職封は有ってはならない。そこでただ、別封二千戸を給わられた」と云うことだ。「大入道殿の御時と同じである。入道殿に事情を申したところ、『御所に奉るのが宜しいであろう』ということであった。そこで御所に進んで、奏覧《そうらん》した。摂政は御所に伺候されていた」ということだ。この事は愚案《ぐあん》に合っている。宰相が来て云ったことには、「今日、故三条《さんじょう》院の御国忌《こき》を、法興院《ほこいん》に於いて行なわれます」と。法性寺《ほっしょうじ》座《ざ》主《す》僧都《そうず》慶命《きょうみょう》が来て云ったことには、「東北院《とうほくいん》の供僧《ぐそう》の補任《ぶにん》の例文を探し出すことができません。また、院中に文書が一枚もありません。今となっては、仰書《おおせがき》を給わりたいのです」ということだ。例文は故(清原)為信《ためのぶ》真人《まひと》に預けた。置所《おきどころ》を知らない。座主が云ったことには、「十八日以前に仰書を賜わりたいのです」ということだ。その日以前に、もし宜しい日が有ったならば、補任文書を遣わし奉るということを報じておいた。黄昏に臨んで、宰相が来て云ったことには、「三条院の御国忌に参りました。次いで左府に参って弔問しました」と。

十日、丙寅。　彰子、病悩

宰相が云ったことには、「入道殿の三十講に参りました。左兵衛督《さひょうえのかみ》〈(源)頼定《よりさだ》。〉および私(資平)を招き入れられ、餺飥《はくたく》を供されました。『太后《おおきさき》(藤原彰子《あきこ》)は、何日か、時々、悩《や》まれている』と云うことです。今夕、入道殿が参入されました」と云うことだ。

十一日、丁卯。　娍子、重病

宰相が来て云ったことには、「皇后宮《こうごうぐう》〈藤原娍子《すけこ》〉は、何日か、重く悩まれています。疫病《えきびょう》と邪気《じゃけ》が交じっています」と云うことだ。夜に臨んで、また来て云ったことには、「今日、内裏および入道殿に参りました。明日、祈年穀奉幣使《きねんこくほうべいし》を定められることになりました。中納言《ちゅうなごん》〈藤原〉行成《ゆきなり》卿が上卿を勤めます」ということだ。

十二日、戊辰。　祈年穀奉幣使定／西京に火事

宰相が伝え送って云ったことには、「今日は八卦《はっけ》の厄日《やくび》ですので、籠居《ろうきょ》しています。ところが、召使《めしつかい》が来て、参入するよう告げました。障りを申しました。その後、内豎《ないじゅ》が来て、重ねて召しました。参るということを申させました。左右大弁〈道方・藤原朝経《あさつね》〉が参ることができないのです。奉幣使の定文を書かなければならないので、召したものです」と云うことだ。深夜、西の方角に火が有った。人々が云ったことには、「西京《さいきょう》の火事か」ということだ。幾《いく》ばくもなく、撲滅《ぼくめつ》した。

十三日、己巳。　中務省監物局の火事／道長邸法華三十講五巻日／娍子、危篤

昨夜の火事について、人々に問うた。申して云ったことには、「中務省《なかつかさしょう》の内の監物局《けんもつきょく》の板舎《いたや》が焼亡しました」ということだ。昨夜、詳細を聞かなかった。そこで内裏に参らなかった。未剋の頃、入道殿に参った〈宰相が同車した。〉。今日は三十講の五巻日《ごかんのひ》である。二位宰相《にいさいしょう》〈兼隆。〉を介して、逢うということをおっしゃられた。しばらくして、堂前に出られた。逢うということを、左将軍〈教通〉を介しておっしゃられた。奉謁《ほうえつ》した。長い時間、清談した。摂政及び卿相《けいしょう》が参入した。そこで簾中に入られた。

鐘を打たせた。僧侶が参入した。堂童子《どうどうじ》が座に着した。法用《ほうよう》の後、花筥《はなばこ》を頒《わか》った。次いで僧侶が退下した。摂政以下諸大夫《しょたいふ》、および太政官《だいじょうかん》の上官《じょうかん》と六位が、捧物《ほうもち》を執って三廻した。僧侶が前行した。薪《たきぎ》の行道《ぎょうどう》は遅々としていた。数度、催促された。僅かに列行した。摂政以下の上達部《かんだちめ》は、捧物を執って三廻した。終わって、座の前に置いた。皇太后《こうたいごう》（藤原妍子《きよこ》）〈御堂にいらっしゃった。〉の御捧物〈装飾が有った。〉は、皇太后宮亮《こうたいごうぐうのすけ》（藤原）定頼《さだより》〈蔵人頭《くろうどのとう》、右中弁《うちゅうべん》。〉が持って、上達部の次に立った。殿上人《てんじょうびと》以下が、捧物を堂前の廊に置いた。長筵《ながむしろ》を敷いて、その上に置いた。袈裟《けさ》・掛《うちき》・紙・色物《いろもの》は、諸大夫が取って置いた。紙は近衛《このえ》府《ふ》の官人以下が取って置いた。講師は権律師《ごんのりつし》懐寿、問者は律師定基《じょうき》。釈経《しゃくきょう》および論義・問答《もんどう》は、通常のとおりであった。仏事が終わった後、僧俗に饗饌《きょうせん》が有った。黄昏、退出した。

今日の卿相は、摂政、大納言公任、中納言行成・教通・経房・頼宗・（藤原）実成《さねなり》、参議《さんぎ》兼隆・道方・頼定・公信・朝経、三位中将二人〈道雅・兼経。〉、参議資平。

皇后宮は、先日、尼となった。去る九日、更に御髪《おぐし》を剃って法師となった。御病悩が危急《ききゅう》であるからである。これは二位宰相が述べたところである。「昨日、参入して聞いたものです」ということだ。「また、御病悩は危篤です」と云うことだ。「院があの宮にいらっしゃいます」と云うことだ。

十五日、辛未。　東北院供僧を補す

今日、東北院の供僧二人を補した〈権律師成秀《せいしゅう》が辞退した替わりは、皇命《こうみょう》を補任した。阿闍梨済仲《さいちゅう》の死欠《しけつ》の替わりは、安慶《あんぎょう》を補した。〉。遠江守《とおとうみのかみ》（藤原）兼成《かねなり》に書き下させたのである。仰書《おおせがき》は紙背《しはい》にある。

伝燈大法師《でんとうだいほうし》皇命
権律師成秀が辞退した替わり。
伝燈大法師安慶
阿闍梨済仲の死欠の替わり。
右、仰せられて云ったことには、「この僧たちを、宜しく東北院の供僧とせよ」ということだ。
寛仁《かんにん》三年五月十五日　遠江守藤原兼成が奉った。
前々の仰書を探し出すことができなかった。また、寺家《じけ》に問うたが、「一枚の文書もありません」ということだ。そこで草案を書き下させたものである。

十六日、壬申。　祈年穀奉幣使、出立／城子、危篤／賀茂社神領について延暦寺領四至を、道長、裁断

祈年穀奉幣使が出立《しゅったつ》した。中納言行成卿が上卿を勤めた。

宰相が来て云ったことには、「昨日、皇后宮に参りました。御病悩は軽くないということを、修理大夫が伝えてきました」と。

左少弁《さしょうべん》経頼が来て云ったことには、「天台の四至について、昨日、入道殿に申しました。おっしゃって云ったことには、『官符に任せて、天台領とするように。この四至の内で、田三町余と畠若干を禅《ぜん》院《いん》の燈明料《とうみょうりょう》とするよう、山城国《やましろ》が注進《ちゅうしん》している。官省符《かんしょうふ》は無いとはいっても、禅院領となって、年《ねん》紀《き》を多く積んでいる。そこで天台領とするように。また、八瀬《やせ》と横尾《よこお》の住人は、四至の内であるから、天台が召し仕っていることは、数年の例を改めてはならない』ということでした」と。すぐに官符を作成するよう、弁に命じておいた。但し、官符の草案を見せなければならない。また、入道殿に覧せなければならない。四至は、古い官符の文に云ったことには、「西は下水飲《しもみずのみ》を限る」ということだ〈「下水飲と謂うのは、つまりこれは禅院である」と云うことだ。〉。

十八日、甲戌。　藤原実頼忌日

身代わりとして証空《しょうくう》阿闍梨に斎食《さいじき》させた。読経僧二口《く》〈増暹《ぞうせん》・念《ねん》賢。〉に、僧供料《そうぐりょう》を施した。午剋の頃、東北院に参った〈宰相が同車した。〉。我が家が饗饌を準備したことは、恒例のとおりであった。法華経《ほけきょう》と般若心経《はんにゃしんぎょう》を供養《くよう》した。諷誦《ふじゅ》を修した。通例である。行香が終わって、中剋の頃、各々、分散した。入礼《じゅらい》は、大納言(公任)・宰相・頭弁《とうのべん》〈経通。〉・(藤原)保昌《やすまさ》・(藤原)輔公《すけきみ》・(源)守隆《もりたか》・(平)理《まさ》義《よし》・(平)重義《しげよし》・(平)孝義《たかよし》・(橘)儀懐《よしかね》。五位と六位は何人もいた。

十九日、乙亥。　臨時仁王会定の上卿を承る

内裏に参った〈宰相は車後《くるまじり》に乗った。〉。諸卿は参っていなかった。母后《ははきさき》(彰子)の御在所《ございしょ》に参った。女房《にょうぼう》に逢った。仰せ事が有った。これは入道殿の家を御出《ぎょしゅつ》する際の事である。しばらくして、入道殿に参った。講演始《こうえんはじめ》の間である。下官が未だ参らない前、大納言公任と左《さ》三位中将《さんみちゅうじょう》道雅が堂前にいた。しばらくして、摂政、中納言教通・頼宗・経房、参議兼隆が参入した。摂政がおっしゃって云ったこ

とには、「仁王会《にんのうえ》について定め申すように」ということだ。申して云ったことには、「承りました。但し、蔵人頭を介して仰せ事を承らなければなりません」と。摂政は、経通〈蔵人頭、左中弁。〉に目くばせした。伺候していたので、これを命じた。下官の後ろに就いて、命じて云ったことには、「仁王会について定めるように」ということだ。承ったということを申させた。明日、陰陽寮《おんみようりよう》を召して伺候させる事・例文を揃える事を、すぐに経通に命じた。行事《ぎようじ》の弁を遣わしたことは、順序が有った。そのことを問うと、「皆、その巡が有ります」ということだ。「通例の仁王会か、如何か」と。弁が云ったことには、「あれこれ、承っていません」と。私が摂政に申したところ、おっしゃって云ったことには、「大極殿《だいごくでん》に於いて、百高座《こうざ》を立てて行なうこととする」ということだ。また、おっしゃって云ったことには、「前例は決まっていない。或る時はただ、大極殿一所で行なわれた。或いはまた、院宮《いんぐう》を止めなかった」ということだ。申して云ったことには、「神社や院宮も、やはり行なわれるのが、はなはだ善いでしょう」と。摂政は承諾された。明日、参入するよう、直接、左大弁〈道方。〉に命じた。

二十日、丙子。　**臨時仁王会定の上卿を勤める／定文の皇后と中宮の位次／孔雀経御修法料物宣旨**

内裏に参った〈宰相は車後に乗った。〉。これより先に、左大弁道方が参入していた。左中弁経通を介して陰陽寮に伝え仰せ、仁王会の日時を勘申させた。また、文書が揃っているかどうかを問うた。「皆、揃えてあります」ということだ。そこで南座《なんざ》に移り着した。すぐに日時《にちじ》勘文《かんもん》を進上した〈二十六日、時剋。二十九日、時剋。〉。史《し》が文書を進上した〈前々の定文・検校《けんぎよう》行事の定文・僧綱《そうごう》の夾名《きようみよう》・内供《ないぐ》阿闍梨の夾名・名僧帳《めいそうちょう》。〉。硯を大弁の前に置き、すぐに定文を書かせた〈大極殿、百高座。〉。講説《こうぜち》が終わった〈別に講師と読師《どくし》がいた。その他は皆、講師。また、別に紫宸殿《ししんでん》・清涼殿《せいりょうでん》・太皇太后《たいこうこうごう》(彰子)・皇太后・中宮《ちゅうぐう》(藤原威子《たけこ》)・皇后宮・東宮(敦良《あつなが》親王)・小一条院・神社が有った。序列はこのとおり。〉。また検校の一紙〈中納言藤原朝臣実成・参議源朝臣道方。〉・行事の一紙〈右少弁《うしょうべん》藤原朝臣(藤原)資業《すけなり》・右大史《うだいし》小槻宿禰《おつきのすくね》貞行《さだゆき》・左少史《さしょうし》宇治忠信《うじのただのぶ》。〉を書いた。書き終わって、私の許に進み、この文書〈三通。〉を進上した。私は開き見て、筥《はこ》に盛り〈初め文書を盛った筥である。あの文書を撤去し、定文・日時勘文・検校の定文を盛った。〉、経通を介して摂政に奉った〈御直盧《じきろ》にいらっしゃった。但し行事の定文は奉らなかった。これは前例である。〉。呪願《じゅがん》の趣旨は検校の上卿に伝えられるよう、申させた〈その後、事情を問うたところ、云ったことには、「伝えるようにとの仰せが有りました」と。その趣旨を問うたところ、云ったことには、「旱魃《かんばつ》について有っただけでした」ということだ。異国凶賊《いこくきょうぞく》についても載せるよう伝えた。〉。すぐに定文を返給して云ったことには、「二十六日に行なうことになりました」と。また、云ったことには、「皇后宮の上に中宮を書いています。序列が違濫《いらん》しています。中宮の上に改めて書いて、下賜しなければなりません」ということだ。私が申して云ったことには、「去る春の仁王会の定文は、このようであった。そこで書いたものである」と。但し改めて書いて下給するよう申させた。切り継ぐよう、弁に命じておいた。苦熱《くねつ》の候、改めて書くのは煩いが有るうえに、大弁に病悩の様子が有ったのである。日時勘文・僧名《そうみょう》の定文・検校の定文・行事の定文を行事資業朝臣に下給しようと思った。左中弁が云ったことには、「病者がおりますので、すぐに退出します。先ず下給し、私（経通）に下してください」ということだ。そこでこれらの文書を左中弁に下した〈四通。一通は僧名。一通は日時勘文を巻き加えた。一通は検校の定文。一通は行事の定文を巻き加えた。一度に下給した。〉。昨日、四条大納言が云ったことには、「去る春の仁王会で、皇后宮の上に中宮を書いた。また、東宮の下に小一条院を書いた。この事情を申させたところ、おっしゃって云ったことには、『移して付ける時、皇后宮は中宮の上に書かなければならない』ということであった。そこで改めて付けるよう、弁に命じた〈初めの定は左府、後の際の検校は大納言公任。〉。院と東宮の序列は、あれこれの仰せは無かった」ということだ。今日、あの時の定文を見たところ、改めて書いたことは無かった。そこで定文のように書かせたものである。右大弁《うだいべん》朝経に問うたところ、云ったことには、「あの時、改めよとの仰せが有りました。ところが、今になるまで書き改めていません」ということだ。左大弁の懈怠であるばかりである。今日、参入したのは、左大弁道方・右大弁朝経・侍従資平。酉剋、退出した。

今日、蔵人式部丞《くろうどしきぶのじょう》（藤原）範永《のりなが》が、宣旨《せんじ》一枚を下給した〈二十二日から始め行なわれる孔雀経御《くじゃくきょうみ》修法《しほ》の料物《りょうもつ》宣旨。〉。左中弁に下した。左中弁は、鹿島宮司《かしまぐうじ》が持って来た宣旨を下給した。その中文《もうしぶみ》に、当任の者の続文《つぎぶみ》が有った。事情を問うたところ、「もしかしたら他の上卿が継がせたのでしょうか」ということだ。ところが、中文の端に上卿・弁および月日を記していない。甚だ奇怪とするものである。又々、子細を問うたところ、答えて云ったことには、「摂政が当任の者の任限《にんげん》を覧る為に、勘申して継がせたものです。勅宣《ちよくせん》を奉ったので、下されたものです」ということだ。私が答えて云ったことには、「それならば、続文を出して宣下するように」と指示しておいた。

夜に入って、召使が来て云ったことには、「明日、右大臣〈藤原公季《きんすえ》〉が参入して、議定《ぎじよう》が行なわれます」ということだ。只今、犬の死穢《しえ》が有るということを称した。

二十三日、己卯。

源中納言《げんちゆうなごん》〈経房。〉が云ったことには、「明日、祈雨使《きうし》を出立されます〈丹生《にう》・貴布禰《きぶね》社。使は蔵人。〉」と。

すぐに源中納言が上卿を勧めた。

二十四日、庚辰。　尋清、仁王会に招請されることを望む／丹生・貴布禰使発遣／隆家の書／刀伊を追撃した兵船、帰還せず

尋清《じんせい》律師が来た。他の僧たちは、多く皆、仁王会に招請された。検校の上卿に告げるよう答えた。

早朝、宰相が来た。すぐに入道殿に参った。晩に向かい、また来て云ったことには、「明日、三十講が結願《けちがん》します」と。また、云ったことには、「今年は受領《ずりよう》は、非時食《ひじじき》を奉仕する事が多く、例年に倍しています」と。また、云ったことには、「午剋、丹生・貴布禰使を発遣されました」と。

帥《そち》納言《なごん》〈藤原隆家《たかいえ》〉の書状〈今月十日の書。〉が、今日、到来した。云ったことには、「刀伊《とい》の賊を追撃した兵船《へいせん》が、未だ帰還していません。そこで重ねて言上《ごんじよう》しませんでした。帰還した後に、大宰府解《だざいふげ》を進上することにします。『兵船は、壱岐《いき》から対馬《つしま》に向かった』ということです。その後、状況を聞いていません。疫病が、まさに発《おこ》って、どうしようもありません。但し、万事を止めて、兵船と武具を造らせ、要害《ようがい》の警固《けいご》を勤行《ごんぎょう》させています。刀伊を追撃した官軍《かんぐん》は、皆、大宰府の大切な武者たちです。ところが、今になっても帰還しません。はなはだ鬱《うつ》し嘆いています」ということだ。

二十五日、辛巳。　道長邸法華三十講結願／賑給使定／紀忠道、卒去／節会の御器を私宅に置くを改め、進物所に納めさせる

或いは云ったことには、「入道殿は昨夜、悩まれた」と云うことだ。確かな説を得ない。今日、入道殿の三十講が結願する。そこで参入した〈宰相は車後に乗った。〉。左将軍を介して、伝えられて云ったことには、「去る夕方から悩み煩って、今となっても休むことが無い。逢うことはできない」ということだ。鐘を打たれた。摂政以下は堂前の座に着した。僧侶が参入した。講説と論義が終わって、諷誦〈信濃布《しなののぬの》百端。〉を修された。摂政以下が行香を行なった。終わって、中納言以下が禄を取った。この禄は、桑糸を紙で包み、上達部がこれを取った。頗る軽々であった。大納言は取らなかった。丹波守《たんばのかみ》〈藤原〉頼任《よりとう》が非時食を奉仕した。各々、紙に解文《げぶみ》〈米か。〉を挿み、請僧《しょうそう》の前に置いた。僧たちが退出した。終わって、摂政以下が座を起った。召使が来て云ったことには、「右大臣が陣座《じんのざ》に参られました。定め申される事が有ります。諸卿は参入してください」ということだ。私及び四条大納言は、障りを称して参らなかった〈病悩を我慢して、この殿に参入した。ところが、心神《しんしん》ははなはだ悩んだ。参ることはできないということである。〉。家の子の卿相も、同じく参らなかった。中納言行成・経房・実成、参議道方・公信・通任・朝経・資平が、内裏に参った。摂政の仰せによって、左大弁道方が先ず参入した。右府が賑給使《しんごうし》を定められたからである。「また、今日の議定は、もしかしたら不堪佃田《ふかんでんでん》についてか」と云うことだ。四条大納言と私は、しばらく入道殿に伺候した。悩苦の御声は、極めて便宜《びんぎ》がなかったのである。左将軍を介して、私に伝えられて云ったことには、「今回は、まったく生きていられそうにない」ということだ。晩に臨んで、退出した。今日・明日の呪願文《じゅがんもん》を、堂前に於いて、私・四条大納言・侍従中納言《じじゅうちゅうなごん》(行成)に見せられた。忌諱《きき》の文が多く、不例《ふれい》の文が有った。甚だ宜しくない。また、天文奏《てんもんそう》や占文《うらぶみ》を引き載せていた。占文の作者は知ることができない。極めて奇怪とするに足る〈作者は文章博士《もんじょうはかせ》(慶滋《よししげの》)為政《ためまさ》。〉。摂政は、行事の弁資業を介して、改めて作成するよう、作者に命じられた。

昨日、(紀)忠道《ただみち》朝臣が卒去した。「奉膳《ぶぜん》(高橋)信通《のぶみち》が、その宅に同宿している。ところが、節会《せちえ》の御器《ごき》は、これはその宅に置いてあった。ところが、この事は、御器を随身して小人の宅に出居《でい》したことによる」と云うことだ。この御器は、内膳司《ないぜんし》に納めて、節会の日に出して用いる。今、私宅に置くのは、極めて便宜のない事である。このことを摂政に申した。摂政が云ったことには、「この御器は、内膳司に納めてあった。ところが窃盗《せっとう》の為に盗み取られた。捜されている内に、北陣《きたのじん》に置いてあった。その後、あの司の戸屋《とや》を修繕して納めさせるよう、召し仰せておいた。ところが、小舎人《こどねり》に相語って、蔵人所《くろうどどころ》の御蔵に納めさせた。そうであってはならないということを命じた。そこで返請《へんせい》させておいた」ということだ。私が申して云ったことには、「もしかしたら、未だ内膳司の戸屋を修繕していないのですか。先ずただ、然るべき所に納めさせられては如何でしょう。進物所《しんもつどころ》が宜しいでしょう」と。すぐに蔵人頭経通を召し、命じられて云ったことには、「御器を取り遣わして、進物所に納めさせるように。内膳司の戸屋に納めさせていなかったことは、追って勘申して命じることとする」と。経通が申して云ったことには、「進物所は、すでに人はいません。また、女一人です。やはり蔵人所に納めるべきでしょう」ということだ。摂政が云ったことには、「進物所には、他の御器も有る。加えて納めても、何事が有るであろう」ということだ。

二十六日、壬午。　臨時仁王会／賑給使定・不堪佃田定／書状で道長を見舞う

今日と明日は物忌《ものいみ》である。今日、仁王会が行なわれた。物忌によって参入しなかった。加供《かぐ》の解文を行事所《ぎょうじしょ》に送らせた〈僧綱一口、凡僧《ぼんそう》五口。〉。宰相が来て云ったことには、「入道殿に参り、次いで内裏に参ります。昨日、大納言の他は内裏に参ることになっていました。ところが、右兵衛督公信と修理大夫通任は、途中から退去しました。皆、これは参入するということを申した人たちです。昨日の議定は、先ず賑給使、次いで不堪佃田定《ふかんでんでんさだめ》〈去る寛仁元年。〉が行なわれました。中納言行成が云ったことには、『大納言が、一人はやはり伺候すべきです。これは大事の議定です』と。大臣（公季）が云ったことには、『国司《こくし》たちが申すところが有る。後日には参って揃うことは難しいであろう』ということでした。そこで無理に定めました。この間、大臣は事につけて鬱々《うつうつ》としていました」と。黄昏、宰相が来て云ったことには、「卿相は大極殿に参りました。また、分かれて内裏に参りました」と云うことだ。「今日、先ず内裏に参りました。汝《なれ》（実資）の書状を二位宰相〈兼隆。〉に伝えました。すぐに事情を申しました。御返事に云ったことには、『悩む所は、はなはだ堪え難い。ところが昨日のようではない』ということでした。八省院《はっしょういん》から退出した際、あれこれが云ったことには、『只今、重く悩まれている』ということでした」と。

二十八日、甲申。　**道長を見舞う／賀茂神郷官符**

早朝、入道殿に参った〈宰相は車後に乗った。〉。左大将《さだいしょう》（教通）を介して、去る夕方から重く煩われているという報が有った。あれこれが云ったことには、「極めて重く悩まれている」ということだ。しばらくして、退出した。左少弁経頼が、賀茂《かも》社の神郷《しんごう》の官符を持って来た。はなはだ違例《いれい》の文が多かった。改め直させた〈この官符は、民部省《みんぶしょう》に下給した。〉。直し改めた後、見終わって、清書《せいしょ》させた。入道殿に覧せなければならない。

二十九日、乙酉。　**復任除目**

宰相が束帯《そくたい》を着して来て云ったことには、「今日、源中納言〈経房。〉が復任奏《ふくにんそう》の上卿を勤めました〈外記《げき》（高橋）国儀《くにのり》。〉。休暇日とはいっても、前例が有ったので、意向を摂政に伝え、行なったものです。あの納言が催促したので、参入したものです」ということだ。外官《げかん》が有る時は、宰相が除目《じもく》を書く。京官復任《きょうかんふくにん》の時は、宰相は必ずしも揃わなくてもよいのではないか、如何であろう。

○六月

一日、丙戌。　石塔造立供養／造酒司、醴酒献上／道長病悩

石塔供養《せきとうくよう》は、通例のとおりであった。

早朝、（藤原）資頼《すけより》が来て云ったことには、「去月二十七日、御明《みあかし》を奉りました。その夜、御在所《ございしょ》に伺候しました。暁方、退下しました。精進《しょうじ》および参り登った間、いささかも障りはありませんでした。すでに感応《かんのう》が有ります。人々の許に仰せ遣わした馬は、多く牽いて来ました。そこで返し送ります」ということだ。

造酒司《ぞうしゅし》が醴酒《れいしゅ》と後懸《うしろがけ》を進上した。

「入道殿《にゅうどうどの》（藤原道長《みちなが》）は、重く悩《や》まれている」と云うことだ。夜に入って、宰相（藤原資平《すけひら》）が入道殿から退出して云ったことには、「まったく平減《へいげん》することはありませんでした。急に念仏《ねんぶつ》を始められました」と。

二日、丁亥。　請印

宰相が来て、云ったことには、「今日、内印《ないいん》の事によって、内裏に参入します」と。また、云ったことには、「『入道殿は、頗る宜しくいらっしゃる』と云うことです」ということだ。また、云ったことには、「酉剋の頃から、重く発《おこ》り煩われています」と云うことだ。

三日、戊子。　道長、憑人を用いず霊気を調伏

「今日から入道殿は、御自ら霊気《れいき》が顕露《けんろ》したものを調伏《ちょうぶく》されます。今朝は頗る宜しくいらっしゃいます」と云うことだ。これは扶公僧都《ふこうそうず》が密かに語った。「去る夕方、御物忌《ものいみ》に籠り、今朝、退出しました」ということだ。

四日、己丑。　藤原彰子、道長を見舞わんとす／天文異変

已講《いこう》朝静《ちょうじょう》が云ったことには、「入道殿は宜しくいらっしゃいます」ということだ。「太后《おおきさき》（藤原彰子《あきこ》）は、明日、入道殿に御出《ぎょしゅつ》されることになりました」と云うことだ。そこで詳細を太皇太后宮大夫《たいこうたいごうぐうだいぶ》〈（源）俊賢《としかた》。〉に取った。報じて云ったことには、「ほぼ五斉《ごせい》を定め、御出することになった。但し入道殿の御心地《ここち》が宜しければ、御出することもないのではないか。太皇太后宮権大夫《たいこうたいごうぐうごんのだいぶ》〈（藤原）頼宗《よりむね》。〉に問い、追って伝えることにする」ということだ。

午剋、月と星が共に見えた。月は南東にあった。星は月の南西を去ること七、八尺の所にあった。三光が一時に変異《へんい》した。希有の怪異《かいい》である。もしかしたら太白《たいはく》星か。源大納言《げんだいなごん》（俊賢）と四条大納言《しじょうだいなごん》（藤原公任《きんとう》）の許から書状が有った。源大納言は、古い奏の草案《そうあん》を送ることを乞うてきた。使に託して送った。只今、天文密奏《てんもんみっそう》を進上する人がいない。「天文博士《てんもんはかせ》（安倍）吉昌《よしまさ》は卒去し、天文権博士《てんもんごんのはかせ》（和気《わけの》）久邦《ひさくに》は伊《い》予《よ》国に住んでいる」と云うことだ。朝廷は咎《とが》められることは無かった。陰陽寮《おんみょうりょう》は、ただその名だけが有る。何の益が有るであろう。現在、公事《くじ》は無い。ああ、ああ。

五日、庚寅。　道長、彰子の行啓を固辞

「今日、太后は入道殿に御出することになっている」と云うことだ。詳細を源中納言《げんちゅうなごん》〈経房《つねふさ》。〉に取った。報じて云ったことには、「入道殿に伺い申しました。御返事に云ったことには、『仰せ事が有るとはいっても、事の煩いがございますので、止め申すことになった。但し、乱り心地は、去る春に悩む所が平復《へいふく》した後、心神《しんしん》は通例に随っていた。今回は悩んでいます。昨日と今日は、頗る宜しいとはいっても、無力は特に甚しい。起居《ききょ》は、日に日に堪え難い』と。今、この御書状が有って、悦び申すことは少なくありませんでした。事毎に申させません」ということだ。納言の報状は、このようであった。

七日、壬辰。

今日と明日は物忌である。また、今日は厄日《やくび》である。諷誦《ふじゅ》を清水寺《きよみずでら》に修した。また、金鼓《こんぐ》を打たせた。ただ西門を閉じた。

宰相が来て云ったことには、「早朝、入道殿に参りました。御心地は、大したことはありませんでした」ということだ。

九日、甲午。　道長、十六羅漢供養／左大臣藤原顕光、辞任の噂

今日、入道殿は十六羅漢《じゅうろくらかん》を供養《くよう》された。請僧《しょうそう》が何人かいた。「上達部《かんだちめ》や殿上人《てんじょうびと》に饗饌《きょうせん》が有った」と云うことだ。物忌を称して、参入しなかった。夜に臨んで、宰相が来て云ったことには、「入道殿は、羅漢を供しました。四条大納言と左兵衛督《さひょうえのかみ》〈源〉頼定《よりさだ》が云ったことには、『左府〈藤原顕光《あきみつ》〉が辞退される』と云うことです」ということだ。

十日、乙未。　顕光の辞任について公任に問う

左《さ》僕射《ぼくや》（顕光）の辞退について大納言《だいなごん》〈公任。〉に問うた。報じて云ったことには、「二位《にい》宰相《さいしょう》〈（藤原）兼《かね》隆《たか》。〉を介して、左大将《さだいしょう》の許〈（藤原）教通《のりみち》。〉に伝え送られた。『入道殿に申し入れなければならないのは、「院（小一条院《こいちじょういん》）の御子一人（敦貞《あつさだ》）を、先日、親王とした。もう二人（敦昌《あつまさ》・栄子《よしこ》）も、親王とするように」ということだ』と。その他は申すことは無かった。親王二人を大臣と替えるのか」と。また、云ったことには、「右僕射《うぼくや》（藤原公季《きんすえ》）は、太相府《だいしょうふ》を望む意向が有る。この頃、祈禱《きとう》を行なっているはずだ。世間の人が云ったことには、『主上《しゅじょう》（後一条《ごいちじょう》天皇）は、成人された。除目《じもく》の時、執筆《しゅひつ》の人として、もっとも汝《なれ》（実資）を入れるよう、衆人《しゅうじん》が申しているところである』ということだ」と。「主計頭《かずえのかみ》（安倍）吉平《よしひら》朝臣《あそん》が天文密奏を進上するようにとの宣旨《せんじ》が下された」と云うことだ。昨日と今日の間の宣旨か。権《ごん》天文博士《てんもんはかせ》久邦は、その道を知らない。また、伊予に住んでいる。習学《しゅうがく》宣旨の者は二人。（橘）孝親《たかちか》朝臣と（中原）師任《もろとう》である。「皆、不覚の者である」と云うことだ。そこで下されたものか。

十一日、丙申。

早朝、入道殿に参った〈宰相が同車した。〉。左衛門督《さえもんのかみ》〈頼宗。〉を介して、おっしゃられて云ったことには、「昨日と一昨日は、心神はさわやかであった。ところが今日、熱気があるように思われる。そこで逢うことができない」と。あれこれが云ったことには、「頗る不例《ふれい》でいらっしゃり、臥されている」ということだ。しばらく伺候した。また、おっしゃって云ったことには、「長い時間となった。退出す

るように」ということだ。しばらくして、退出した。二位宰相〈兼隆。〉が伺候していた。左府の辞退について問うた。「そのような気配はありません。但し、近日、この殿（道長）に参って、申される事が有ります」ということだ。考えるに、左大臣を辞退して、外孫《がいそん》二人（敦昌・栄子）を親王とするという事か。

十二日、丁酉。　資平女子、誕生

宰相の妻が女児を産んだ〈戌剋。巳・午剋から産気が有った。〉。

十四日、己亥。　如意輪供祈願を準備／大臣について公任の書状

内供《ないぐ》（良円《りょうえん》）を招き下して、祈願について語った。「座主《ざす》（慶円《きょうえん》）に申すことにします」ということだ。十七日から三七箇日、如意輪《にょいりん》を供し奉るという事である。内供はすぐに帰り登った。丞相《じょうしょう》について、大納言（公任）が伝え送って云ったことには、「先日、入道殿に問い申した。おっしゃって云ったことには、『未だ確かな説を聞いていない。但し、いかがすればよいであろうと思っている。あの人〈（藤原）道綱《みちつな》。〉はどうしようもない。但し、棄てておくわけにはいかない。いと侘《わび》しい事だと思っていた。左将軍（教通）も遂に大臣に登った際には、傍らにしっかりした人がいた方がよいであろう』ということであった。『あの人（道綱）はすぐに辞任すると云っているようだ』と聞きました。やはり恩気が有るのであろうか。そうとはいっても、早く辞任しなかったならば、いかがされるのであろう。また、除目の為にも、極めて便宜《びんぎ》のないことではないか。未だ確かな意向を見ていません」と。大納言の書状は、このようであった。

十五日、庚子。　道綱、大臣任命を道長に懇望／教通の大臣任命を公任に尋ねる

宰相が来た。地上に坐って、長い時間、談話した。次いでに云ったことには、「或いは云ったことには、『道綱卿が入道殿に申させて云ったことには、「私(道綱)は一家の長兄《ちょうけい》である。今回、もし丞相に任じられなければ、何の恥がこれに勝ろうか。ただ一、二箇月、貸してくだされ。たとえ病悩が無いとはいっても、政務に従事することはしない。どうしてましてや、病悩が有るので当然である」と』と」ということだ。私の思うところは、第一の大納言で、年労《ねんろう》ははなはだ多い。述べるところは当然である。但し、一文不通《いちもんふつう》の人は、未だ丞相に任じたことはないので、世は許さない。これで験じるべきである。今朝、左大将(教通)を丞相に任じる事について、四条大納言に問うた。報じて云ったことには、「先日、入道殿が云ったことには、『大納言に昇った後に任じることにする』ということであった」と。

十七日、壬寅。　如意輪供始／毘沙門天供／吉想の夢想／星供養／大臣について公任の書状／諸国申請雑事定の上卿を命じられる

今日から三七箇日、如意輪を供させ奉る〈山座主《やまのざす》(慶円)〉。浄衣《じょうえ》と供物《くもつ》は、今朝、奉献《ほうけん》した。「良円は、毘沙門天《びしゃもんてん》を造顕《ぞうけん》し奉り、供養し奉った」と云うことだ。信空《しんくう》の許から願書《がんしょ》を書き送ってきた。また、夢想《むそう》を記して送ってきた。吉想《きっそう》と称すべきである。願書については、返し送った。祈り申させる為である。今日から七箇日、朝救《ちょうきゅう》を招請して、星宿《せいしゅく》を供養させ奉った。朝救は(菅野)敦頼《あつより》朝臣が口入《こうじゅ》した僧である。
大納言の書状に云ったことには、「汝（実資）の御事は、どうでもこうでも、必ずそう有るべき様に承っている。左将軍が談ったところである」と。私が報じて云ったことには、「『どうでもこうでも』とあるのは、如何か」と。納言が重ねて云ったことには、「『あの人（道綱）の事は、ほぼ用いない』と云うことだ。この御事は、仰せが無いとはいっても、随分の思いを致しています。一つは我々一家の為、また左将軍の為、また、私（公任）自身の為である。私は世間を退くので、必ずそのように思い申しております。その間、私の子孫については、一向に頼みにします」ということだ。今、この報書のとおりであれば、決定したようである。但し近代の事は、掌《てのひら》を返すようなものである。頭弁《とうのべん》（藤原）経通《つねみち》が、国司《こくし》たち〈十一箇国。〉の申請した文書《もんじょ》を持って来て、云ったことには、「摂政《せっしょう》（藤原頼通《よりみち》）の御書状に云ったことには、『定め申すように』ということでした。去年、左大臣（顕光）に下給しましたが、遂に定め申しませんでした。国司たちが愁い申したので、召し返されて、更に右大臣（公季）に下賜しました。ところが、諸卿を催促されても、度々、参ってきません。そこで返して進上されました。今、更に下給します」と。傾き怪しんだことは、少なくなかった。この国解《こくげ》三通は、前例を勘申《かんじん》して継いでいない。そこで弁に下給しておいた。

十八日、癸卯。　公任、道長の意向を伺う

大納言の書状に云ったことには、「昨日、入道殿に参った。意向を見ると、今回は摂籙《せつろく》（頼通）を左大臣に任じられることになるのか。内大臣は、すぐには任じられないということか。一昨日、左将軍が談ったところは、すでに相違している。もしかしたら曖昧な様子を見たのか。それとも入道殿の意向が変改したのか。将軍は、昨日、殿(道長)に参った。今朝、退出することになっている。詳細を問うて、子細を申すことにする」ということだ。事々に軽々である。何をこれに喩《たと》えようか。摂政が左大臣に任じられるのは、はなはだ便宜の有る事である。今、推量すると、これが実事なのである。左軍《さぐん》(教通)は、また云うところが有るであろうか。頭弁経通が宣旨を持って来た。或いは下す宣旨、或いは勘宣《かんせん》旨《じ》、また、新吏《しんり》が申請した事が有った。「定め申すように」ということだ。弁に下給して、文書を継がせた。

十九日、甲辰。　道長、准三宮の上表／道綱、大臣任命を倫子に懇望／斉信、大臣を懇望／准三宮上表の勅答使

宰相が来た。すぐに入道殿に参った。しばらくして、帰って来て云ったことには、「今日、上表《じょうひょう》されます〈准三宮《じゅさんぐう》。〉」と。また、云ったことには、「(藤原)泰通《やすみち》朝臣が云ったことには、『道綱卿が、大臣について、(藤原)惟憲《これのり》朝臣を介して、入道殿に申させました。御報は以前と同じでした。その後、北《きた》方《のかた》(源倫子《ともこ》)に申させました。その詞に云ったことには、「私(道綱)は上卿《しょうけい》には堪えられませんし、病もきわめて重く、政務にも堪えられません。ただし、上臈《じょうろう》の納言として重ねた年労は、はなはだ多いのです。伺ったところでは、左大将を内大臣に任じるとのことですが、ただ私にその内大臣を貸していただき、一箇月ほど出仕して、辞退しようと思います」と。恥を隠されるということで、切なる詞は、特に甚しいものでした。すぐに入道殿に伝え申されました。伝えられたところは、ひとえに道理です。大納言の労が二十余年というのは、これは大臣の器ではなかったことによるものです。入道殿は、そうあるべきであるという趣旨を報じられました。但し、左府の辞退については、未だその詳細を聞いていません。それが決定した後に、あれこれ有るのでしょう。もう一度、決定があり、その時に内府に任じられるのでしょう』と」と。また、云ったことには、「（藤原）斉信《ただのぶ》卿が大臣を懇望《こんもう》しています」と云うことだ。驚き怪しんだことは、極まり無かった。今、狼藉《ろうぜき》の代に遇って、濫《みだ》りに非道《ひどう》の望みを抱いたのか。四条大納言が事情を左将軍に取って、伝え送った趣旨も、同じであった。「左府が辞退した時、内府〈摂政。〉が左僕射に昇った所に、道綱は昇ることになります。左将軍は、その所の大納言に昇るのでしょう」と云うことだ。

頭弁が内裏から、「入道殿の御上表の勅答使《ちょくとうし》には、誰を用いればよいでしょうか。また、勅答《ちょくとう》を筥《はこ》に納めるか否かについては、如何でしょうか」ということだ。報じて云ったことには、「勅答使は、多く中少将を用いる。ところが、忠仁公《ちゅうじんこう》（藤原良房《よしふさ》）・貞信公《ていしんこう》（藤原忠平《ただひら》）・現在（道長）の在俗《ざいぞく》の日は、准三宮の勅答使に納言を用いた。貞信公の御時は中納言《ちゅうなごん》（藤原）師輔《もろすけ》、忠仁公の勅答使は中納言（藤原）基経《もとつね》。現在の使は中納言教通。もしかしたらこの例によるべきであろうか。また、勅答は上表の筥に納めて返給するのが通例である」と。このことを示し遣わしておいた。使については、調べて見たが、未だ探し出していない。故殿《ことの》(藤原実頼《さねより》)の御日記を引見《いんけん》しても、中少将を用いるということは、見えるところが無い。但し、宰相〈資平。〉が蔵人頭《くろうどのとう》であった時、現在の入道殿の准三宮の上表の勅答の時に、調べたところである。宰相〈資平。〉が記し置いたものである。そこでまずは報じたものである。昨日、頭弁が来て云ったことには、「勅答の事によって、上卿として召します」ということだ。他の上卿を召すように伝えた。「大納言公任卿が召しに応じた」ということだ。後日、貞信公の天慶《てんぎょう》二年三月三日の御記《ぎょき》を引見したところ、云ったことには、「左衛門督(師輔)を遣わして、昨日の上表を返された。被物《かずけもの》は通例のとおりであった」ということだ。貞観《じょうがん》十三年四月十五日の忠仁公の准三宮の上表の勅答使は中納言基経であった。

天慶二年三月二日、貞信公の任人・賜爵《ししゃく》は三宮に准じるという上表の勅使は、中納言師輔〈以上、表と勅答に見える。〉。

二十日、乙巳。　大臣任命についての公任の観測／斉信、実資を推挙／丹波の百姓、愁訴のため上京／国司、これを追捕

早朝、大納言が書状を送って云ったことには、「あの事は変改したわけではない。心構えをしておく様にとのことであった。先日、左将軍の事について、入道殿の恩気が有った。その時、左将軍は、幼《よう》愚《ぐ》の人(教通)は独りで政務を取り仕切るのは堪えられるはずもないので、貴殿《きでん》(実資)と並んで任じられれば宜しいのではないかということを申した。入道殿は、『よく云った』と思われた様子があった。

『ところが今、あの人（道綱）に大臣を貸して、先ずその官に任じ、すぐに辞めさせて、年内にも任じられることになるのである。それならば、すぐに大臣の任命は、その時に必ず行なわれるであろう』と云うことだ。左将軍が昨日、確かに入道殿の意向を見て、談ったところである。この事は、拠るところが無いわけではない。私（公任）も『結構なことだ』と承りました。先日、入道の意向がありました。それもこのようなものだったのでしょう。昨日、按察《あぜち》納言《なごん》（斉信）が内裏に参って云ったことには、『或る人（実資）の順番が至ったのである。ところが天下は、その事を云わない』と云うことだ。汝（実資）については、これは人徳《じんとく》の至りであろう。但し、もし本当にその事が成ったならば、御心労《しんろう》が有るであろう」ということだ。按察の様子は、「自ずから自分（斉信）は用いられない」と聞いて、そうしたのであろう。大外記《だいげき》（小野）文義《ふみよし》朝臣が云ったことには、「丹波《たんば》の州民《しゆうみん》たちが、西京《さいきよう》から東都《とうと》に来た際、大庭《おおにわ》に於いて、国司（藤原頼任《よりとう》）が皇太后宮《こうたいこうぐう》（藤原妍子《きよこ》）の下部《しもべ》に命じて捕え搦めたところ、州民たちは走り逃げて、外記局《げききよく》や左衛門陣《さえもんのじん》に入って、呼び叫びました。はなはだ狼藉です。陽明《ようめい》門の外に、弓箭《きゆうせん》を帯びた者たちが、州民を待ち構えています」と云うことだ。頭弁経通が伝え送って云ったことには、「昨日の勅答使は、左大将教通卿でした」と云うことだ。また、云ったことには、「丹波国の百姓《ひやくせい》が、公門《こうもん》に立って訴訟《そしよう》を行なおうとしています。ところが国司が、騎馬兵に追捕《ついぶ》させています。百姓は左衛門陣に来て、放言《ほうごん》を行なっています」と云うことだ。

二十一日、丙午。　高麗人未斤達、来着／丹波守藤原頼任、百姓を追捕し、勘当される

今日、帥《そち》（藤原隆家《たかいえ》）の書状を、脚力《かくりき》に託して送ってきた。「高麗《こうらい》人未《み》斤達《きんたつ》が、五月二十九日に筑前《ちくぜん》国志《し》摩《ま》郡に到着しました。申して云ったことには、『去年三月十六日、あの国の康州《こうしゅう》から米千石を随身《ずいじん》して、京都《きょうと》（金城《きんじょう》）に参着しました。六月十五日、罷り帰った際、逆風に放たれて、去月八日に大宋《だいそう》国明州《めいしゅう》に到りました。今年五月二十四日、本国に罷り帰った際、逆風に遭って来ました』ということです。大いに疑いが有るので、禁固《きんこ》して尋問させます」ということだ。

丹波守《たんばのかみ》頼任が来て云ったことには、「公門に立った百姓を搦めさせたので、入道殿と摂政殿の勘当《かんどう》は、特に重いものでした。これは慮外の事です」と。弁じたところは、はなはだ多かった。「『左衛門陣頭や外記局に到って、放言を行なった者十余人を、検非違使《けびいし》に命じて拘禁《こうきん》させた』と云うことです」ということだ。但し、国司が弁じたところは、弁解の余地が無いようなものである。

二十二日、丁未。　維摩会講師請書に加署／諸国申請雑事解文／一条天皇国忌／大臣についての教通の見解

外記史生《げきししょう》が、維摩会《ゆいまえ》の請書《しょうしょ》を持って来た。加署《かしょ》して返給した〈伝燈大法師位《でんとうだいほうしい》経救《きょうきゅう》。年臈《ねんろう》が足りている。〉。法相宗《ほっそうしゅう》。専寺《せんじ》。

左中弁《さちゅうべん》経通が、和泉《いずみ》・加賀《かが》国司が申請した雑事の解文《げぶみ》を下給した。「定め申すように」ということだ。すぐに文を継ぐよう命じて、下給した。また、先日、下給した鎮守府将軍《ちんじゅふしょうぐん》（平）永盛《ながもり》の申文《もうしぶみ》は、続文《つぎぶみ》が有るとはいっても、また調べて継ぐようにとの官符《かんぷ》が有る。今日、左中弁に下した。この申文は、右

府が承って、継がせたものである。ところが、必ず継ぐようにとの官符が有ったからである。円融寺《えんゆうじ》の故一条《いちじょう》院の御国忌《こき》に参った。今日から御八講《みはっこう》を修される。「円教寺《えんきょうじ》が焼亡した後、去年から移して行なわれている」と云うことだ。宰相は車後《くるまじり》に乗った。権随身右近府掌《かりのずいじんうこんのふしょう》（荒木）武晴《たけはる》は、途中で落馬した。衣裳は、すべて泥に染まった。留めておいた。そこで他の物節《もののふし》を召し遣わした。摂政が参られた。東廊《ひがしろう》を休所《やすみどころ》とした。西廊《にしろう》に上達部と殿上人の座を設備した。饗饌が有った。諸卿は堂前《どうぜん》に着した。終わって、右大臣と私が参入した。講説《こうぜち》と行香《ぎょうこう》が行なわれた。摂政は、ただ休廬《きゅうろ》にいらっしゃった。法会が終わって、摂政は上達部の座に出居《でい》を行なった。摂政以下は内裏に参った。右大臣だけが参入しなかった。大后《おおきさき》（彰子）は、弘徽殿《こきでん》に於いて一条院の御為に法華経《ほけきょう》を供養させた。僧綱《そうごう》と凡僧《ぼんそう》十一人を、請僧とした。特に已講永昭《えいしょう》を講師《こうじ》とした。釈経《しゃくきょう》は優妙《ゆうみょう》で、落涙《らくるい》を禁じ難かった。今日、行香は行なわれなかった。摂政は直衣《のうし》を改めて着し、卿相《けいしょう》の座に出居を行なった。如何なものか、如何なものか。中納言以下が僧綱以下の禄を取った。更にまた、太皇太后宮権大夫頼宗が、永昭の禄を執った〈縫物《ぬいもの》。永昭が座に復した後、一同の禄に預かった。その後、この禄が有った。本来ならば、未だ座に復さない前に、縫物の禄を下給しなければならない。〉。秉燭《へいしょく》の後、儀が終わった〈今日、先ず僧都尋円《じんえん》に斎食《さいじき》させた。また、御斎食の御膳を撤却した際、時剋が推移した。後に講説を始められた。〉。今日、参入した卿相は、中納言（藤原）行成《ゆきなり》・教通・頼宗・経房・（藤原）能信《よしのぶ》・（藤原）実成《さねなり》、参議《さんぎ》兼隆・（源）道方《みちかた》・頼定・（藤原）公信《きんのぶ》、三位中将《さんみちゅうじょう》（藤原）道雅《みちまさ》、参議資平。権随身番長《ばんちょう》（長谷部《はせべ》）兼行《かねゆき》が、追って内裏に来た。今日、左将軍に逢った。あの事の詳細を取った。密談して云ったことには、「左府から、先日、御書状が有りました。『その後、痢病《りびょう》が発動《はつどう》し、殿（道長）に参れません。近日、平復します』ということでした。入道殿がおっしゃられて云ったことには、『汝（教通）を内府に任じようと思うが、如何か』ということでした。申して云ったことには、『私（教通）は極めて愚かでございます。先ず右大将《うだいしょう》（実資）を任じられ、下官（教通）はその次いでに任じてください。そうでないのならば、任じなさらないでください』ということを申しました。入道殿は感心した御様子が有りました。内弁《ないべん》や太政官《だいじょうかん》の雑事については、まったく行なう方策がありません。やはり右大将を大臣に任じられ、その後に任じられて、私を下臈《げろう》の大臣とするのが、最も佳《よ》いでしょう」ということだ。大略、云ったことには、「今回の事は、次回の事は知らないのです。皇太后宮大夫《こうたいごうぐうだいぶ》（道綱）は、懇切《こんせつ》に入道殿に申されました。もし内府に任じられれば、すぐに辞退します。その後、私（教通）と汝（実資）が並んで任じられることになるでしょう。左府の欠は、摂政が先ず任じられ、しばらくして辞されるでしょう」ということだ。頗る内々の議が有るようなものである。これで皆、日時が定まったということであろうか。

二十三日、戊申。

召使《めしつかい》が申して云ったことには、「明後日、皇太后宮は本宮《ほんぐう》に還御《かんぎょ》することになっています。その行啓《ぎょうけい》に供奉《ぐぶ》されますように」ということだ。今朝から病悩が有るが、我慢して、もし宜しければ供奉するということを答えた。中宮《ちゅうぐう》（藤原威子《たけこ》）の御読経《みどきょう》の、明日の発願《ほつがん》に参入するよう、中宮属某《ちゅうぐうのさかんなにがし》が来て告げた。病悩を称した。

二十四日、己酉。　道長病悩／中宮読経・摂政読経／皇太后宮行啓、延引

「昨夜、入道殿は発り悩まれた」と云うことだ。

宰相が来た。すぐに中宮の御読経と摂政の御読経の発願に参った。夜に入って、宰相が来て云ったことには、「摂政の御読経は、季読経《きのどきょう》と称しています〈二十口《く》。〉。帳の中に仏を安置したことは、帝王《ていおう》の儀のようでした。未だ見聞したことのない事でした。大納言公任卿以下が、摂政の読経に参入しました。諸卿は中宮に参りました。明日の皇太后宮の行啓は停止《ちょうじ》となりました。入道殿は法性寺《ほっしょうじ》にいらっしゃることになりました。この間、北方は独りでいらっしゃいます。そこで徒然《つれづれ》であろうということで、同処にいらっしゃることになりました」と云うことだ。

二十八日、癸丑。　諸国申請雑事定の公卿の参不

大外記文義朝臣が来た。明日の陣定《じんのさだめ》の上達部の故障を申した。大納言斉信・公任、中納言行成・能信・実成、参議道方・頼定・〈藤原〉朝経《あさつね》は、参入することになっている。今日、右府に申させたところ、御障りを称された。資平に告げなかったのか。私が催し廻らせたことによるのか。

二十九日、甲寅。　諸国申請雑事定／刀伊追討に関する議定／勲功者の処遇についての議／石清水宮寺別当申請雑事定／大宰府勲功者注文

内裏に参った〈午四剋。〉。宰相は車後に乗った。これより先に、中納言経房が参入した。その後、大納言斉信・公任、中納言行成、参議道方・朝経が参入した。国々の国司や将軍永盛が申請した雑事を定めた〈和泉・伊勢《いせ》・志摩《しま》・遠江《とおとうみ》・近江《おうみ》・陸奥《むつ》・若狭《わかさ》・加賀・隠岐《おき》・備前《びぜん》・備後《びんご》・因幡《いなば》［因幡の開発田《かいほつでん》について。］・讃岐《さぬき》。〉。未だ定め終わらなかった頃、燭《しょく》を秉《と》った。後に左中弁経通が、大宰府《だざいふ》が言上《ごんじょう》した筑前国・壱岐《いき》・対馬《つしま》島の人や牛馬が、刀伊《とい》人の為に殺害され、および拉致《らち》された解文、勲功者《くんこうしゃ》の注申《ちゅうしん》について、また処々の合戦の状況、刀伊人及び今回、漂着した未斤達を勘問《かんもん》した文書、石清水宮別当法眼和尚位《いわしみずぐうべっとうほうげんわじょうい》定清《ていせい》および権別当法橋上人位《ごんのべっとうほっきょうしょうにんい》元命《げんみょう》が申請した文書を下給した。仰せを伝えて云ったことには、「大宰府が言上した解文の中で、勲功を注進《ちゅうしん》してきた者を賞すべきか否か。また、漂着した者、および初めの刀伊人の勘問について、定め申すように。また、定清および元命が申請した事を、同じく定め申すように」ということだ。国々の国司や将軍が申請した事を定め申した趣旨は、その定文《さだめぶみ》は別紙にある。そもそも、勲功の賞の有無は如何か。大納言公任と中納言行成は、行なってはならないということを申した。その理由は、忠勤《ちゅうきん》が有る者に賞を進めるということは、勅符《ちょくふ》に載せているとはいっても、刀伊を撃退したのは、勅符が未だ到らない前の事である。私が云ったことには、「勅符が到っているかどうかを謂ってはならない。たとえ賞を募っていない事とはいっても、勲功が有る者については、賞を賜うのに何事が有るであろう。寛平《かんぴょう》六年、新羅《しんら》の凶賊が対馬島に到った際、島司《とうし》(文室《ふんやの》)善友《よしとも》が打ち返した。すぐに賞を下給した。募られることは無かったとはいっても、前例はこのようである。他の事は同じである。特に、刀伊人は、近く警固所《けいごしょ》に来た。また、国島の人民千余人を拉致し、および数百の人や牛馬を殺害し、また壱岐守《いきのかみ》（藤原）理忠《まさただ》を殺した。ところが、大宰府は兵士を発し、忽然と追い返し、および刀伊人を射取った。やはり賞が有るべきである。もし賞を進めることが無かったならば、向後の有事には、士を進めることは無いのではないか」と。大納言斉信も、私の意見に同じであった。その後、大納言公任・中納言行成、及び次席の者も、皆、同じであった。これらの定文を記し付けた。大宰府が言上した、賊徒《ぞくと》と合戦した際の雑事。一、大宰府が注進した勲功者について。右大将藤原朝臣・中宮大夫《ちゅうぐうだいぶ》藤原朝臣（斉信）・権大納言《ごんだいなごん》藤原朝臣（公任）、権中納言《ごんちゅうなごん》藤原朝臣（行成）・皇太后宮権大夫《こうたいごうぐうごんのだいぶ》源朝臣（経房）、左大弁《さだいべん》源朝臣（道方）・右大弁《うだいべん》藤原朝臣（朝経）・資平朝臣が定め申して云ったことには、「先日、勅符を下賜した日、功伐《こうばつ》を募られた間に功績が有った輩《やから》は、その状跡《じょうせき》に随って抽賞《ちゅうしょう》を加えるということである。ところが、注申してきた者は、勅符が未だ到着しない以前であった。道理では、必ずしもその賞を行なわれてはならないのではないか。但し、逃げ去った余りの衆は、今後の畏れが無いわけではない。後輩を励ます為に、いささか賞を進めるべきか」と。一、生虜《せいりょ》の者を勘問する事。同前の諸卿が定め申して云ったことには、「注申した人が合戦した際、矢に当たった者が多いとはいっても、捕えることができた賊徒は、ただ三人である。ところが勘問の場では、共に高麗国の人が刀伊の賊徒の為に虜《とりこ》とされたということを述べ申した。たとえ刀伊国の人ではないとはいっても、同じ船で数日を送った間に、考えるとその状況を見ていたであろう。ところがその状況を窮問《きゅうもん》していない。鬱結《うつけつ》を散らし難い。また拷訊《ごうじん》した者が承伏《しょうふく》しない時は、度々、究拷《きゅうごう》すべきである。

それのみならず、杖数を記していない。頗る確かではない。重ねて窮問し、そのことを言上すべきであろう」と。また、言上してきた、漂流した高麗国の人の事。同前の諸卿が定め申して云ったことには、「『先日の賊徒の中に、多く高麗国の人がいる』ということだ。この間、漂流してきた輩は、事の疑いが無いわけではない。別所に安置して、重ねて尋問させ、言上を経るよう、下知《げち》されるべきであろうか。そもそも、異国の賊徒が来襲する恐れは、慎しまないわけにはいかない。先後、来て告げてきた。どうして怖畏《ふい》しないことがあろうか。方々で祈禱されるべきであろうか」と。

石清水宮別当法眼和尚位定清と権別当法橋上人位元命が申請した事。右大将〈某(実資)。〉たちが定め申して云ったことには、「内外および寺社の司は、権官《ごんかん》の者とはいっても、文書に署している。これはつまり恒例である。もし、やはり執行する人が、雑怠《ぞうたい》を致すことが有れば、先ずそのことを問われ、科責《かせき》に処し、後に替わりの人を定められなければならない。理由も無く並んでいるのは、定め申すことは難しいのではないか」と。

大宰府が注進した勲功を挙げた者。散位《さんい》平朝臣為賢《ためかた》、前大宰大監《さきのだざいのだいげん》藤原助高《すけたか》、傔仗《けんじょう》大蔵光弘《みつひろ》・藤原友《とも》近《ちか》、友近の随兵《ずいひょう》紀重方《しげかた》。

以上五人は、警固所の合戦の場で戦った者は、数が多いとはいっても、賊徒に正中《せいちゅう》したのは、この為賢たちの矢であった。但し重方は、先日の大宰府解《だざいふげ》に載せなかった。事は子細を憂い、注申しなかったことによるものである。実誠《じっせい》を尋ねさせ、追って言上するところである。

筑前国志摩郡の住人文室忠光《ただみつ》。

賊徒が初めて志摩郡に来襲した日、警固所が差し遣わした兵士と合戦した際、忠光の矢に当たった者が多かった。また、賊徒の首を斬って進上し、およびその武具を進上した。

同国怡土《いと》郡の住人多治久明《たじひのひさあき》。

賊徒が襲来《しゅうらい》した際、当郡青木村《あおき》南山《なんざん》辺りに於いて戦った。賊徒と合戦し、賊一人を射取り、その首を斬って、大宰府に進上した。先日の解文には、子細を記し難かった。そこでこの久明は、自ら漏れた。

大神守宮《おおみわのもりみや》・擬検非違使《ぎけびいし》財部弘延《たからべのひろのぶ》。

賊徒を撃退した際、要害《ようがい》の所々を討った。この守宮たちは、兵士を遣わし加えて、あらかじめ遣わしたものである。そして筑前国志摩郡船越津《ふなこしのつ》辺りに於いて合戦した際、この守宮たちの矢に当たった者が多かった。特に生け捕った者は二人。但し、一人は傷を蒙《こうむ》って死んでしまった。

前肥前介《さきのひぜんのすけ》源知《さとる》。

賊徒が退却した時、肥前《ひぜん》国松浦《まつら》郡に於いて合戦した際、多く賊徒を射た。また、生け捕って一人を進上した。

前大宰少監《さきのだざいのしょうげん》大蔵朝臣種材《たねき》。

賊徒が逃却した日、兵船《へいせん》が遅れて出撃するという告げが有ったので、大宰少弐《だざいのしょうに》兼筑前守《ちくぜんのかみ》源朝臣道《みち》済《なり》を博多津《はかたのつ》に遣わし、且つ纜《ともづな》を解かせ、且つその事情を問い遣わしたところ、使者を奉った者が、各々申して云ったことには、「賊船の数が多い。やはり兵船を造って、一度に追撃すべきである」ということだ。その中で、種材が独り申して云ったことには、「私（種材）は、齢が七十を過ぎている。身は功臣《こうしん》（大蔵春実《はるざね》）の後裔《こうえい》である。兵船を造り終わるのを待つ間に、賊徒が早く逃げるのを恐れる。命を棄て、身を忘れ、一人で先ず進発しようと思う」ということだ。「道済は、種材の言ったところを善しとして、無理に衆軍《しゅうぐん》を出撃させた」ということだ。賊船が早く去ったので、実際は戦を遂げることは無かったとはいっても、種材が言ったところは、忠節《ちゅうせつ》が浅くはない。

壱岐講師《いきのこうじ》常覚《じょうかく》。

賊徒は三度、来襲した。毎回、撃退した後、数百の兵に堪えられず、一身で逃れ脱した。身は在俗ではないとはいっても、その忠節は隠れることはない。

右、去る四月十八日、大宰府に給わった勅符に云ったことには、「箇裏《こり》に、もし攻戦に我が身を忘れ、勲功が同輩を超える者が有れば、その状跡に随って、加えるに褒賞《ほうしょう》をもってする」ということだ。言上することは、このとおりである。

これらの事を定め終わった。子四剋、退出した。この定文は、未だ清書《せいしょ》していない。そこで書き揃えて奉るよう、左大弁に命じておいた。

筑前志摩郡の人、五百四十七人〈殺害された者は百十二人。拉致された者は四百三十五人。牛馬の損害は七十四疋頭。〉。

早良《さわら》郡の人、六十四人〈男二十四人、女四十人。牛十頭、馬九疋。殺害された者は十九人。拉致された者は四十五人。切り食われた牛馬は六疋頭。〉。

怡土郡の人、二百六十五人〈殺害されたのは四十九人［男と童《わらわ》、合わせて四十三人。女六人。］。拉致されたのは二百十六人［男は三十八人。女と童、合わせて百七十八人。］。牛馬は三十三疋頭［牛は十五頭、馬は十八疋。］。〉。

能古《のこ》島の人、九人〈女は六人。童は三人。駄《だ》は四十四疋。牛は二十四頭。〉。

壱岐島。

守藤原理忠が殺害された。殺害された島内の人民は、百四十八人。男は四十四人、法師は十六人、童は二十九人、女は五十九人。拉致された女は、二百三十九人。

遺留《いりゅう》している人民は三十五人〈諸司は九人、郡司《ぐんじ》は七人。百姓は十九人。〉。

対馬島。

銀穴《ぎんけつ》を焼損《しょうそん》された事、云々。

殺害された人は、十八人。拉致された人は、百十六人〈男は三十三人。童と女、合わせて八十三人［童二十八人、女五十五人。］。以上百三十四人。〉。

上県《かみあがた》郡、百四十一人。

殺害された人は九人。拉致された男・女・童、合わせて百三十二人〈男は三十九人。女と童は九十三人。〉。

下県《しもあがた》郡の男・女、合わせて百七人。

殺害された男・女は、合わせて九人。拉致された男・女・童は、九十八人〈男は三十人、女と童は、合わせて六十八人。〉。

　対馬島は合わせて三百八十二人〈男は百二人。女と童は二百八十人。〉。

焼亡された人々の住宅は、四十五宇《う》。

賊徒の為に切り喰われた牛馬は、百九十九疋頭〈馬八十二疋。牛百十七頭。〉。

○七月

一日、丙辰。　賀茂社神郷官符案を訂正

左大弁《さだいべん》(源)道方《みちかた》が、宰相(藤原資平《すけひら》)に伝え送って云ったことには、「頭□□動、来ない」と。「我慢して、もし宜しいのならば、明日、先ず法興院《ほこいん》に参る。その次いでに来られたい」ということだ。私の報である。先夜の定文《さだめぶみ》は、未だ持って来ていない。そこで伝え送ったものか。

左少弁《さしょうべん》(源)経頼《つねより》が、神郷《しんごう》の官符《かんぷ》の草案《そうあん》を持って来た。□□□入道殿《にゅうどうどの》(藤原道長《みちなが》)がおっしゃって云ったことには、「官符を作成せよとの趣旨は、先日、申した□□□、法師となった。神事の官符を見ることとは、憚るところが有る」ということだ。そこで官符を作成するよう、命じておいた。昨日、押紙《おしがみ》を経頼に下給した。経頼が云ったことには、「最も直さなければならない事です」と。今日、押紙のまま、持って来た。また、私が云ったことには、「官符を作成するよう仰せ下した後、その草案を、やはり意向を伺って覧せなければならないのである」と。仰せ下した後、経覧《けいらん》するのは、事の忌みは無いのではないだろうか。□□□の為、重ねて申させたところである。近代の事は、虎の尾を踏むようなものである。

二日、丁巳。　定文の清書／法興院法華八講結願／実資随身、頼通邸内に入り、打擲される／頼通これを免じるも、実資これを追却せんとす

左大弁道方が、先日の定文および揃えた文書《もんじょ》を持って来た。逢って、談話した。終わって、一緒に法興院に参った。宰相が扈従《こしょう》した〈左大弁の車に同乗した。〉。中納言《ちゅうなごん》（藤原）教通《のりみち》、参議《さんぎ》（藤原）兼隆《かねたか》・道方・（藤原）通任《みちとう》・（藤原）朝経《あさつね》・資平が参入した。講説《こうぜち》と諷誦《ふじゅ》が終わって、行香《ぎょうごう》を行なった。各々、分散した。（藤原）資高朝臣《すけたかあそん》が云ったことには、「『随身近衛《ずいじんこのえ》秦吉正《はたのよしまさ》が、昨夜、女《むすめ》の事によって摂政《せっしょう》殿（藤原頼通《よりみち》）の寝殿《しんでん》の北面《きたおもて》に到り、徘徊《はいかい》した。侍所《さむらいどころ》の男たちが出て来て、捕え搦めて打擲《ちょうちゃく》した際、右《う》大将《だいしょう》（実資）の随身を称した。そこで追い棄てた』と云うことです」ということだ。驚きながら、その事情を問うたところ、弁解するところは無かった。事は実正のようである。すぐに（橘）俊遠《としとお》朝臣を召し遣わして、事情を伝えた。秉燭《へいしょく》の後に来て、摂政の仰せを伝えて云ったことには、「昨夜の事は、知らないのである。早く勘当《かんどう》を免じて、召し仕うように」ということだ。御書状の趣旨は、はなはだ多かった。詳しく記すことができない。免《ゆる》して使ってはならないということを申させておいた。これより先に、吉正を右《う》近衛《このえ》府《ふ》舎《しゃ》に遣わして、拘禁《こうきん》させた。今となっては、召し仰せる事〈女の事。〉によって、追却《ついきゃく》することとする。度々、宜しくない事が有った。

三日、戊午。　**頼通の指示により、師任を罷免し、吉正を放免／官奏／道長・頼通、実資が上卿を勧めた諸国申請雑事定を賞讃／源顕基、藤原実成女と結婚**

法橋《ほっきょう》元命《げんみょう》が来て、先夜の議定《ぎじょう》について問うた。

大宰府《だざいふ》が言上《ごんじょう》したことについての定文は、改めなければならない事が有る。そこで左大弁の許に返し遣わして、書き改め、使に託して送った。宰相が来た。しばらくして、退出した。黄昏に来て、云ったことには、「随身吉正について摂政に申しました。おっしゃって云ったことには、『あの夜は、格別な事は無かった。ところが勘責《かんせき》に処すのは、そうであってはならない。昨日、免すよう伝えた。承引《しょういん》しないというのは、如何なものか。また、式部録《しきぶのさかん》（中原）師任《もろとう》と某《なにがしまる》丸二人が、その事を知っているところが、その名を申さなかった。尋問させたところ、随身であるということを申した。すぐに申さなかった事を召勘《しょうかん》し、追却した』ということでした」と。免して召すようにという命が有るについては、あれこれを申すわけにはいかない。ただ近い処に於いて濫吹《らんすい》を行なったので、重ねて召勘したものである。また、追却しなければならない。今、格別な仰せが有った。召し仕うということを、秉燭の後、宰相を介して申させた。すぐに内裏に参った。摂政は入道殿に参られていた。そこで退帰した。

明朝、申すということを伝えておいた。「極熱《ごくねつ》に、右近衛府の戸屋《とや》に拘禁させるのは、便宜《びんぎ》のない事である」ということだ。そこで先ず放免《ほうめん》するよう、随身を遣わして仰せ遣わしておいた。宰相が云ったことには、「今日、官奏《かんそう》が行なわれます」と。摂政が云ったことには、「先日の議定は、はなはだ早かった。感心したところで、入道殿も同じくこのことをおっしゃられていた。両丞相《じょうしょう》(藤原顕光《あきみつ》・藤原公季《きんすえ》)は、二箇年、文書を取り籠めて、定め申さなかった。ところが、仰せを承った後、幾日を経ずに、定め申した。はなはだ好い」ということだ。恩言《おんげん》と称すべきである。一労か。「入道殿は、今日、上表《じょうひょう》する」と云うことだ。

「今日、(源)顕基《あきもと》が、右衛《え》門督《もんのかみ》(藤原)実成《さねなり》卿の二娘と婚した」と云うことだ。

四日、己未。　随身吉正を宥免

早朝、法橋元命が来て云ったことには、「入道殿□□□深い」ということだ。石清水宮《いわしみず》について、上達部《かんだちめ》の議定によられるべきではないのではないか。先夜の定文は、今日、左中弁《さちゆうべん》(藤原経通《つねみち》)に託さなければならない。昨日、官奏であったので、来なかった。

先日の定文を、頭弁《とうのべん》経通に託した。宰相が来た。摂政殿に参った。しばらくして、来て云ったことには、「随身吉正は、今回は特に優遇して、召し仕うように」ということだ。そこで(荒木)武晴《たけはる》に命じて、召し遣わせた。

五日、庚申。　賀茂神郷官符案

左少弁経頼が云ったことには、「神郷の官符の草案を入道殿に覧せました。おっしゃって云ったことには、『甚だ善い』ということでした」と。経頼が云ったことには、「今となっては、請印《しよういん》すべきでしょうか」ということだ。早く捺印《なついん》させるよう答えた。今日は宜しくない日である。そこで捺印しなかった。また、決定しなければならない事が有る。その後、請印することとした。

六日、辛酉。　丹波守、道長への取りなしを依頼／丹波百姓、重ねて愁訴

夜に入って、宰相が来た。丹波守《たんばのかみ》(藤原)頼任《よりとう》が言った事を伝えた。これは入道殿の意向を取るようにということについてである。「今日、重ねて参上し、愁訴《しゆうそ》した」と云うことだ。「ただこれは、一郡の者である」と云うことだ。

七日、壬戌。　山城国・賀茂上社、境界について争論／道長から恩言有り

早朝、入道殿に参り〈宰相が同車した。〉、拝謁し奉った。山城国司《やましろこくし》および賀茂上御社司《かものかみのおんしやし》が各々申したことが有った。その事は、上御社は賀茂《かも》郷におありになり、この郷の田若干を御田代田《たしろだ》とした。ところが今回、画定された際、公郷《くごう》方に入った。また、神戸《かんべ》も同じく公郷にある。「やはり本来ならば、皆、神領《じんりよう》に入れられなければならない」ということだ。国司が云ったことには、「神郷と公郷は、すでに境界を限られた。そこで公郷方の田の官物《かんもつ》を勘徴《かんちよう》させたところ、社司が妨害して徴させなかった」と。社司が行なったところは、道理はそうであってはならない。事情を左少弁経頼に告げた。申して云ったことには、「社司の行なったところは、はなはだ不当です」ということだ。私が思ったところは、元より御田代田および神戸は、神領であるべきである。ところが郷々を奉献《ほうけん》された後、あの御田代田を留められて公領《こうりょう》とするのは、宜しくはない事である。本来ならば社司に問い、社解《しゃげ》を進上させなければならない。その解によって定め仰せられるのが宜しいのではないか。もしもやはり神領であるのならば、その解を引いて、別に官符を下給するのが宜しいであろう。この趣旨で事情を申した。おっしゃって云ったことには、「社司が申したとおりならば、もっともそうあるべきである。但し子細の解《げ》文《ぶみ》を進上させて、定め仰せられなければならない。もし公郷の中に在るのならば、御田代田および神戸を神領としなければならない。その他については、新たに画定された限が有る。そこで公領とすべきであろうか」ということだ。この次いでに云ったことには、「大臣たちは、国々の司が申請した文書を取り籠めて、二箇年、定め申すことができなかった。ところが汝《なれ》(実資)は、先日、定め申した。甚だ賢い事である」と。丹波《たんば》国については、国司が宰相を介して伝えて云わせた事が有った。そこで意向を取ったところ、深く恩気が有った。その次いでに事情を申した。

八日、癸亥。　山城国に賀茂上社との争論地からの官物徴収を停止させる／石見守源頼信の赴任に際し、禄を下給

賀茂上御社司が申請した神田《しんでん》について、左少弁経頼に命じた。但し、この郷の田の官物は、しばらく徴収してはならないということを国司に伝え仰させた。社司が解文を言上した後に、定め下されたところに随うべきである。

石見守《いわみのかみ》(源)頼信《よりのぶ》が、明日、任国に向かうということを告げてきた。前に呼んで禄を下給した〈唐衣《からぎぬ》と袴《はかま》。小掛《こうちき》が無かったので、唐衣を下賜した。〉。頼信は入道殿の近習《きんじゅう》の者である。少禄を下給しないのは、如何なものか。特に与えたものである。

九日、甲子。　随身に夏の衣服を下給／頼通、丹波の訴人の愁状を召し取る／道長、頼任の勘当を解く／官符を民部省に下し、山城国愛宕郡八箇郷を賀茂上下大神宮に寄進

随身に夏の衣服を下給した〈右近府掌《うこんのふしょう》武晴と右近府掌(高《こうの》)扶武《すけたけ》。相撲使《すまいのつかい》であるので、召したものである。物節《もののふし》に三疋、近衛に二疋。〉。宰相が来た。すぐに内裏に参った。夜に臨んで、また来た。「丹波の訴人《そにん》の愁《うれえ》状《じょう》を、今日、召し取られました。すぐに百姓《ひゃくせい》たちに罷り帰るよう、召し仰されました」と云うことだ。或いは云ったことには、「罷り帰ってはならない」と云うことだ。この愁人の中に、相撲人《すまいびと》とするに堪える者を、右近衛府の下部《しもべ》に撰ばせた。二人を召して、率いて来た。一人は年老いて、相撲人とするには便宜が無い。もう一人は、見目《みめ》が頗る宜しい。命じて右近将曹《うこんのしょうそう》(紀)正方《まさかた》に預けておいた。丹波守頼任が、入道殿の召しに応じて参入した。「勘当は無かった」と云うことだ。また、「下向するよう、左中弁経通が召し仰せた」と云うことだ。頼任については、去る七日、密々に入道殿に申した。頼任は宰相を介して、度々、深恩《しんおん》であるということを云い送ってきた。

太政官《だいじょうかん》が民部省《みんぶしょう》に符す。

山城《やましろ》国愛宕《おたぎ》郡八箇郷を賀茂《かも》上下大神宮《じょうげだいじんぐう》に寄進《きしん》し奉るべき事。

四至《しし》〈東は延暦寺《えんりゃくじ》の四至を限る。南は皇城《こうじょう》の北《きた》大路とその末を限る。
西は大宮東《おおみやひがし》大路とその末を限る。北は郡堺《ぐんかい》を限る。〉

御祖《みおや》社に四箇郷

蓼倉《たでくら》郷　栗野《くるすの》郷　上粟田《かみあわた》郷　出雲《いずも》郷

別雷《わけいかずち》社に四箇郷

賀茂郷　小野《おの》郷　錦部《にしこり》郷　大野《おおの》郷

右、去年十一月二十五日、あの社に行幸《ぎょうこう》し、この八郷を寄進し奉られた。今、便宜を商量《しょうりょう》し、田圃《でんぽ》を平均した。定めたところは、このとおりである。そもそも、諸郷の所在する神寺の所領及び斎王《さいおう》の月料《げつりょう》・勅旨《ちょくし》・湿地・埴川《はにがわ》・氷室《ひむろ》・徭丁《ようてい》・陵戸《りょうこ》などの田、および左近衛府《さこのえふ》の馬場《ばば》・修理職《しゅりしき》の瓦屋・その守丁《しゅてい》の役人、皆、これは百王の通規《つうき》であって、曾て一時の自由にはできなかった。そこで旧跡《きゅうせき》に任せて、敢えて改易《かいえき》しない。それのみならず、延暦寺領八瀬《やせ》・横尾《よこお》両村の田畠は、代々の国宰《こくさい》が、租税《そぜい》を禅院《ぜんいん》の燈分《とうぶん》に充て、住人をあの寺の役に勤めさせているので、久しく仏地《ぶつじ》としている。どうして神戸となることがあろうか。但し、社が元々関知していた神山《みわやま》・葵を採る山を除いた他の諸山は、或いはこれは寺社が領して来た処、或いはまた、公私《こうし》相伝《そうでん》の地である。自ら年紀《ねんき》を経て、たやすく停止《ちょうじ》し難い。また、戸田《こでん》・治田《ちでん》・造畠について、社司・領主《りょうしゅ》が共に公験《くげん》を点検し、租分《そぶん》を社に納めさせ、地子《じし》は本主《ほんしゅ》に納めることを免すこととする。この他の田地・官物・官舎《かんしゃ》の類は、今より以後は、すべて神領とする。すぐにその応輸物《おうゆぶつ》を、永く恒例の祭祀《さいし》、神殿《しんでん》・雑舎《ぞうしゃ》の料、上下の枝《し》属《ぞく》の神社・神館《かんだち》・神宮寺《じんぐうじ》の修造及び臨時巨細《こさい》の料に充てるように。正二位行大納言《ぎょうだいなごん》右近衛大将《うこのえのたいしょう》藤原朝臣(実資)が宣す。勅を奉るに、「これによって分け充てよ」ということだ。省は宜しく承知し、宣によって行なうように。符が到ったならば、奉って行なえ。

左少弁正五位下兼行近江守《おうみのかみ》源朝臣(経頼)　正五位下行左大史《さだいし》兼播磨権介《はりまのごんのすけ》但波《たんば》朝臣(奉親《ともちか》)

寛仁《かんにん》二年十一月二十五日

十日、乙丑。　頼任、実資に深謝／公任、相撲人を進上

宰相が来た。また夜に臨んで、来て云ったことには、「入道殿に参りました。近く頼任朝臣を召して、雑事を談じられました。頼任が云ったことには、『先日、汝(実資)が事を洩らし伝えた後、すぐに喚《め》しが有って参入しました。おっしゃられた事は、私(頼任)に伝え告げたとおりでした。この喜びは、云い遣わすこともできません』ということでした」と。四条大納言《しじょうだいなごん》(藤原公任《きんとう》)が、新旧丹波の相撲人豊門《とよかど》について伝えられた。「これはつまり、あの納言の荘の人です」ということだ。内取《うちとり》の日に召し進めるということについて、あの御書状が有った。

十一日、丙寅。　頼任、任国に下向／天文異変／降雨

丹波守頼任は、今朝、任国に下った。早朝、宰相を介して申させた事が有った。左少弁経頼が、賀茂上御社司の解文を持って来た。これは、御田代田二町・神戸田二十七町および西南の堺について記し申していた。何の文書によって記し申したのか。尋ね問わせなければならない。また、国司に命じて文簿《ぶんぼ》を勘申《かんじん》されるよう命じた。

「去る九日、天変が有った」と云うことだ。(安倍)吉平《よしひら》朝臣に問い遣わしたところ、月が箕宿《きしゆく》の第二星を犯したことを記し送ってきた。旧い勘文《かんもん》を引見《いんけん》したところ、種々の事が有った。

風が吹いた。酉剋の頃から、雨が降った。天変三箇日の内に、雨脚が快く降った。変異《へんい》は消えたのか。

雨脚は通夜、止まなかった。

十三日、戊辰。　直物／造伊勢大神宮神宝行事所の廻文／叙位・小除目／刀伊入寇の賞

「今日、直物《なおしもの》が行なわれた」と云うことだ。状況を(藤原)資業《すけなり》朝臣に取ったところ、報じて云ったことには、「左府(顕光)は故障を申されました。そこで右府(公季)が上卿《しょうけい》を勤められました」と。

造《ぞう》伊勢《いせ》大神宮《だいじんぐう》神宝《じんぽう》行事所《ぎょうじしょ》の廻文《かいぶん》に云ったことには、「鷲羽《わしう》を進上されるように。五十枚。右は神宝《じんぽう》の箭《や》を造る料で、通例によって廻らすところは、このとおりである。今月二十日以前に神祇《じんぎ》官西院《かんさいいん》に進送されるように」と。

子剋の頃、宰相が内裏から退出して云ったことには、「直物の次いでに、叙位《じょい》と小除目《こじもく》が行なわれました。(菅野)敦頼《あつより》・(藤原)惟通《これみち》〈『四品《しほん》。敦頼は造宮《ぞうぐう》の賞。未だ功過《こうか》を定められていない。惟通は常陸《ひたち》に任じられた』ということだ。一階を叙すのが、もしかしたら妥当か。〉・俊遠・(高階《たかしな》)成順《なりのぶ》〈加階《かかい》。宮々の御給《ごきゅう》。〉。(大蔵)種材《たねき》は、壱岐守《いきのかみ》に任じられた」と。もしくは望んだものであろうか。鎮西《ちんぜい》の武者は、急に望むところ

が無い者ではないのではないだろうか。そこで任じられたのか。

十四日、己巳。　盆供／諸衛府の賑給奏文／丹波の訴人から相撲人を選ばんとす

盆供《ぼんぐ》を拝した。寺々に頒《わか》ち遣わした。

宰相が来て云ったことには、「昨日、右大臣(公季)が諸衛府《えふ》の賑給《しんごう》の奏文《そうぶん》を奏上させました。卿相《けいしょう》や太政官の上官《じょうかん》たちが云ったことには、『未だ見たことのない事です。賑給使《しんごうし》の定文を奏上されるのが通例です。その後、更に充て行なう奏文を奏上されていません』ということでした」と。近代は奏上しない。古《いにしえ》は奏上していた。丹波の訴人弘門《ひろかど》・弘満《ひろみつ》・輔光《すけみつ》を召して見た。相撲人には堪えなかった。但し、弘門の見目は、頗る宜しかった。ところが、先年、(源)雅通《まさみち》と(大江)匡衡《まさひら》の時、相撲人たちを召し進め、申して云ったことには、「相撲人であるには、その体は堪えない。そこで返し遣わす」ということだ。丹波国司が申して云ったことには、「この弘門たちは、郡々の郷司《ごうじ》です。召して拘束されている間、蔵人所《くろうどどころ》の通例として進上する糸および国の交易物《こうえきぶつ》を勧められません。弘門たちの身の假《か》を免されて、これらの事を勧めさせてください」ということだ。すぐに免し遣わせておいた。輔光の痩衰《そうすい》は、特に甚しい。弘門については、状況に随って召し上げるよう、仰せ遣わしておいた。弘満と淡路《あわじ》・阿波《あわ》・伊予《いよ》・讃岐《さぬき》の相撲使府掌扶武が、夜に入って来て云ったことには、「伊予の相撲人たちが船に乗って参上します。明日・明後日の間に、参着するでしょう」ということだ。

十五日、庚午。　六月二十九日の陣定の扱いについて報あり／道長、石山寺に祈願の阿闍梨を置く

／頼通、興福寺の怪異の占方を送る

左中弁が様々の宣旨《せんじ》を下賜した。また、先日、定め申した国々の司、および将軍が申請した事・石清水宮の事を伝え仰せた。「国々と将軍の事については、上達部が定め申したとおりである。但し、因《いな》幡《ば》の開発田《かいほつでん》については、（菅原）忠貞《ただざだ》に問わなければならない」ということだ。未だその理由がわからない。「石清水宮については、権別当《ごんのべっとう》法橋元命が加署《かしょ》しなかった文書は、公文《くもん》を勘会《かんかい》してはならないということを、二寮に宣下することになりました」ということだ。この事は、公卿の議定を用いられない。事は甚だ穏かではない。「ただ入道殿の雅意《がい》です」と云うことだ。石山寺《いしやまでら》に阿闍梨《あじゃり》三人〈遍日《へんじつ》・修仁《しゅうにん》・証念《しょうねん》。〉を置かれた。あの寺の座主《ざす》大阿闍梨《だいあじゃり》大僧都《だいそうず》深覚《しんがく》の解文に、「先年、入道殿が主上《しゅじょう》〈後一《ごいち》条《じょう》天皇〉の御為に、御願三種を立て申された。その一である」ということだ。摂政殿が（藤原）頼祐《よりすけ》朝臣を介して、興福寺《こうふくじ》の鷺の占方《うらかた》を下給された〈金堂《こんどう》の上に集った。「氏長者《うじのちょうじゃ》（頼通）は病を慎しまなければならない。巳・未年の人は、口舌《くぜち》を慎しまなければならない。怪異《かいい》の日以後、二十日の内、及び十一月・十二月節の壬・癸の日」と云うことだ。〉。

十六日、辛未。　相撲召仰／音楽の有無／道長、二后に見物を勧む

夜に入って、右近府生《うこんのふしょう》（多《おおの》）重孝《しげたか》が申して云ったことには、「権右中将《ごんのうちゅうじょう》朝臣〈（藤原）公成《きんなり》。〉が申させて云ったことには、『今日、相撲《すまい》の召仰《めしおおせ》が行なわれる。永延《えいえん》元年の例によって、音楽が行なわれる』ということです」と。年号が分明《ぶんめい》ではない。またまた調べ問わねばならない。音楽は、諸卿が感心しな

い。摂政もまた、同じである。ところが、「入道殿は、必ず行なうよう、おっしゃられました」と云うことだ。「二后（藤原妍子《きよこ》・藤原威子《たけこ》）が見物されることになりました。これは入道殿が懇切《こんせつ》に勧め申されたのです」と云うことだ。

十七日、壬申。　東宮元服定／道長、阿弥陀仏造顕を発願、受領に建造を充てる

宰相が云ったことには、「（藤原）章信《あきのぶ》が云ったことには、『昨日、摂政、右大臣〈東宮傅《とうぐうふ》。〉、大納言（藤原）斉信《ただのぶ》、中納言教通〈春宮大夫《とうぐうだいぶ》。〉・（藤原）頼宗《よりむね》・（源）経房《つねふさ》、参議道方・（藤原）公信《きんのぶ》〈春宮権大夫《とうぐうごんのだいぶ》。〉・（源）朝任《あさとう》が、東宮（敦良《あつなが》親王）に於いて、御元服《げんぷく》について定めました。右大臣が、陣座《じんのざ》に於いて日時を勘申させました。造八省院延禄堂所《ぞうはっしょういんえんろくどうしょ》が申請した茨田光明《まんだのみつあき》の位記《いき》を作成する事を、大内記《だいないき》（藤原）義忠《よしただ》朝臣に命じました。名簿《みょうぶ》と元の宣旨書を下賜しました。但し、国用位記《こくよういき》を作成する事を、同じく命じました』と」と。

入道殿が急に発願《ほつがん》し、丈六金色《じょうろくこんじき》阿弥陀仏《あみだぶつ》十体と四天王《してんのう》像を造顕《ぞうけん》し奉られる。あの殿（土御門殿《つちみかどどの》）の東の地〈東京極《ひがしきょうごく》大路の東辺り。〉に十一間の堂を建造して、安置されることになった。「受領《ずりょう》一人に一間《けん》を充てて、建造されることになった」と云うことだ。「昨日から木造《こづくり》を始めた。摂政は感心しなかった」と云うことだ。

十八日、癸酉。　頼通、相撲装束に二襲を禁ず

宰相が来て云ったことには、「蔵人《くろうど》（平）範国《のりくに》が云ったことには、『先日、摂政がおっしゃって云ったことには、「相撲の楽は、やはり無理に行なわれるようだ。但し人々の装束《しょうぞく》は、二襲《かさね》を調備してはならない。織手《おりて》たちの愁嘆《しゅうたん》は極まりない」と云うことです。両宮〈妍子・威子〉が参上される間、御装束の事が多いので、これを愁いているのです』と云うことです」と。頭弁〈経通。〉に問い遣わしたところ、報じて云ったことには、「未だ承っていません。考えるに、制が有るのでしょうか」ということだ。

十九日、甲戌。　相撲人を随身せざる使を追い遣わす

畿内《きない》・紀伊《きい》国使の右近将監《うこんのしょうげん》〈身人部《むひとべの》〉保春《やすはる》は、相撲人を随身せずに参って来た。事情を伝えて追い遣わした。山陰道使《さんいんどうし》の右近番長《うこんのばんちょう》和信《かずのぶ》が、相撲人二人を率いて来た。召して見なかった。

右近府生〈身人部〉保重《やすしげ》が申して云ったことには、「陰陽頭《おんみょうのかみ》〈惟宗《これむねの》〉文高《ふみたか》が申して云ったことには、『明日・明々日の間に、相撲の内取を始めることになっています。蔵人所の召しによって、急いで参りますので、勘文を進上することができません。明後日に進上することにします』ということでした」と。

二十日、乙亥。　相撲内取日時勘文／阿波介為時を相撲人として召す

右近府生保重が、相撲の内取の日時勘文《にちじかんもん》を進上した〈二十一日丙子、時は申剋。「この日は、右近衛府に利が有ります。そこで勘申したものです」ということだ。陰陽属《おんみょうのさかん》惟宗忠孝《ただたか》の勘文。〉。権右中将〈藤原〉長家《ながいえ》の書状に云ったことには、「阿波介《あわのすけ》某《なにがし》姓為時《ためとき》と云う者は、膂力《りょりょく》の風聞が有ります。山城国寺戸《てらど》と云う処に住んでいます。また、前伊予守《さきのいよのかみ》〈藤原〉為任《ためとう》の許にいます。召させては如何でしょうか」ということだ。報じて云ったことには、「事の煩いが無い様に、召し遣わさせても、何事が有るであろうか」と。

相撲の装束の二襲は、その制がもっとも重いということを、頭弁経通が伝え送ったのである。

二十一日、丙子。　老年により為時を召さず／諸道相撲人、到来／右近衛府内取始

早朝、右近将曹正方が、相撲長《すまいのおさ》・立合《たちあわせ》および相撲人たちの装束の請奏《しょうそう》を持って来た。加署して、返し賜わった。また、云ったことには、「権中将朝臣の書状に云ったことには、『昨日、申させた為時は、年齢が五十歳を過ぎ、相撲に便宜が無い』と云うことです。これを如何しましょう」と。答えて云ったことには、「五十余歳の者を、初めて相撲人とするのは、傑出しているわけではないのならば、召してはならないのではないか」と。南海道使《なんかいどうし》の府掌扶武が、伊予の相撲人四人を率いて参った。前に召して、これを見た。山陽道使《さんようどうし》の近衛下毛野公武《しもつけののきんたけ》が、相撲人三人を随身して参って来た。申して云ったことには、「播磨《はりま》の相撲人信兼《のぶかね》は、胸を煩って、山崎《やまざき》に罷り留まっています。今夕、参上させましょうか」ということだ。内取の時剋が漸く至っているので、召して見ずに、右近衛府に遣わしておいた。夜に入って、右近府生保重が、相撲所の定文〈二通。〉を持って来た。夜分であったので、返し賜わなかった。土佐《とさ》の相撲人三人が参って来た。使の府掌尚貞《なおさだ》が副っていた。相撲人(秦)常正《つねまさ》を召して見た。すぐに内取所に遣わした。

今日、内取始《うちとりはじめ》が行なわれた。

二十二日、丁丑。　相撲定文を下す

相撲の定文を下給した。去年、土佐守《とさのかみ》(源)登平《なりひら》が申した、あの国の膂力の者八木頼高《よりたか》について、今年、必ず召して進上するよう、去年および今春、申させていた。ところが、事をあれこれに寄せて、参上させなかった。そこで重ねて使を差し遣わして、召し上げさせるよう、右近将曹正方を介して右中《うちゅう》将《じょう》公成の許に伝え送った。報じて云ったことには、「右近衛府の牒《ちょう》を作成して、馳せ遣わすことにします」ということだ。最手《ほて》(真上《まかみの》)勝岡《かつおか》が参って来た。湯治《とうじ》を行なっていたので、しばらく召して見なかった。この間、将曹正方が随身所《ずいじんどころ》に参って伺候した。熟瓜を下賜させた。その後、召して見た。（葛井《ふじいの》)重頼《しげより》・(県《あがたの》)為永《ためなが》・(秦《はたの》)吉高《よしたか》は、今夕、もしくは明朝に、使と共に参着するのであろうか。「勝岡については、馬を騎り用いるのには堪えられそうにありません。そこで船に乗って参上します」ということだ。

二十四日、己卯。　舞人・音声人、不足／相撲人、参着

右中将公成が来て云ったことには〈立ったまま逢った。穢《え》による。〉、「舞人《まいびと》が足りません。南京《なんきょう》に召し遣わしましたが、未だ参って来ません。たとえ参入したとしても、やはり不足が有るでしょう。これを如何しましょう」と。右近将曹多政方《まさかた》に伝えるよう答えた。中将が云ったことには、「政方は丹後国《たんごのくに》にいて、未だ参上しません。先日、召し遣わしました」と。また、云ったことには、「音声《おんじょう》の人が揃いません。また、召人《めしびと》は左方に参るということを申して、参入してきません」ということだ。事を欠いてはならないということを伝えた。また、(越智《おちの》)富永《とみなが》が常正と取り組むことを申してきた。答えて云ったことには、「富永は、誠に宜しい相撲とはいっても、急に常正と取り組むことはできない。次々

の者と取り組んで、雌雄を決した後に、腋《わき》の常正に及ぶべきであろう」と。公成は承諾した。今日、土佐の相撲〈中臣〉為男《ためお》及び取手《とりて》の者一人と白丁《はくちょう》一人が参って来た。召して見た。

二十五日、庚辰。　造伊勢神宝行事所に鷲羽を送る／右近衛府内取の手結を進上／御前内取／右近の尼に薫香を送る

鷲羽五十枚を造伊勢神宝行事所に進送した。先日の廻文によるものである。熟瓜三駄《だ》を陣に下給した。右近府生保重が、昨日の内取の手結《てつがい》を進上した。粛慎羽《しゅくしんう》の胡簶《やなぐい》六具《よろい》を随身した。楽所《がくしょ》が申請したからである。右近府生〈紀〉保方《やすかた》に下給した。これは舞人の分である。今日、御前の内取が行なわれた。府生保重が内取の手結を持って来た。

左近将監《さこんのしょうげん》〈狛《こまの》〉光高《みつたか》が革を申請した。二枚を下給した。右近将曹多政方が参って来て云ったことには、「丹波から、只今、参着しました」ということだ。遅参《ちさん》したことを伝えて、革一枚を下給した。右近の尼〈陸奥守《むつのかみ》〈橘〉則光《のりみつ》の姑《おば》。〉の許に、薫香《くんこう》二筥《はこ》〈銀々。〉を送った。和歌を加えた。返歌《へんか》が有った。使の出納《すいとう》の男に小禄〈単重《ひとえかさね》。〉を与えた。

二十六日、辛巳。　内取の結果／抜出の日の禄を指示

最手勝岡や大宰の相撲人たちが来た。熟瓜を下給した。「昨日、御前の内取が行なわれた。勝岡と常正が拏攫《だかく》した。常正は、はなはだ敵《かな》わなかった。そこで障りを申して免じられた」と云うことだ。「富永は、官人たちを率いて準備をしていた」と云うことだ。去年の初め、近衛となって、未だ相撲を取っていない。今年、腋の常正と取り組みたいということを申した。一昨日、中将が来て言ったところである。ところが、許容しなかった。為男や（県《あがたの》）為長《ためなが》と取り組むよう答えた。そこで昨日の御前の内取は、為長と相撲を取った。「為長の為に打たれた。はなはだ敵わなかった」と云うことだ。

頭弁経通が来て云ったことには、「抜出《ぬきいで》の日に、上達部の禄を下給しなければなりません」ということだ。その不審なところの詳細を指示しておいた。左右中少将も、同じく禄に預かるということも、また伝えておいた。また、云ったことには、「東宮が参上されます。御禄は有るべきでしょうか、如何でしょう」と。前例を調べて見ると、御簾《みす》の内によるものか、如何であろう。

二十七日、壬午。　相撲召合／二后行啓なし

右近将曹正方が、擬《ぎ》近奏《こんのそう》一枚を持って来た〈楽人《がくにん》一枚、相撲一枚。〉。加署して返給した〈あの日、ただ楽人の奏を下された。〉。

今日、相撲の召合《めしあわせ》が行なわれた。午剋、参入した。宰相が従った。仗頭《じょうとう》に卿相二、三人が参会した。東宮が参上した。傍らの卿に催されて、宮に参った。摂政が扈従された。新納言《しんなごん》（藤原）能信《よしのぶ》が、御総《あげ》角《まき》と御装束を奉仕した。すぐに参上された〈弘徽《こき》・承香《じょうきょう》・仁寿殿《じじゅうでん》を経た。〉。宮司《みやづかさ》・東宮学士《とうぐうがくし》（藤原広業《ひろなり》）・帯刀《たちはき》が、これに扈従した。摂政以下の卿相が、御供に扈従した〈宮司・東宮学士・帯刀は、右仗に伺候した。〉。下官（実資）は、仗座《じょうのざ》に復した。蔵人頭《くろうどのとう》経通が、侍従を召すよう伝えた。座を敷かせるようにとの事を、同じ弁に命じた〈装束司《しょうぞくし》であるからである。〉。この頃、右大臣が参入した。内侍《ないし》が檻《かん》に臨んだ。

大臣は座を起ち、壁の後ろを徘徊した。左少将《さしょうしょう》顕基が、宣仁《せんにん》門から入って、参上した。私は座を起った。大臣が蔵人頭経通を介して、事情を奏上された。その趣旨を聞かなかった。仰せによって参上し、御簾の内に伺候した。摂政が伺候されていた。私は仗座に復し、外記《げき》を召した。外記順孝《のぶたか》が参入した。侍従を召すよう命じた。次いで私は座を起って、参上した。公卿は序列どおりに参上し、座に着した〈大納言斉信・公任、中納言（藤原）行成《ゆきなり》・教通・頼宗・経房・能信・実成、参議道方・（源）頼定《よりさだ》・通任・朝経、三位二人［左中将（藤原）道雅《みちまさ》・右中将（藤原）兼経《かねつね》。］、参議資平。〉。日が段々と傾いたので、侍従を待たずに参上した。左大将《さだいしょう》〈教通。〉と相談して、退下した〈先ず左軍《さぐん》（教通）が退下した。次いで私。〉。東階《ひがしのきざはし》の壇上に並び立った。左右の奏を持って来た〈左は左少将（藤原）誠任《さねとう》と左近将監光高、右は右少将《うしょうしょう》（藤原）良頼《よしより》と右近将監（高《こうの》）扶宣《すけのぶ》。〉。左将軍（教通）が、先ず笏《しゃく》を挿して奏を取った。見終わって、杖首を引き寄せ、奏を挿した〈杖に奏を通した。〉。伝え取って参上し、御簾の下に就いて、内侍に託した。笏を抜き、右廻りに座に復した。次いで私が奏を取って、見終わった。次いで杖を取り、自ら挿んで参上した。その儀は、左と同じであった。内侍は御屏風《びょうぶ》を排し、私を召した。座を起って、簾《すだれ》の下の座に伺候した。次いで左将監光高が、版位《へんい》を取った。数度、督促された。長い時間が経って、左右三衛府の出居《でい》は、座に着した〈左少将（源）実基《さねもと》・左衛門府《さえもんふ》（藤原）惟忠《これただ》・左兵衛府《さひょうえふ》（藤原）惟任《これとう》、右少将（藤原）実康《さねやす》・右衛門府《えもんふ》章信・右兵衛府《うひょうえふ》（藤原）経輔《つねすけ》。〉。次いで左右に籌刺《かずさし》と出衣《いだしぎぬ》の円座《わろうだ》を置いた〈本来ならば出居以前に置かなければならない。或いは以後に置くだけである。両説が有るのか。〉。次いで籌刺が座に着した。時剋が推移した。相撲を始めた。一番〈左方は麻《お》続永世《みのながよ》［勝った。］、右方は秦吉高。〉、二番〈左方は忍海為正《おしぬみのためまさ》、右方は清原時武《ときたけ》［勝った。］。〉、三番〈左方は若湯《わかゆ》坐秋則《えのあきのり》、右方は県為永［勝った。］。〉、四番〈左方は宇《う》治義安《じのよしやす》、右方は中臣為男［勝った。］。〉、五番〈左方は伴勝平《とものかつひら》［勝った。］、右方は越智富永。〉、六番〈左方は安曇元高《あずみのもとたか》、右方は秦正代《まさよ》［勝った。天判《てんぱん》によって引き分けとなった。］。〉、七番〈左方は紀光時《みつとき》［勝った。］、右方は他戸久清《おさべのひさきよ》。〉、八番〈左方は伴得近《とくちか》［勝った。］、右方は山口枝延《えだのぶ》。〉、九番〈左方は大原正清《まさきよ》、右方は川原正清［勝った。］。〉、十番〈左方は海秀簾《あまのひでかど》、右方は紀武頼《たけより》［勝った。］。〉、十一番〈左方は能《の》登良任《とのよしとう》［勝った。］、右方は刑部宗親《おさかべのむねちか》。〉、十二番〈左方は三枝邦近《さえぐさのくにちか》［勝った。］、右方は大《おお》部正時《ぶのまさとき》。〉、十三番〈左方は大井高遠《たかとお》［障りを申して免じられた。］、右方は物部信景《もののべののぶかげ》。〉、十四番〈左方は美《み》麻《ま》那重《なのしげ》茂《もち》［障りを申して免じられた。］、右方は他戸秀高《ひでたか》。〉、十五番〈左方は於《お》保家近《おのいえちか》、右方は葛井重頼。取らなかった。〉、十六番〈左方は御長忠頼《みながのただより》、右方は秦常政《つねまさ》。取らなかった。〉、十七番〈左方は公侯常時《きみこのつねとき》、右方は真上勝岡。取らなかった。〉。相撲の中間で、内竪《ないじゅ》が公卿の衝重《ついがさね》を据えた。終わって、左少将誠任が、公卿の座の南第一の衝重を執って、私の右に据えた〈高欄《こうらん》に副えて、二合《ごう》を連ねて据えた。〉。しばらくして、誠任が勧盃《けんぱい》を行なった。造《み》酒正《きのかみ》（源）頼重《よりしげ》が行酒《ぎょうしゅ》を行なった。誠任は私に差し出した。私が受けずに云ったことには、「行酒の人は、少将を用いなければならないのではないか。酒番侍従《さけばんじじゅう》や造酒正は、御前の上卿《しょうけい》の許に進んで伺候しない。上達部の座の役に従うとはいっても、行酒の時は、次将が侍従の持った瓶子《へいじ》を執って、御前の上卿の許に進んで伺候する。ところが頼重が瓶子を執って御前に進んだのは、如何なものか」と。答えたところは無かった。また、大納言斉信・公任、中納言行成に伝えたところ、覚えていないということを答えた。ところが盃を受けず、退かせた。その後、左少将顕基〈四位。〉が勧盃を行なった。少将誠任が瓶子を執った。私は盃を受けて、斉信卿に目くばせした。座を起って私の右に坐り、盃を受けて座に復し、流し巡らせた〈故殿《ことの》(藤原実頼《さねより》)の承平《じょうへい》二年七月二十八日の御記《ぎょき》に云ったことには、「大殿門《おおとのと》(藤原忠平《ただひら》)は、御簾の中に伺候していた。上達部の座は、平敷《ひらしき》を準備した。穀倉院《こくそういん》が少饌を弁備《べんび》し、衝重を調備した。内竪が益賜《えきし》した。一、二巡したので、直ちに下した。酒番侍従が勧盃および行酒を行なった。近衛少将《このえのしょうしょう》を介して、肴物《さかなもの》を大将に勧めさせた。また、少将を介して親王に勧盃させた。親王は盃を執って大将の許に進み、これを伝えた。少将代《しょうしょうだい》の侍従が瓶子を執った」と。これが通例である。これより後は、盃巡が有る度に、必ずこの儀を用いた。九条丞相《くじょうじょうしょう》(藤原師輔《もろすけ》)の天慶《てんぎょう》六年七月二十七日の記に云ったことには、「内竪が参上した。饌宴を王卿に供した。但し簾の前に伺候していた大将の衝重は、近衛少将が供した。酒番侍従が親王に勧盃を行なった。貫首《かんじゅ》の親王式明《のりあきら》が盃を執って云ったことには、『この巡は、大将の所に至るべきであろうか』と。あれこれが答えて云ったことには、『確かに先例を覚えていない。但しこの巡は、ただ下して、簾の前に伺候する上卿に至り、近《この》衛次将《えのじしょう》が勧盃を行なう。その巡は、下す時に、親王が上卿の後ろに進み、盃を受けて、本座に還る』と云うことだ。この説に随って、これを行なった」と。今、この御記によってこれを考えると、今日、私が考えたところは、合っている。後蒙《こうもう》を啓《ひら》く為に、この御記を記し付ける。〉。左の出居の前に張筵《はりむしろ》を賜うという事を、摂政に申した〈摂政は簾中《れんちゅう》に近く伺候していた。〉。許諾があったので、宰相に伝え、これを命じさせた〈殿上《てんじょう》の出居が退下した。そこで上達部に指示し、宰相に伝えさせた。右大弁《うだいべん》朝経が退下し、召し仰させた。〉。しばらくして、所《しょ》司《し》が張筵を給わった。十四番は深夜となった。左相撲重茂が、障りを申して免じられた。意向を伺って、立合・籌刺・出居を入れさせた。これより先に、張筵を撤去させた〈左右の次将が撤去した。〉。上達部は、座を起って欄に臨んだ。私はその座に加わった。左右が乱声《らんじょう》を行なった。左方がすでに勝った。右方はどうして奏するのか。そこで事情を伝えて止めさせた。左の抜頭《ばとう》が出た〈左方の官人が、楽所から走り出て、南に到った。前に物の蛇を置いたのか。前々は、階の腋から走り出た。但し、抜頭の時は置かなかった。先例を失したのか。〉。この頃、主殿寮《とのもりょう》が燎《ひ》を執った。次いで右方が乱声し、納蘇利《なそり》を奏した。楽を止めさせた。諸卿が退下した。東宮が退下された。扈従したことは、元のとおりであった。その後、退出した。「今日、二后は、あらかじめ参上されるという予定が有った」と云うことだ。ところが急に停止となった。或いは云ったことには、「東宮の御元服が近々である。その間、両宮の女房《にょうぼう》の衣裳の準備が多い。そこで今日、参上されなかった」ということだ。

二十八日、癸未。　相撲抜出

抜出が行なわれた。内裏に参った〈午二剋。〉。宰相が従った。諸卿は未だ参っていなかった。しばらくして、あれこれが参入した。催促が有ったので、東宮に参った。摂政が伺候されていた。皇太弟《こうたいてい》〈敦良親王〉が参上した。宮司や諸卿が伺候したことは、昨日と同じであった。諸卿は陣座に復した。蔵人頭左中弁経通がおっしゃって云ったことには、「侍従を召すように」ということだ。座を敷くようにと、すぐに経通に命じた。次いで侍従を召すようにと、外記順孝に命じた。内侍が檻に臨んだ。左少将誠任が、陣から参上した。次いで下官及び諸卿が参上した。内侍は私を召した。座を起って、簾の下の簀子《すのこ》敷《じき》に伺候した。摂政および右大臣は、簾中に伺候した。長い時間、左右の円座を敷かなかった。度々、催促させた。僅かに左右の出居の座を敷いた〈左は実基、右は実康。〉。座に着した。幕から歩み出て、座に着した。本来ならば、幕を褰《かか》げて坐ったまま、これに着さなければならない。例を失したと称さなければならない。長い時間、相撲人が出なかった。催し仰させた。時剋を移し、左方の相撲人が列立《れつりつ》した。本来ならば北面しなければならない。ところが西向きに立った。そのことを伝えた。そこで北向きに立った。意向を伺い、命じて云ったことには、「南を向け」と。すぐに南面して列立した。次いで意向を伺い、命じたことには、「西を向け」と。すぐに西面して立った。また、意向を伺い、命じたことには、「罷り入れ」と〈古伝《こでん》に云ったことには、「よし」と。両説が有る。〉。退き入った。次いで右方の相撲人が参って列した。東面して立った。本来ならば北面して立たなければならない。ところが東面した。そのことを伝えた。そこで北向きに立った。その儀は、左方と同じであった。但し西を東に替えただけである。晩に臨んで、内豎が上達部の衝重を据えた。酒事《さかごと》は無かった。如何なものか。仰せ〈摂政。〉によって、左方の相撲人義安を召した〈命じて云ったことには、「義安、進《たてまつ》れ」と。〉。次いで右方の常政を召した〈左方と同じであった。〉。常政は、二度、障りを申して免じられた。次いで左方は元高〈勝った。〉、右方は時武。次いで左方は為正〈勝った。〉、右方は為男。抜出が終わって、出居が入った。通例ではないということを伝えた。更に出居を行なった。次いで意向を伺って、追相撲《おいずまい》を召した〈命じて云ったことには、「追相撲を進れ」と。〉。追相撲が行なわれた。相撲が終わって、出居が入った。私は御前の座を起ち、簀子敷の座に加わって着した。次いで散楽《さんがく》が行なわれた。これより先に、張筵を撤去した。諸卿は座を起った。欄に臨んで、甘瓜《あまうり》を下賜した。氷は無かった。左少将顕基が勧盃を行なった。左右は乱声し、互いに舞曲を奏した〈左方は、蘇合香《そこう》・万歳楽《まんざいらく》・散手《さんじゅ》・還城楽《げんじょうらく》・猿楽《さるがく》。右方は、古鳥蘇《ことりそ》・綾切《あやぎり》・帰徳《きとく》・狛犬《こまいぬ》・猪猂《けつかん》。〉。還城楽の頃、主殿寮が燎を執った。楽が終わって、天皇は還御《かんぎょ》した。諸卿は退下した。皇太弟は退下され、東宮傅以下の諸卿は供奉《ぐぶ》した。この頃、雨が降った。そこで皇太弟は、承香殿《じょうきょうでん》の馬道《めどう》から北行し、片廂《かたびさし》から西行し、弘徽殿《こきでん》を通った〈母后《ははきさき》〈藤原彰子《あきこ》〉がいらっしゃった。そこで宮司以下は、片廂の下に留まった。〉。雨脚は最も密であった。そこで陣頭に還って徘徊した。右府は陣座に復した。雨が止むのを待っていたが、その間隙は無かった。数剋が推移し、退出した〈戌の終剋。〉。

二十九日、甲申。　相撲人富永・時武を追却

早朝、相撲人たちが参って来た。常正を首とした。富永と時武は、召しが無い者たちである。ところが進み出て、座に列した。富永を追却した。御前の内取や召合に勝たなかった。ところが、その恥を思わずに進み出た上に、官人に委嘱した。「最手や腋と取り組んで、相撲を取るという望みを持った」と云うことだ。去年、初めて取手に入り、右方の相撲人と取り組んだが、未だ雄雌を決していない。ところが、その所の官人に委嘱し、高手《たかて》と取り組もうとした。そこで追い立てただけである。その理由が無いわけではない。時武も同じく追却した。

○八月

一日、乙酉。　**石塔造立供養／畿内相撲使を譴責**

石塔供養《せきとうくよう》は、恒例のとおりであった。畿内相撲使右近将監《きないすまいのつかいうこんのしょうげん》(身人部《むひとべの》)保春《やすはる》は、その勤めが無かった。摂津《せっつ》・河内《かわち》の相撲人《すまいびと》が御前の内取《うちとり》に参会しなかった事を召問《しょうもん》させたところ、使が来て召さなかったということを申した。保春を問わせたところ、特に弁解するところは無かった。今日は朔日で、過状《かじょう》を進上させるのは便宜《びんぎ》が無い。明日、又々、召問し、過状を進上させるよう、右近将曹《うこんのしょうそう》(紀)正方《まさかた》を介して右中将朝臣《うちゅうじょうあそん》〈(藤原)公成《きんなり》。〉の許に仰せ遣わした。右近将監(高《こうの》)扶宣《すけのぶ》が参って来た。「(越智《おちの》)富永《とみなが》を引汲《いんぎゅう》する意向が有る」と云うことだ。そこで事の次いでが有って、仰せ宣しただけである。今朝、最《ほ》手《て》(真上《まかみの》)勝岡《かつおか》も、同じく申請するところが有った。筑紫《つくし》の相撲人が参って来た。河内の白丁《はくちょう》文兼助《ふみのかねすけ》に、犢鼻褌《たふさぎ》を着させた。これを見た。

召使《めしつかい》が申して云ったことには、「明日、右大臣(藤原公季《きんすえ》)が、定め申されなければならない事が有ります。参入されますように」ということだ。また云ったことには、「釈奠《せきてん》に参られますように」ということだ。病悩が有って両□とも、参ることができないということを伝えておいた。

二日、丙戌。　**釈奠内論義を停止**

宰相（藤原資平《すけひら》）が来て云ったことには、「今朝、摂政《せっしょう》殿（藤原頼通《よりみち》）に参りました。おっしゃって云ったことには、『釈奠内論義《ないろんぎ》を行なうわけにはいかない』と。また、云ったことには、『十月・十一月の間に、春日《かすが》行幸《ぎょうこう》を行なうこととした』と」と。

三日、丁亥。　釈奠／刀伊の入寇に関する大宰府解／藤原長家、相撲人を饗応／大宰府解／対馬判官代長岑諸近、高麗に越渡し、刀伊賊徒に虜われた女十人を随身して帰参／内蔵石女の申文／高麗船の刀伊撃退の状況

釈奠の分配《ぶんぱい》の上卿《しょうけい》であった。ところが、病悩を称して着さなかった。昨日、大外記《だいげき》（小野）文義《ふみよし》朝臣に伝えておいた。後に聞いたことには、「中納言《ちゅうなごん》（源）経房《つねふさ》・（藤原）能信《よしのぶ》、参議《さんぎ》（源）道方《みちかた》が、参入した」と。都督《ととく》（藤原隆家《たかいえ》）の書状に云ったことには、云々。大宰府解《だざいふげ》および内蔵石女《くらのいわめ》の申文《もうしぶみ》の草案《そうあん》を副えてあった。紙背《しはい》に記す。今日、右中将（藤原）長家《ながいえ》が、食物を準備し、相撲人に下給した。宰相が来て云ったことには、「侍従中納言《じじゅうちゅうなごん》（藤原行成《ゆきなり》）から、来るようにとの書状が有りました」ということだ。あれこれ心にあるということを答えた。晩に乗じ、来て云ったことには、「右大弁《うだいべん》（藤原朝経《あさつね》）は、あの書状によって、同じく来ました。上達部《かんだちめ》・殿上人《てんじょうびと》・諸大夫《しょたいふ》に、饗宴が有りました。相撲人は、ただ四人が座に着しました。中将は忿怒《ふんぬ》し、扶宣と（身人部）保重《やすしげ》を勘当《かんどう》しました。ほとんど陵轢《りょうれき》に及びました。勝岡・（葛井《ふじいの》）重頼《しげより》・（県《あがたの》）為長《ためなが》・（秦《はたの》）吉高《よしたか》」と云うことだ。

大宰府が解し、申し請う。――

対馬島《つしま》判官代《はんがんだい》長岑諸近《ながみねのもろちか》が、高麗国《こうらい》に越渡《おつと》し、刀伊賊徒《といぞくと》の為に虜われた女十人を随身《ずいじん》して帰り参ったことを言上《ごんじょう》する状。

二人。筑前国《ちくぜん》志摩《しま》郡安楽寺《あんらくじ》所領板持庄《いたもちのしょう》の人。すぐに府に進上した。

一人。船中で病悩して、大宰府《だざいふ》に参らなかった。

八人。対馬島の人。

二人。到来の間、病悩して死去した。

五人。また病悩して、本島に留まった。

一人。大宰府に進上した。

賊の虜《とりこ》となった女内蔵石女たちの申文を副えて進上する。

右、対馬島の去る六月十七日の解状が、同二十一日に到来したのを得たところ、云ったことには、「上県《かみあがた》郡を管する伊奈院《いないんじ》司の同十六日の解状に云ったことには、『刀伊の賊徒が到来した際、判官代諸近およびその母や妻子は、虜とされた。ところが、賊船が当島に還り寄った日、諸近は独り身で逃げ脱して、本宅に罷り還った。そうしている間、昨日の夜に小船を盗み取って逃亡した。きっと、当島の厄《やく》を思う為に、陸地に罷り渡ったのであろう。早く大宰府に言上されて、召し返されたい』ということだ。島内の人民は、賊の為に虜とされた。僅かに遺った民も、また他処に移った。もし召し返されるという定が無かったならば、無理に遺った民は、跡を留めることができない。望み請うことには、府裁《ふさい》を管内《かんない》諸国に仰せ下され、在所を尋ねて、糺《ただ》し返されんことを」ということだ。ところがまた、同島の今月九日の解状が、同十二日に到来したのを得たところ、云ったことには、「この諸近は、去る六月十五日に跡を晦《くら》まして逃亡した。そこでそのことを先ず言上した。ところが、今月七日に諸近が到来し、申して云ったことには、『刀伊の賊徒が到来した日、私(諸近)の母・伯母・妹・妻子・従者合わせて十余人は、賊船に取り乗せられました。慮外に筑前・肥前《ひぜん》国を往復しました。但し賊徒は、還り向かう次いでに、対馬島に寄りました。ここに私は独り身で逃げ脱して、本島に罷り留まりました。ところが、ひそかに思ったことには、「老母・妻・子と離れて、独りで存命したとしても、すでに何の益が有るであろう。老母を捜して、命を刀伊の地に委《ゆだ》ねるに越したことはない」と。事情を島司《とうし》に申そうと思いましたが、渡海《とかい》の制は重いものです。そこでひそかに小船を取って、高麗国に罷り向かいました。まさに刀伊の境に近付いて、老母の存亡を問おうと思いました。ここにあの国の通事仁礼《つうじじんれい》に罷り会いました。申して云ったことには、「刀伊の賊徒は、先日、当国(高麗)に到来し、人を殺して、物を掠めた。戦おうとしていたところ、逐電《ちくでん》して日本国に赴いた。そこで舟の装備を整え、兵を準備して待っていたところ、幾《いく》ばくも無く、還り向かった。重ねて海辺を残滅《ざんめつ》した。そこであらかじめ、五箇所に於いて舟千余艘《そう》を準備し、所々で襲撃し、すべて撃ち殺した。その中に、多く日本国の虜者がいた。あの五箇所の内、まずは三箇所が進上したところは、三百余人である。集め遺した二箇所の人を待ち、船に乗せて日本国に進上されるよう、すでに公(高麗)の決定が有った。まずは対馬島に還って、このことを申すように」ということでした。ここに、あの賊虜の中の本朝(日本)の人たちに罷り会い、老母の存亡を問うたところ、すぐに申して云ったことには、「賊徒どもは、高麗の地に到着した際、強壮《きょうそう》の高麗人を取り載せて、病羸尫弱《びょうるいおうじゃく》の者を皆、海に入れてしまった。汝《なれ》(諸近)の母および妻や妹は、皆、死んでしまった」ということでした。ただ伯母一人に会い、本土に罷り還ろうと思ったところ、本朝は異国に向かう制は、すでに重いものです。理由も無く罷り還ったならば、きっと公譴《こうけん》に当たるでしょう。たとえ書牒《しょちょう》を得たとはいっても、格別な証拠が無ければ、まったく信用されるはずもありません。「これによって、日本人を受け乞うて、その人を証人として、罷り還ろうと思う」ということを申し請うたところ、高麗国は、まず賊虜十人を充て給いました。そもそも私は、老母を思ったので、すでに罪過《ざいか》を忍びました。母の死亡を知った今となっては、身を公(日本)に進上して、あれこれ裁定に随うこととします』ということだ。異国に投□するのは、朝制《ちょうせい》はすでに重い。どうしてましてや、近日、その制はいよいよ重い。そこで諸近の身を召し、その女三人を副えて、島使前掾《さきのじょう》御室《みむろ》為親《ためちか》を遣わして進上することは、このとおりである」ということだ。謹んで事情を検じると、異国の賊徒は、刀伊なのか高麗なのか、その疑いは未だ決していなかったが、今、刀伊が撃退されたので、高麗が行なったところではないことを知った。但し新羅《しんら》は、元は敵国である。国号《こくごう》の改変が有ったとはいっても、やはり野心《やしん》が残っていることを嫌う。たとえ虜民を送ったとしても、御礼を行なうわけにはいかない。もしくは戦に勝った勢いを誇って、偽って成好《せいこう》の便を通じているのか。

そもそも諸近が行なったところは、先後が当たっていないのである。異域《いいき》に越渡するのは、禁制《きんせい》は元々重い。ましてや賊徒が来侵《らいしん》した後、誡めて云ったことには、「先行した者は、異国に与《くみ》すると見做す」ということだ。ところが、始めは制法《せいほう》を破って渡海し、書牒も無く還った。もし虜者を率いて来たことによって、優遇してその罪に処すことが無かったならば、恐らくは、後の憲《のり》にならないであろう。愚民《ぐみん》は、ひとえに法が緩《ゆる》んだと思って、たやすく渡海する。傍輩《ほうばい》を懲《こ》らしめる為、その身を拘《こう》禁《きん》する。本来ならば高麗国使を待って、その事情を申上しなければならない。ところが、来るかどうかは知り難く、旬日が移ろうとしている。下民《げみん》の言は、誠に信じ難いとはいっても、境外の言行は、黙殺すべきではない。そこで在状《ざいじょう》に記して言上することは、このとおりである。謹んで解す。

寛仁《かんにん》三年七月十三日

内蔵石女たちが、解し申す、申文を進上する事。

刀伊の賊徒に追い取られ、高麗国に罷り向かった海路の雑事、および本国に帰り参った事情を記し申す状。

右、石女は安楽寺所領筑前国志麻郡板持庄の住人、(多治比《たじひの》)阿古見《あこみ》は対馬島の住人である。ところが、各々、追われて賊船に乗せられ、何日もの間、その状況を見た。所々で合戦を行なった日、私(石女)たちが罷り乗った両船の内に、矢に当たった賊徒は五人であった。ところが、対馬の岸に着く間に、皆、死んでしまった。この他の傍類の船では、疵《きず》を蒙《こうむ》り、死亡した者が、日を追って断えなかったのである。ここに高麗国の岸に罷り着いた後、賊徒たちは、毎日、未明の間に陸地に上り、海辺や別島の人宅を滅し、物を運んで人を取ったのである。昼はつまり島々に隠れて、強壮の者を撰び取り、老《ろう》衰《すい》の者を打ち殺した。また、日本の虜者の中で、病悩している者は、皆、海に入れてしまった。夜はつまり各々、漕いで急いで去ったのである。このように、二十箇日を送った後、五月中旬の頃、高麗国の兵船《へいせん》数百艘が襲来《しゅうらい》して、賊を撃った。ここに賊人たちは、力を励まして合戦したとはいっても、高麗の勢が猛々しかったので、敢えて敵《かな》う者はいなかった。つまりその高麗国の船の様子は高大であって、兵仗《へいじょう》は多く準備してあった。船を覆して、人を殺した。賊徒は、その猛々しさに堪えられず、船中に虜していた人たちを殺害し、或いはまた、海に入れた。私たちも、同じくまた、海に入れられて浪に浮かんだ。そこで合戦の詳細を見申すことはできなかった。幾くも無く、高麗の船が来て、扶《たす》けてくれた。すぐに労《ねぎら》いを加え、蘇生《そせい》させたところである。但し、救われて乗った船の内を見ると、広大であったことは通例の船のようではなかった。二重に造り、櫓を上げ立てたことは、左右、各四枝。別に漕ぐ水手は五、六人、乗った兵士は二十余人ほどであった。檝を下し懸けたことは、また一方に七、八枝であった。船面は鉄で角を造っていた。賊船を衝き破らせるためである。舟中に雑具を準備してあったことは、鉄の甲冑《かっちゅう》・大小の鉾《ほこ》・熊手《くまで》などであった。兵士の面々が、各々、執り持ったのである。また火石《かせき》を入れて、賊船を打ち破った。また、他の船が長大であることは、すでに前と同じであった。合戦が終わった後、私たちの仲間三十余人が、各々駅馬《えきば》を給わって、金海府《きんかい》に進んだ途中、十五箇日、駅毎に銀器で供給《ぐきゅう》を受けた。その労いは、もっとも豊かであった。官使《かんし》がおっしゃって云ったことには、「ひとえに汝(石女)たちを労うのではない。ただ日本を尊重し奉っているのである」ということだ。金海府に着いた後、先ず白布を各々、衣裳に充てた。また美食を私たちに下給した。六月三十箇日の間、あの府に安置させた。ここに対馬島判官代長岑諸近が、賊徒に追い取られた母・妻・子を尋ね訪う為に、高麗国に到来し、母子の死亡を聞いて、本朝に帰ろうとした。そこで証拠の為に、虜女十人を申請した。岸を離れた日、あの朝(高麗)の朝廷が、帰りの粮料《ろうりょう》を充てて下給したことは、人別に白米三斗と干魚《ひうお》三十隻。また酒食を下給した。但し、金海府が召し集めた日本人は合わせて三百余人である。これは三箇所の軍船が進上したものである。「残る二箇所の人たちが来集した後、使を遣わして返進するよう、まずは朝廷に言上せよ」ということだ。往還の詳細を言上したことは、このようである。

寛仁三年七月十三日　多治比阿古見

内蔵石女

四日、戊子。　春日行幸日時、内定

頭弁《とうのべん》(藤原)経通《つねみち》が、宣旨《せんじ》を持って来た次いでに云ったことには、「春日行幸は、十月二十日に内定しました」ということだ。

五日、己丑。　頼通、行幸月が御厄月に当たるを憂う

晩方、宰相が来て云ったことには、「明日、大極殿《だいごくでん》に於いて、百口《く》の僧を招請して、仁王経《にんのうきょう》を転読《てんどく》します。大納言《だいなごん》(藤原)斉信《ただのぶ》が上首《じょうしゅ》を勤めます」と。また云ったことには、「摂政が云ったことには、『春日行幸は、来月、伊勢神宮《いせじんぐう》が遷った後、もしくは十月に、遂げ行なわれるべきである。十月は御厄月《やくづき》である。もしかしたら忌まれるべきであろうか』と。(安倍)吉平《よしひら》が申して云ったことには、『厄日《やくび》は、慎しまれなければなりません。厄月は忌まれることもありません』ということでした。前例を調べるよう、命じられました」ということだ。

六日、庚寅。　大極殿仁王経御読経／相撲人饗応についての怠状

召使が申して云ったことには、「今日、八省院《はっしょういん》の御読経《みどきょう》〈『仁王経』と云うことだ。〉の発願《ほつがん》が行なわれます。参入してください」ということだ。病悩を称した。宰相が来て云ったことには、「八省院に参ります」と。晩に向かって、八省院から退出し、来て云ったことには、「大納言斉信を上首としました。左《さ》三位《さんみ》中将《ちゅうじょう》(藤原)道雅《みちまさ》が参りました。諸卿が云ったことには、『三位は大極殿御読経に参らない』ということでした」と。権右中将《ごんのうちゅうじょう》長家が、前備後守《さきのびんごのかみ》(源)政職《まさもと》を遣わして伝え送って云ったことには、「病悩が有って、自らは来られません。そこでまずは申させるところです。その事は、相撲人たちに少食を下給する為に、相撲人たちを召して伺候させるよう、右近将監扶宣と右近府生《うこんのふしょう》保重に命じました。そして去る三日、その準備を行ないました。随ってすぐに、扶宣たちは、相撲人を率いて来るということを申しました。召して座に着したところ、ただ四人しかいませんでした。驚き怪しんだことは、極まりありませんでした。その事情を問うたところ、各々、退下してしまいました。本来ならば、先ずそのことを申させなければなりません。ところが今、各々、仰せについて申させたところは、道理はそうであってはなりません。扶宣が申して云ったことには、『保重に申させました』ということです。その事は、分明《ぶんめい》ではありません。召して事情を問うたところ、弁解するところはありませんでした。怠状《たいじょう》を進上させようと思います」ということだ。召し問うよう答えた。私が思ったところは、召合《めしあわせ》以前に下給しなければならない。ところが、後に饗饌《きょうせん》を準備したのは、甚だ拠るところが無い。この事は、去る三日の事である。「あの日、侍従中納言が、右大弁朝経・宰相某《なにがし》（資平）を招いた。上達部・殿上人・諸大夫に、皆、饗宴が有った」と云うことだ。近代の事は、故実《こじつ》によらない。

七日、辛卯。　教通、相撲召合の還饗

今日、左大将《さだいしょう》（藤原教通《のりみち》）が、左近衛府《さこのえふ》について還饗《かえりあるじ》を賜わった。後日、左近将曹《さこんのしょうそう》（八俣部《やまたべの》）重種《しげたね》が云ったことには、「相撲人は、ただ三人だけでした。将監《しょうげん》・将曹・府生《ふしょう》の禄は疋絹《ひつけん》でした」と。前例を知らないのか。

八日、壬辰。　頼通、宮城大垣の損色を取らせる／頼通、忌月の行幸について議させる

頭弁経通が摂政の命を伝えて云ったことには、「南面《みなみおもて》の大垣《おおがき》・郁芳《いくほう》門以南の二町・談天《だんてん》門以南の二町の損色《そんしょく》を取らせるように」ということだ。すぐに同じ弁に命じた。弁が云ったことには、「春日行幸は、ほぼ十月に定まりました。ところが御厄月に当たります。もしかしたら忌みが有るか否か、前例を調べる事を、十五日以前に参入して定め申されるよう、左大臣（藤原顕光《あきみつ》）に申されましたが、故障を申されました。『右大臣に申すように』ということでした。内々に吉平が申して云ったことには、『出行《しゅっこう》してはならない事は、ただ忌日《きにち》である。忌月の文は無い』ということでした」と。

十日、甲午。　**大極殿御読経結願／巻数の奏上／小野宮・九条両家の例／相撲人饗応についての過状**

宰相が云ったことには、「昨日、大極殿御読経が結願《けちがん》しました。大納言斉信卿を上首としました。巻《かん》数《ず》を、もしかしたら奏上するのか、そうではないのか。あれこれは答えませんでした。私（資平）は、奏上するということを答えました。大納言は左少弁《さしょうべん》（源）経頼《つねより》に問いましたが、知らないということを申しました。外記《げき》に問うよう命じました。弁（経頼）が云ったことには、『大外記文義に問うたところ、申して云ったことには、「天暦《てんりゃく》二年、諸卿は八省院から内裏に参入した。申文について記していないが、格別な事が無いのならば、内裏に参られてはならないのではないか。ここに申文が有ったことがわかる」ということです』と。そこで大納言以下が参入しました。大納言は、陣座《じんのざ》に着しました。申文を奏上させました。摂政は里第《りてい》に退出していました。蔵人《くろうど》が持って参り、すでに数剋に及びました。この頃、入道殿《にゅうどうどの》（藤原道長《みちなが》）が内裏に参られました。大納言以下は、母后《ははきさき》（藤原彰子《あきこ》）の御在所《ございしょ》に参入しました。その後、陣座に復しました。御覧が終わって、申文を返給しました。すぐに外記に下給しました〈初め外記の筥《はこ》を召しました。巻数を納めて、これを奏上しました。〉」と。故殿《ことの》（藤原実頼《さねより》）の御日記を見ると、「臨時御読経とはいっても、百口の時は、季御読経《きのみどきょう》の儀に准じる」ということだ。また、「発願・結願の日は、陣頭の饗が行なわれる」ということだ。「何年来、饗は行なわれていない」と云うことだ。前例を知らない。また、あの一家の例は、巻数は文書《もんじょ》を申させる。今日、巻数を奏上したのは、如何なものか。故殿は、ただ奏上され、外記に下賜した。ところが、あの一家は、文書を申させた。ところが今日、一家の例を改めたのは、如何であろう。

右中将長家が、政職朝臣を介して、右近将監扶宣と右近府生保重の過状を送って見せた。見終わって、返し遣わした。

十一日、乙未。 **安倍吉平に天文密奏古案を貸与／相撲召合の還饗／上賀茂社、境界外の田畠について山城国と争論／抜刀して彰子御在所に闖入する法師を捕縛／彰子を見舞う／春日行幸について頼通と相談／定考／藍尾の有無**

早朝、吉平朝臣が、天文《てんもん》の古昔《こせき》の奏案《そうあん》を請い取った。「書写《しょしゃ》して返すことにします」ということだ。「密奏《みつそう》を上奏《じょうそう》しますので、上代《じょうだい》の奏を見る為です」ということだ。

今日、還饗を、右近衛府《うこのえふ》について行なった。将監の禄は袷《あわせ》の細長《ほそなが》一重《かさね》、将曹の禄は単重《ひとえかさね》、府生の禄は絹一疋、相撲長《すまいのおさ》・立合《たちあわせ》の禄は布。米十石・熟瓜三駄《だ》・魚物《うおもの》を右近衛府に遣わした。相撲人は、すべて帰り去った。そこで禄の布を遣わさなかった。

左少弁経頼が、賀茂上御社《かものかみのみやしろ》の西、四至《しし》の外の田畠を、国司《こくし》と社司《しゃし》が共に注進《ちゅうしん》した文書を持って来た。八瀬《やせ》・横尾《よこお》両村内の田畠は、争論している事が有ることについて、問い定めた後、その事は入道殿に申すよう命じた。

夜に入って、宰相が来て云ったことには、「抜刀《ばつとう》の者が、宮中に入りました。弘徽殿《こきでん》の辺りに於いて搦めることができました」と云うことだ。母后がいらっしゃる殿である。驚きながら、随身を遣わして事情を取らせた。帰って来て云ったことには、「事はすでに事実でした」ということだ。そこで宰相と同車して参入した〈直衣《のうし》を着した。〉。先ず太后《おおきさき》(彰子)の御在所に参った。宰相を介して、女房《にようぼう》に告げさせた。しばらくして、参入するようにとの報が有った。そこで簾下《れんか》に伺候した。女房が令旨《りようじ》を伝えた。しばらく伺候して、摂政の御直廬《じきろ》に参った。すぐに奉謁《ほうえつ》した。おっしゃって云ったことには、「昨日と今日は、堅固《けんご》の物忌《ものいみ》である。ところが、蔵人が来て告げたので、午剋を過ぎて参入した。巳の終剋の頃の事である。この事件の発端は、西京《さいきよう》に於いて、博奕《ばくえき》の者が争論し、法師が抜刀して、敵の男を突いた。その男の弟が法師を追い、法師は逃走して朔平門《さくへい》を入り、弘徽殿の南、滝口《たきぐち》の辺りに到った頃、佐渡守《さどのかみ》(内蔵)有孝《ありたか》が、宮(彰子)の侍所《さむらいどころ》に伺候していたが、抜刀していた法師を捕え留めて、刀を奪い取った。法師を追ってきた男も、同じく搦め捕えた。皆、検非違使《けびいし》に下し、獄所《ごくしよ》に拘禁させた」ということだ。その間、太皇太后宮大進《たいこうたいごうぐうだいじん》(源)頼国《よりくに》が伺候していた。頼国は法師に走り向かった。事の次いでに、春日行幸を問い申したところ、明後日に議定《ぎじよう》が行なわれるので、あれこれ、参るようにとの意向が有った。「十月は御厄月であるが、もしかしたら行なうべきか否かについて、内々に吉平に問うたところ、申して云ったことには、『厄日には、南方には行かないのは明らかです。この日は大厄月《たいやくつき》のその日で、南方には向かってはなりません』ということであった。『厄月は無いでしょう。ただ厄日を慎しまれなければなりません。十月二十日は御厄日ではありません』ということであった」と。私が申して云ったことには、「年厄《としやく》・月厄《つきやく》・日厄《にちやく》・時厄《じやく》が、もしかしたらあるのではないでしょうか。但し、大厄月とはいっても、月中にその方角に向かわないことは無いのです。ただその日を忌むものです」と。摂政がおっしゃって云ったことには、「そうである事である。そもそも、御厄月に遠方に御幸《ごこう》するのは、如何であろう。前例を調べて勘えると、小衰月《こすいげつ》に遠所に行幸した例は有る。これは吉平が勘申《かんじん》したものである」ということだ。その次いでに、行事の宰相について、事情を申した。これは資平の事である。頗る宜しい意向が有った。しばらくして、退出した。

左中弁《さちゆうべん》経通が云ったことには、「今日、定考《こうじょう》が行なわれました。右衛門督《えもんのかみ》（藤原）実成《さねなり》と左大弁《さだいべん》道方が参入しました。道方は南面の座に着しました。北面《きたおもて》の人はいませんでした。大弁が確執《かくしつ》しましたので、藍尾《らんび》の連飲を行ないました。北面の人がいないのに、藍尾を行なったのは、聞いたことのない事です。大弁が北面に着したのですから、藍尾は行なってはならないものです」と。古記《こき》に云ったことには、「南面の人がいない時は、藍尾は行なわない」ということだ。左中弁が述べたところは、最もそうあるべきである。また、人がいなければ、大弁がやはり北面に着すべきものである。

十三日、丁酉。　小一条院、母后病悩の折、御遊／慶円、病により大僧正を辞し、良円を律師に任ずるを請う／陣定、春日行幸に厄月を忌むか否かを定む／抜刀者逮捕の功により

頼国・有孝に勧賞／行幸行事を伊勢遷宮以後に定む

召使が云ったことには、「左府(顕光)の御書状に云ったことには、『今日、議定を行なう。参入するように』ということでした」と。障りを申した。宰相が云ったことには、「昨日、院(小一条院《こいちじょういん》)が、白河院《しらかわいん》にいらっしゃり、管絃《かんげん》を行ないました。左衛門督《さえもんのかみ》(藤原頼宗《よりむね》)・源中納言《げんちゅうなごん》(経房)・新中納言《しんちゅうなごん》(藤原兼隆《かねたか》)・修理大夫《しゅりだいぶ》(藤原通任《みちとう》)・右兵衛督《うひょうえのかみ》(藤原公信《きんのぶ》)が供奉《ぐぶ》しました。何日来、母后(藤原娍子《すけこ》)は、重く悩《や》まれています。ところが、逍遙《しょうよう》や管絃を行なうのは、奇怪は極まりありません」と云うことだ。「一昨日、母后宮にいらっしゃいました。その間、重く悩まれていましたが、管絃を行ないました」と云うことだ。尋常の事ではないのである。内供《ないぐ》(良円《りょうえん》)の書状に云ったことには、「座主《ざす》(慶円《きょうえん》)は、やはり重く悩まれています。今日、大僧正《だいそうじょう》を辞されました。その辞状は、すぐに法性寺座主《ほっしょうじざす》慶命僧都《きょうみょうそうず》に託して、摂政殿に奉られました」と。また云ったことには、「痢病《りびょう》の薬は、乳脯《にゅうほ》がもっとも良いものです。求めて送ってください」ということだ。座主の分である。乳牛院《にゅうぎゅういん》の辺りで求めて遣わしておいた。また、叡覚《えいかく》を介して書状で云ったことには、「大僧正を辞された状に云ったことには、『大僧正を停め、内供良円を律師《りっし》に任じられてください』ということです。この事は、用意をしておくべきです」と。答えて云ったことには、「座主は、病によって職を辞したのである。ひとえにその事を嘆かなければならない。僧綱《そうごう》の望みは、有ってはならない。朝廷に、自ら決定が有るであろう。慌てて思ってはならない」と。乳脯二十枚を座主の御許に奉った。深夜、宰相が伝え送って云ったことには、「左大臣、侍従中納言行成・中宮権大夫《ちゅうぐうごんのだいぶ》能信、左大弁道方・右大弁朝経が、陣座に参りました。頭弁経通を介して、左大臣に伝えられて云ったことには、『十月に、春日行幸が行なわれることになっている。ところがあの月は、御厄月に当たる。忌みが有るか否かを定め申すように』ということでした。定め申して云ったことには、『吉平が申したように、その忌みは無いのではないか。厄月は厄日を忌み、月を忌まない。また、申して云ったことには、「御厄月の行幸は、その先例が有ります」ということだ』と。摂政がおっしゃって云ったことには、『定め申したことに随って、あの月に行幸を行なうように』ということでした。また、おっしゃって云ったことには、『抜刀の者が禁中《きんちゅう》に入り、大后《おおきさき》（彰子）の御在所の殿の辺りに到った。太皇太后宮大進頼国が走り会って、抑え屈し、佐渡守有孝が捕えることができた。もしかしたら賞進《しょうしん》すべきか、定め申すように』ということでした。諸卿が定め申して云ったことには、『事はすでに非常である。勧賞《けんじょう》を加えるべきである』ということでした。頼国に一階を加えました〈従四位上。〉。有孝を五品《ごほん》に叙しました」ということだ。「『行幸の行事の人々は、伊勢《いせ》大神宮《だいじんぐう》の遷宮《せんぐう》以後に定められることになりました』と云うことです。これは（藤原）資業《すけなり》朝臣の説です」と云うことだ。来月十六日以後に、もし行事の人を定められるとしたら、行幸の時期が近く迫っているのではないか。私が思ったところであるだけである。

十四日、戊戌。　頼国賞進は頼通の意向／慶円の辞譲状／道長、良円の任僧綱に難色

早朝、宰相が来て云ったことには、「昨日の賞は、あれこれが云ったことには、『二人に及ぶべきではなかったのではないか。ところが、摂政が仰せ下された趣旨は、先ず頼国についてであった。そこで両人を賞されるよう、意向によって、定め申したところである』ということでした」と。黄昏、法性寺座主〈慶命。〉が来向して云ったことには、「一昨日、山座主《やまのざす》(慶円)に対面しました。逢った作法は、尋常のとおりでした。痢病は数々で、回数を知らないということを談られたのです。大僧正の職を停め、内供良円を律師に任じられたいという辞状について、急に草案を作成されました。本来ならば洛《らく》中《ちゅう》の筆を借りなければならないものです。ところが、命は旦暮《たんぼ》にあります。形のとおり筆作《ひっさく》して、奏状に付されました。その詞に云ったことには、『先ず入道殿に覧せ、次いで大将(実資)に見せて、その後、摂政に奉るように』ということでした」と。一字、誤っている事が有った。そこで改め直させた〈清慎公《せいしんこう》(実頼)は、「誠」の字を書いていた。〉。返し授けた。僧都が云ったことには、「去る夕方、入道殿に覧せました。おっしゃって云ったことには、『故尋禅僧正《じんぜんそうじょう》が僧綱を申請された時、未だ公請《くじょう》に参っていなかった。そこで任じられなかった。その後、一、二度、季御読経に参り、僧綱に任じられた。また、尋円《じんえん》・永円《えいえん》・尋清《じんせい》は、公請を勤めて、僧綱に任じられた。良円については、未だ公請を勤めていない。そもそも、摂政に伝えるように』ということでした」と。私が答えて云ったことには、「この事は、下官(実資)はまったく知らない。座主の自由である。昨夕、ほのかにこの事を承った。但し、入道殿の仰せは、もっともそうあるべき事である。摂政に覧せられる事は、座主の御意志によるべきである」と。慶命僧都は退去した。

十五日、己亥。　石清水放生会に奉幣／丹波守、任国の民を使役して垣を改築

早朝、西宅を出た。沐浴《もくよく》して、石清水宮《いししみずぐう》に奉幣《ほうべい》したのは、通例である。すぐに帰った。家中に服者《ぶくしゃ》がいるので、他処に於いて奉幣したのである。丹波守《たんばのかみ》（藤原）頼任《よりとう》宅の垣は、去年、新たに築いた。ところが、昨日から更に壊して改築している。未だその意味がわからない。「国から州民《しゅうみん》を差し送って、築かせている」と云うことだ。去月、州民が参上して、条々の事を愁訴《しゅうそ》した。今、秋穫の時期に臨んで、数本の垣を改築している。奇である、怪である。

十六日、庚子。　薬料の薗／道長、慶円の病を喜ぶ者有りと聞き、憤る／信濃勅旨駒牽

慶快《きょうかい》が内供の使として、叡山《えいざん》（延暦寺《えんりゃくじ》）から来て云ったことには、「座主は悩まれていますが、一、二日は頗る減じました。あの薬料《やくりょう》の薗《ろう》を入れてください」ということだ。還りに託して、これを遣わし奉った。宰相が云ったことには、「昨日、入道殿に参りました。尋円僧都に逢いました。密かに談って云ったことには、『入道殿が云ったことには、「『座主の病が重いということを聞いて、一、二人に悦気《えつき》が有る』ということだ。弾指《だんし》しなければならない。きっとその職を望むような人であろう」と』と」と。

今日、信濃《しなの》の駒牽《こまひき》が行なわれた。「左衛門陣《さえもんのじん》の饗饌は、通例のとおりであった」と云うことだ。「後《ご》一条《いちじょう》天皇は紫宸殿《ししんでん》に出御《しゅつぎょ》しなかった。大庭《おおにわ》に於いて、分け取りが行なわれた事は、通常のとおりであった」と云うことだ。

十七日、辛丑。　藤原資高に慶円の病を見舞わせる

内裏に参った。宰相が従った。陣頭に人はいなかった。座が未だ暖まらないうちに、退出した。(藤原)資高《すけたか》は、昨日、山(延暦寺)に登った。今日、下山した。「座主の御病悩は、段々と平復《へいふく》しています。度数は多く減じました」ということだ。また、子細の御返事が有った。

十八日、壬寅。　右馬寮馬部、殺害／白河院焼亡

右馬属《うまのさかん》(槻本《つきのもとの》)為政《ためまさ》が、今日、馬部《めぶ》某《なにがし》姓某丸《なにがしまる》が、某丸の為に殺害されたということを申させた。また、馬部たちの愁文《うれえぶみ》と日記を進上した。「今夜、白河院が焼亡した」と云うことだ。

十九日、癸卯。　慶円に大豆煎・生乳を服させる／荒木武晴を番長に補す／東宮元服の日の褐衣・冠を進上

阿闍梨《あじゃり》祈統《きとう》が来て云ったことには、「何日か、座主の病悩を看て、昨日、下りました。只今、山に登ります。但し、座主が悩んでいる所は、軽くはありません。ところが、時々、食されます。湯治《とうじ》および剃髪《ていはつ》は、尋常と同じです。痢は、やはり止みませんので、日を逐って無力です」ということだ。また、辞退についての子細を伝えられた。報答しておいた。その後、内供の書状に云ったことには、「昨日と今日は、いよいよ重く悩み発《おこ》って、辛苦しています。大豆煎《だいずせん》は、色を変えないのを出しています。慎しまれなければならないようです。そうとはいっても、やはり服されなければならないでしょうか。また、生乳《せいにゅう》を服されるのは、如何でしょうか」ということだ。(但波《たんばの》)忠明《ただあきら》宿禰《すくね》を呼び遣わして、この事を問うたところ、申して云ったことには、「大豆煎と生乳は、能く煎って服されるのは、良いでしょう。生乳は半分、煎って、服されますように」ということだ。このことを申し伝えておいた。夜に入って、内供の報状が来た。やはり平復の気配は無いようだ。

右近府掌《うこんのふしょう》荒木武晴《たけはる》を番長《ばんちょう》に補す事を、右近将曹正方を介して、右中将公成の許に示し遣わした。報じて云ったことには、「承りました。二十八日に書き下すよう命じます」と。正方が申して云ったことには、「史《し》(宇治《うじの》)忠信《ただのぶ》が命じて云ったことには、『東宮(敦良《あつなが》親王)の御元服《げんぷく》の日に、近衛《このえ》六十人が着す褐衣《かちえ》と冠を進上するように』ということでした。今、五衛府《えふ》に同じく命じました」ということだ。

二十日、甲辰。　頼通賀茂詣

「摂政が、別納所《べちのうしょ》から賀茂《かも》社に参られた。これによって、賀茂祭《かものまつり》に参られない」と云うことだ。宰相が来て云ったことには、「今日、摂政の御供に供奉する為、あの殿に参ります」ということだ。小女(藤原千古《ちふる》)を誘われて、染殿《そめどの》の北辺りに於いて見物した。行列の順序は、御幣《ごへい》〈下家司《しもけいし》二人。馬に騎って、左右にいた。〉、次いで神宝《じんぽう》を納めた長櫃《ながびつ》二合《ごう》と和琴《わごん》一張《ちょう》、次いで神馬《じんめ》二疋を牽いた。次いで褐衣を着した者二人が、走馬《はしりうま》二疋に騎った。松尾《まつのお》社の走馬と同じか。次いで左右近衛府《このえふ》の官人が、十列《とおつら》に騎った〈青摺《あおずり》の衣袴《きぬばかま》を着した。〉。御車後《くるまじり》の陪従《べいじゅう》の官人たちは遊行《ゆぎょう》して、卿相《けいしょう》に扈従《こしょう》した。左大将教通は、権随身《かりのずいじん》・随身・馬寮《めりょう》を連れていた〈近衛府の随身は、皆、馬に騎った。摂政は、権随身・近衛随身を連れていた。皆、馬に騎った。左将軍は、これに倣ったのか。摂政が権随身、左将軍が馬寮を連れているのは、はなはだ違例《いれい》である。近代の事か。〉。次いで左衛門督頼宗。権随身がいた。皇太后宮権　大夫《こうたいごうぐうごんのだいぶ》経房・中宮権大夫能信・右衛門督実成〈権随身はいなかった。兵衛督や三位中将《さんみちゅうじょう》も、また権随身はいなかった。〉、二位宰相《にいさいしょう》兼隆・左大弁道方・左兵衛督《さひょうえのかみ》(源)頼定《よりさだ》・右兵衛督公信・修理大夫通任・右大弁朝経、左三位中将道雅・右三位中将《うさんみちゅうじょう》(藤原)兼経《かねつね》、侍従資平は、車に乗って供奉した。

二十一日、乙巳。　頼通、帰途の扈従を禁ず／教通家人と頼宗家人、上社で闘乱／慶円の病悩について陰陽師三人に占わせる／大宰府に官符を下す

早朝、宰相が来て云ったことには、「昨日、御供の卿相は、摂政が帰られる御供に供奉しませんでした。あの命によったものです。各々、分散しました。左大将の家人《けにん》と左衛門督の家人とが、上御社に於いて闘乱しました」と。叡覚が云ったことには、「内供の書状に云ったことには、『座主の御病は、日を逐って増しています。無力であることは、特に甚しいものです。特に昨日と今日、憑《たの》む様子は無いようなものです。食されることは無く、痢は止みません。又々、陰陽師《おんみょうじ》に問わせて、子細を伝え送ってください』ということでした」と。占方《うらかた》を書き、(中原)師重《もろしげ》を介して、詳しい趣旨を伝え、三人の陰陽師の所〈吉平・(惟宗《これむね》)文高《ふみたか》・(賀茂《かもの》)守道《もりみち》。〉に遣わした。各々、占って云ったことには、「やはり不快である」と。詞に云ったことには、「慎しまれなければならないようである」ということだ。占方を叡覚に託して送った。蔵人右少弁《うしょうべん》資業が、摂籙《せつろく》(頼通)の命を伝えて云ったことには、「大宰府が言上した解文《げぶみ》〈定め申した際の解文・今回の解文。〉の事、又々要害《ようがい》を警固《けいご》すべき事、祈禱《きとう》の事について、先日の報符《ほうふ》のように勤行《ごんぎょう》すべき事、新羅〈高麗〉人を能く守護すべき事、兵粮《ひょうろう》の糒《ほしいい》の未進《みしん》を催促して納めるべき事について、官符《かんぷ》を下給するように」ということだ。すぐに仰せ下した。大宰府解や上達部の定文《さだめぶみ》も、同じく下給したのである。

二十三日、丁未。 **国栖覆奏文／横尾・八瀬村田畠について山城国の主張／大宰府に下す官符に請印／馬部殺害者の処置について指示／慶円に生乳服用を勧む／慶円の辞譲について頼通の賛意**

左少弁経頼が覆奏文《ふくそうぶん》を持って来た〈国栖《くず》が申した。〉。また、横尾・八瀬の田畠について申した。山城国《やましろ》が注進した、八瀬村の西塔院《さいとういん》の下、埴河《はにがわ》の東に所在する田畠四町〈田一町三段、畠三町一段。〉。この田畠は、永く図帳《ずちょう》に付して、便宜によって、下人が開作《かいさく》したものである。つまり地子物《じしぶつ》は、西塔に勘納《かんのう》した。但し官物《かんもつ》については、禅院《ぜんいん》の燈分稲《とうぶんとう》三百束の内、国郡の判を請うて、永く弁進《べんしん》するものである。これによって、国郡は他の公事《くじ》を宛てない。横尾村〈禅院が村内に立っている。字は下水飲《しもみずのみ》。〉に所在する田畠二町八段〈田一町二段、畠一町六段。〉。この田の官物は、あの院の燈分稲の内に充てる。国郡が処置することは無い。但し横尾村の住人は、延暦寺が処置しない。観音院《かんのんいん》や修学院《しゅがくいん》の住僧《じゅうそう》および下人である。上御社司《かみのおんしゃし》は、多く田畠が有るということを申した。国司が注申《ちゅうしん》したとおりならば、幾くもない。また、□□が有る。又々、社司に問うて申すよう、弁に命じておいた。右少弁資業が、大宰府に下給する報符を持って来た。捺印《なついん》させるよう命じた。検非違使左衛門府生《さえもんのふしょう》〈笠《かさの》〉良信《よしのぶ》が、馬部が殺害された日記を持って来て云ったことには、「検非違使《けびいし》別当《べっとう》(頼宗)の書状に云ったことには、『大将(実資)に見せるように。また、殺害者の妻および牛は、馬寮に籠めておいた。また、住宅を壊し取るのは如何であろう』ということでした」と。報じて云ったことには、「日記は見た。あれこれ、ただ行なわれるように。殺害者の妻および牛・宅については、まったく知らない事である。馬部殺害については、即日、右馬寮属為政が申したところである。検非違使庁《けびいしちょう》が召し仰すべきである」と。内供が報じて云ったことには、「増すことが有っても、減じることはありません」ということだ。生乳を服用されるよう、申し伝えた。「試しに服用することにします」ということだ。晩方、法性寺座主慶命僧都が立ち寄って云ったことには、「大僧正の辞譲《じじょう》については、入道殿がやはり難渋しています。摂政には和気《わき》が有るとはいっても、ただ入道殿の雅意《がい》がなければなりません」ということだ。

二十四日、戊申。　慶円、実資・俊賢の仲介を請う／頼通、皇嘉門・内裏大垣の修造について指示／頼通、慶円の辞譲について難色

阿闍梨祈統が来て云ったことには、「座主の御容態は、減じることがありません。あの譲状《ゆずりじょう》について、はなはだ懇切《こんせつ》に書札《しょさつ》を源大納言《げんだいなごん》(俊賢《としかた》)の許に送られました。この事は、汝(実資)もやはり申させてください」ということだ。「頗る怨気《えんき》が有りました」と云うことだ。状況に随って処置しなければならない。

左中弁経通が数枚の宣旨を持って来た内で、摂政の命を伝えて云ったことには、「皇嘉《こうか》門を修造すべき事、郁芳門以南の大垣・南面の大垣・談天門以南の大垣を修固《しゅうこ》すべき事は、国々を定め充てるように。内裏造営を充てなかった国々を、強弱を計って定め充てるように」ということだ。きっと幾くもないのではないか。あの時の内裏造営に当たらなかった国々を勘申するよう、弁に命じておいた。大僧正の辞譲について、試しに宰相を介して摂籙に申させた。夜に入って、来て云ったことには、「詳しく執り申しました。御返事が有ったとはいっても、頼むことはできません。難渋しているようなものでした。入道殿の仰せのとおりです」と。

二十五日、己酉。　慶円、書状を道長に送る／道長、許容せず

祈統が来て云ったことには、「昨日、参上しました。今朝、山を下りました。座主が病悩されている所は、減気《げんき》はありません。辞退の事によって、書状を入道殿に奉られました。すぐに参ろうとしました。御前に召して、直接、この事をおっしゃられました。『未だ公請を勤めていない人を僧綱に任じるのは、はなはだ難しいであろう。このことを伝え達するように』ということでした」と。報じた趣旨は多かったとはいっても、このようであった。私が思ったところは、三朝（一条《いちじょう》天皇・三条《さんじょう》天皇・後一条天皇）の師として、□修は、年が尚《ひさ》しい。勤公《きんこう》は傍輩に勝り、験徳《げんとく》は顕然である。また、主上《しゅじょう》や太子が御病悩した時は、座主の効験《こうげん》によって、度々、平癒《へいゆ》した。今、重病に臨んで、職を弟子に譲るのは、恩許《おんきょ》が有ってもよいのではないか。また、内供良円は、未だ御読経や仁王会《にんのうえ》に参ってはいないとはいっても、身は内供として、御祈禱を勤修《ごんしゅう》する者である。座主の病悩について、早朝、事情を取ったところ、内供が報じて云ったことには、「未だ減気は有りません」ということだ。

二十六日、庚戌。　資平、二子を伴って慶円を見舞う

今朝、宰相は座主の御房に参り詣でた。（藤原）資頼《すけより》と資高が、従って山に登った。良円が伝え送って云ったことには、「和尚《わじょう》（慶円）は、去る夕方から不覚です。甚だ頼み難いものです」ということだ。嘆き思ったことは、比べるものは無い。

申剋の頃、宰相が帰って来て云ったことには、「和尚が悩む所は、昨日からいよいよ重いものでした。内供を介して、事情を伝えさせました。僅かに御返事が有りました。あの辞譲について、難渋しているということを聞いて、病中に忿怒しました」と云うことだ。今日、宰相は雨を冒して参り登った。「和尚は、悦ぶ様子が有りました」と云うことだ。

二十七日、辛亥。　東宮元服習礼

夜間、座主が悩む所の詳細を、内供の許に問い遣わした。報じて云ったことには、「まったく減気はありません。やはり慎しまれなければなりません」と。

伝え聞いたことには、「今夕、東宮は、紫宸殿に於いて習礼《しゅうらい》を行なった。摂政・傅《ふ》右《う》大臣《だいじん》（公季）・春《とう》宮《ぐう》大夫《だいぶ》（教通）および御傍親《ぼうしん》の卿相や近習《きんじゅう》の人たちが伺候した」と云うことだ〈謂うところは、春宮大夫教通・中納言頼宗・経房・能信、春宮権大夫《とうぐうごんのだいぶ》公信」と云うことだ。〉。

二十八日、壬子。　荒木武晴を番長に補す／東宮元服／詔書位記を奏上／詔／慶円、危篤

今日と明日は、物忌である。諷誦《ふじゅ》を清水寺《きよみずでら》に修した。内裏に参ることになっていることによる。右近府掌荒木武晴を番長に補す宣旨書を、右近将曹正方が持って来た。見終わって、返し賜わった。随身近衛身人部信武《のぶたけ》の差文《さしぶみ》を進上した〈安倍守近の替わり。守近は博奕を宗としている。頻りに不善《ふぜん》が有ったからである。〉。

今日、皇太弟《こうたいてい》〈敦良。〉が、元服を加えた〈年は十一歳。〉。午剋の頃、内裏に参った〈宰相が車後に乗った。〉。大納言（藤原）道綱《みちつな》が仗座《じょうのざ》にいた。宮に参るという□□が有った。□一緒に参入した次いでに、紫宸殿の御室礼《しつらい》を見た。皆、殿上《てんじょう》□□などの室礼は、応和《おうわ》の式のとおりであった。皇太弟は休廬《きゅうろ》に向かった〈先例では、陰陽師が反閇《へんばい》を行なう。ところが忘却して、奉仕させなかった。休廬に向かった儀は、応和のとおりであった。但し、春宮権大夫公信が、加わって前行した。その経路は、弘徽殿の西と南・承香殿《じょうきょうでん》の北を経て、麗景殿《れいけいでん》の西南の中門を出て、温明殿《うんめいでん》の北と東を経た。筵道《えんどう》を敷いた。〉。摂政以下の諸卿が、御供に供奉した。中納言能信が、御笏《しゃく》を持って供奉した。傅右大臣は直廬にいて、御供に供奉しなかった。装束《しょうぞく》を改め着そうとした為である。加冠《かかん》は右大臣、理髪《りはつ》は中納言経房。「本宮《ほんぐう》が朝衣《ちょうい》の装束各々一襲《かさね》を調備して、平文《ひょうもん》の衣筥《ころもばこ》に納めた。黒漆の高机《たかつくえ》二脚を置いた。入帷《いれかたびら》と覆いがあった」と云うことだ。各々、宿廬《しゅくろ》に送られた〈「蘇芳《すおう》・二藍《ふたあい》の下襲《したがさね》」と云うことだ。〉。摂政以下は、しばらく皇太弟の休廬に伺候した〈休廬の御室礼は、応和の時のとおりであった。春興殿《しゅんこうでん》の東庭《とうてい》に七丈の幄《あく》一宇《う》を立てて、献物所《けんもつしょ》とした。その東に五丈の幄を立てて、殿上の饗宴の弁備所《べんびしょ》とした。その北に五丈の幄を立てて、啓所《けいしょ》とした。〉。傅右大臣が参入した〈二藍の下襲を着していた。事情を問うたところ、云ったことには、「蘇芳の下襲の装束は、遅く給わった。そこで二藍の下襲を着した」ということだ。〉。未二剋、皇太弟が、笏を把《と》って参上した〈敷《ふ》政《せい》・宣《せん》仁《にん》門を経て参上した。筵道を敷かなかった。春宮大夫教通は、靴を着して、前にいた。次いで傅右大臣。今回は、春宮権大夫公信は供奉しなかった。靴を着して前行しようとしたけれども、あれこれが云ったことには、「そうであってはならない」と。そこで靴を脱いだ。春宮権大夫と春宮亮《とうぐうのすけ》(公成)が、御後ろに供奉した。摂政以下が、御供に供奉した。先例では、上達部は陣座に伺候して、参上される時に臨んで、座を下り、跪《ひざまず》いて伺候する。ところが諸卿は、皆、東宮の殿上人であるので、御供に供奉したのか。〉。東宮傅《とうぐうふ》(公季)は、軒《こん》廊《ろう》の西第一間に留まり立った〈本来ならば東第一間に立たなければならない。〉。私は宣仁門の辺りを徘《はい》徊《かい》して、細かく見なかった。紫宸殿に参上した。皇太弟の改衣所《かいえしょ》に於いて、御障子の戸の隙《すき》から、卿々は共に見た。摂政は御後《ごご》に伺候した。更にこの処に来て、雑事を談られた〈皇太弟の改衣所の東戸の前に、御屛風《びょうぶ》を立てていなかった。あれこれが春宮大夫に伝えた。そこで西を隔てる屛風一帖《じょう》を撤去し、東戸の前に改めて立てた。そこで一帖を取った。〉。加冠の人が参上し、南廂《みなみびさし》の座に着した。次いで理髪の人が参上し、座に着した。太子《たいし》(敦良親王)は、座を起って、加冠の座に着した。理髪の人が進んで、太子の前の倚子《いし》に着し〈当間から進んで、座に着した。〉、理髪を行なった〈この間の作法は、或る日記を見たが、相違は無かった。そこで記さない。〉。終わって、空頂黒幘《くうちょうこくさく》を取り、頭上に加えた。座を起って東に退き、西面して立った〈母屋《もや》の南第二柱の下にいた。〉。加冠の人が進んで、置物机《おきものづくえ》の下に到った。跪いて、冠を執った。右に頂を執り、左に前を執った。北面して立った〈置物机の南辺りにいた。〉。祝して云ったことには、云々。その声は聞こえなかった〈「応和の祝文《しゅくぶん》」と云うことだ。〉。すぐに倚子に着して、幘《さく》を脱した〈元の笏に入れた。〉。加冠が終わって、南廂の座に復した。理髪の人は、また倚子に着して、纓《えい》を結び、鬢《びん》を理えた。終わって、本座に復した。この頃、私及び見物の卿相は退下し、宣仁門の辺りに佇立《ちょりつ》した。加冠と理髪の人は、退下した。皇太弟は、服を改め、靴を着して、出た。東宮傅は、先ず階下《かいか》を経て、太子を待った。「賛引《さんいん》して、南階《みなみのきざはし》の上に至った」と云うことだ。この間は見なかった。皇太弟は退下した。東宮傅は、賛引して、殿を下りた〈春宮大夫が軒廊に迎えて、供奉したことは、初めのとおりであった。〉。休廬に還られた。摂政と諸卿は、御供に供奉した。内侍《ないし》が檻《かん》に臨み、近衛次将《このえのじしょう》を召した。左少将《さしょうしょう》（源）顕基《あきもと》〈四位。弓箭《きゅうせん》を帯びていなかった。あれこれが云ったことには、「未だ陣を引かない内は、弓箭を帯びてはならない」ということだ。〉が、階下に至って、立った。内侍が伝えて、加冠と理髪の人を召した。すぐに参上した。この間は見ていない。□□□禄。退下した。庭中《ていちゅう》に於いて、拝舞《はいぶ》を行なった〈西面して北を上座《じょうざ》とした。左仗《さじょう》の南頭《みなみのほとり》。〉。天皇は還御《かんぎょ》した。□□坊司《ぼうし》が参上し、加冠の座・倚子・机及び御厨子《みずし》を撤去した〈御膳を撤去しなかった。〉。北廂《きたびさし》の改衣所を撤去し、東宮の供膳所《きょうぜんしょ》とした。この頃、私及び諸卿は、殿上の侍所に参上した。摂政も、同じく伺候された。紫宸殿の御室礼を催促された。所司《しょし》が王卿の座を立てたことは、節会《せちえ》と同じであった。私は陣座に復した。卿相が従った。大臣は、蔵人頭《くろうどのとう》左中弁経通を介して、詔書《しょうしょ》と位記《いき》を奏上させた〈これより先に、宮の宣旨と乳母《めのと》の名を伝えられた。名簿《みょうぶ》を下給しなければならないのか。また、詔書の草案は、昨日、奏上されるべきだったであろうか。また、詔書は、御所に進んで奏上されるべきであろうか。御画《ごかく》を行なうからである。位記については、摂政に覧せるので、人に託して覧せられても、何事が有ろうか。詔書については、そうであってはならない。〉。位記請印《しょういん》の間、しばらく小庭《こにわ》の屏幔《びょうまん》を撤去した。位記は内記《ないき》に返給して、宮司《みやづかさ》に給わせた。詔書を中務省《なかつかさしょう》に給わったことは、通例のとおりであった。天皇はまた、紫宸殿に出御した。近衛府は陣を引いた〈あらかじめ胡床《こしょう》を立てた。中少将は弓箭を帯び、靴を着した。〉。天皇の御座が定まって、近衛府が警蹕《けいひつ》を行なった。次いで皇太弟が参上した。殿上の儀は、見えなかった。秉燭《へいしょく》の頃、私〈上臈《じょうろう》の大納言道綱は、早く退出した。未だその理由がわからない。ただ病後を称した。〉、及び諸卿は、敷政門から出て、日華《にっか》門に向かった。左大臣は列に立たなかった。病悩を奏上されたのか〈もしかしたら、公成が空盞《くうさん》を授ける儀が、便宜が無かったのであろうか。〉。皇太弟が謝座《しゃざ》を行なった。終わって、諸卿が日華門から入った〈下官を上首とした。先ず門下《もんか》に於いて靴を着した。〉。列立《れつりつ》した〈版位《へんい》の東三丈ばかりに、参議以上が一列、四位以下は後ろにいて重《じゅう》行《こう》した。並びに北面して西を上座とした。〉。謝座を行なった。春宮亮右近中将《うこんのちゅうじょう》公成が、空盞を執って、来て授けた〈公成は胡籙《やなぐい》を帯び、弓を取らなかった。〉。謝酒《しゃしゅ》の儀は、通常のとおりであった。上下の者は、座に着した〈諸卿と参議は、節会と同じであった。諸大夫の座は、宜陽《ぎよう》・春興殿。〉。私は座を起って、退下した。諸卿は序列どおりに退下した。敷政門から出て、日華門の下に到った。四位以下は、献物《けんもつ》〈菓子と魚鳥の類。百捧《ささげ》。〉を取り、上達部に授けた。笏を挿んで、これを取った。鳥は皆、作木《つくりぎ》であった。諸大夫が足りなかった。そこで六位がこれを取った。延喜《えんぎ》の例である〈（藤原）公任《きんとう》卿が述べたところである。〉。私は貫首《かんじゅ》として、版位の東辺りに進み立った〈初めの列から進んだ。これは通例である。〉。参議以上は一列〈西を上座として北面した。〉、諸大夫と六位は、列の後ろに重行した。長い時間が経って、大臣が問うて云ったことには、「何の物か」と。私が称唯《いしょう》して云ったことには、「御《み》子宮《このみや》が献上した御《み》贄《にえ》、千《ち》鳥《どり》」と。次々に物の名を称した。大臣が云ったことには、「進物所《しんもつどころ》に給え」と。私は称唯し、二、三歩で膳部《かしわでべ》を召したことは二声であった。月華《げっか》門の辺りに於いて、称唯した。長い時間、来なかった。度々、督促した。僅かに参って来た。その数は少なかった。私は献物を給い、笏を抜いて列に復した。次々の卿相も、献物を給わった。膳部も同じであった。諸大夫たちは進物所に就いて、これを進上した。私は左に廻って、日華門から出た〈延喜・応和の例は、同じではない。〉。諸卿が従って、敷政門から入って復した〈諸大夫は、中隔《なかへだて》から廻って、座に復さなければならない。ところが、屯食《とんじき》の後ろを経たのか。夜に入っているからか。〉。内膳司《ないぜんし》は、西階《にしのきざはし》から御膳を供した。東宮の采女《うねめ》は、太子の膳を益供《やくぐ》した〈御障子の戸から出た。采女一人が、前行してこれを供した。〉。坊司の殿上人は、公卿の饌宴を下給した〈内竪《ないじゅ》が益供した。〉。春宮亮（藤原）惟憲《これのり》と公成が、一献《こん》で唱平《しょうへい》を行なったことは、節会と同じであった〈御酒《みき》を供した。次いで東宮、次いで臣下。〉。但し、あれこれが云ったことには、「旬儀《しゅんのぎ》を用いるべきであろうか」ということだ。そこで大臣は、盃を執る者を指名した。跪いて飲んだ。また、起って唱平を行なった。惟憲の作法は、大いに不覚であった。この頃、長楽《ちょうらく》・永安《えいあん》門を開き、屯食を運び出した。弁官が行事を行なった。雑人《ぞうにん》が多数、屯食を奪い取った。極めて狼藉《ろうぜき》であった。僅かに少々を運び出して、門を閉じた。二献の後、雅楽寮《ががくりょう》を催促させた。深夜に及んでいたので、日・月華門の外に於いて、参入音声《まいりおんじょう》を奏した。参入して、承明《しょうめい》門の壇下に分立《ぶんりつ》し、立楽《たちがく》を奏した〈大唐《だいとう》・高麗《こま》舞《まい》、各二曲。舞人《まいびと》四人。襲装束《かさねしょうぞく》を着したことは、節会と同じであった。〉。舞い終わって、各々、罷出音声《まかでおんじょう》があった。大臣は退下した。見参簿《げんざんぼ》を奏上しなければならないからか。大臣が仗座にいた際、三献があった。終わった後、大臣が見参簿を奏上したことは、節会の儀と同じであった。返給して、退下した。この頃、内侍が御《おん》衣《ぞ》を持ち、御屏風の内から出して、皇太弟に賜わった〈内侍は皇太弟の座の北辺りにいた。皇太弟は、座を下り、跪いてこれを取った。ただ御衣一襲を取った。その他は座の前に置いた。〉。皇太弟は、南廂の西面《にしおもて》に於いて拝舞した〈座の南に当たった。〉。退下した。左衛門督頼宗は、摂政の命によって、東階《ひがしのきざはし》を昇り、皇太弟の御禄の遺りを走り取って、退下した。大臣は皇太弟傅《こうたいていふ》であったので、彼に供奉して退下し、還り昇らなかった。私以下は退下した。細雨《さいう》が降った。そこで少納言《しょうなごん》（藤原）信通《のぶみち》は、宜陽殿に於いて見参《げんざん》を唱えた。私及び諸卿は、春興殿に到って、禄を給わった。宜陽殿に於いて、拝舞を行なった。これより先に、皇太弟は、母后（彰子）の御所〈弘徽殿。〉に参った。諸卿が追って、片廂《かたびさし》の座に参入した。饗饌が有った。摂政・右大臣及び次席の者が座に着した。皇太弟が、簾《すだれ》の前に於いて拝舞を行なった。御簾《みす》に入られて、禄を給わった。更に初めの処に出られて、拝舞を行なった。また入られた。すぐに主上は渡られた。侍臣《じしん》を召して、御簾を巻かせた〈東面《ひがしおもて》の廂。〉。母屋の御簾の前にいらっしゃった。

東宮は御座の北間の東又廂《ひがしのまたびさし》に坐った。円座《わろうだ》を敷いた。蔵人頭経通が諸卿を召した。これより先に、摂政は御前に伺候した。右大臣以下は序列どおりに参上し、御前の座に伺候した。また、楽人《がくにん》の座を欄の下に敷かせた。上達部の衝重《ついがさね》を据え、一、二巡が有った。召しに応じて、楽人が座に着した。御《み》厨子所《ずしどころ》の御膳を供した〈御台。〉。中納言行成が陪膳《ばいぜん》を勤めた。警蹕を称さなかった〈母后の御在所であるからである。〉。行成卿が事情を伝え、あれこれが称さなかったものである。彼もまた、知っていた。

また、東宮の膳が有った〈高坏《たかつき》六本。或る卿が云ったことには、「四本有るべきであろうか。前例を調べなければならない」と。〉。北の方からこれを供した。東宮の昇殿《しようでん》を兼ねる者が、これを供するのが通例である。殿上人と地下人《じげにん》が、管絃の声を合わせた。衝重を楽人に下賜した。御遊《ぎよゆう》が漸く闌《たけなわ》となって、后宮《きさいのみや》〈彰子〉は禄を殿上の侍臣に下給した。御前を渡り、北渡殿《きたのわたどの》に於いて禄を執り、これを下給した。大臣以下参議以上に女装束《おんなしようぞく》。但し差が有った。殿上人と楽人も、同じく禄を給わった。子剋の頃、退出した。

詔す。皇太弟敦良は周誦《しゆうしよう》であって、材を養い、漢荘《かんそう》にして、徳を譲る。竜棲《りゆうせい》の月は、その明かりを添え、牛漢《ぎゆうかん》の星は、その耀きを揚げる。ここに仲秋景宿《ちゆうしゆうけいしゆく》、日月嘉辰《にちげつかしん》に、首服《しゆふく》を備えて三加《さんか》の礼に応じ、容儀《ようぎ》を正しくして四行《しこう》の文に従う。宜しく徽章《きしよう》を曩日《のうじつ》に尋ねるべく、以て慶賜《けいし》を普天《ふてん》に均しくする。それ天下に父後《ふご》たる者は、六位以下に爵一級を叙す。また寛仁《かんにん》元年以往《いおう》の調庸未進《ちようようみしん》は、皆、免除に従え。普《あまね》く世間に告げ、この意を知らせよ。主者《しゆしや》は施行《しぎよう》せよ。

慶快が云ったことには、「座主の御病は、いよいよ危くなりました。旦暮を期されています。今日、譲状を進上されました。内供の書状に云ったことには、『この事は応じないということについて、聞き奉りません。いよいよ忿怒しています。この状は、これを送ります。もし平復することが有れば、見奉ってください』ということでした」と。

大禍《たいか》日《にち》。

二十九日、癸丑。　東宮元服第三日饗宴

今日、東宮に饗饌が有った。摂政及び中納言以下が参入した。夜に臨んで、退出した。

○九月

一日、甲寅。　解除／石塔造立供養／内裏造門・築垣について頼通の指示

早朝、河原に臨み、解《げ》除《じょ》を行なった。石塔《せきとう》供《く》養《よう》は、通例のとおりであった。内裏に参った。宰相(藤原資平《すけひら》)は車後《くるまじり》に乗った。陣頭に人はいなかった。大納言《だいなごん》(藤原)公任《きんとう》は、殿上《てんじょう》間《のま》から陣座《じんのざ》に向かった。その後、卿相《けいしょう》が参入した。一緒に東宮(敦良親王《あつなが》)に参った。饗饌《きょうせん》が有った。左中弁《さちゅうべん》(藤原)経通《つねみち》を介して、皇嘉《こうか》門の損色《そんしょく》の文を覧させた次いでに、明日、造門と築垣《ついがき》について定め充てる事は、諸卿が一緒に定め申すべきであろうか。大弁《だいべん》が参入するよう、まずは命じた。処分に随わなければならない。その後、摂政《せっしょう》(藤原頼通《よりみち》)が東宮に参られた。二、三盃の饗宴が有った。事の次いでに、明日の議定《ぎじょう》について申した。おっしゃって云ったことには、「諸卿が一緒に定め申すのに、何事が有るであろう。但し大弁が参入したならば、他の卿相がいないといっても、早く定め充てるように。皇嘉門については、近江《おうみ》国を充てるように。畿内《きない》は定め充ててはならない。防河《ぼうか》に充てる為である」と。今日、卿相二、三人に、大略、明日、参るよう伝えた。今日の上達部《かんだちめ》は、大納言公任、中納言《ちゅうなごん》（藤原）行成《ゆきなり》・（藤原）教通《のりみち》・（藤原）頼宗《よりむね》・（源）経房《つねふさ》・（藤原）能信《よしのぶ》・（藤原）実成《さねなり》、参議《さんぎ》（藤原）兼隆《かねたか》・（源）道方《みちかた》・（源）頼定《よりさだ》・（藤原）公信《きんのぶ》、三位中将《さんみちゅうじょう》（藤原）道雅《みちまさ》・（藤原）兼経《かねつね》、参議 某《なにがし》（資平）。深夜、退出した。途中、燭《しょく》を秉《と》った。

二日、乙卯。　造門・築垣定／駒牽上卿を辞す／慶円の病状

今日、大垣《おおがき》を修補する国々を定め充てることとなっていた。左大将《さだいしょう》（教通）が、（藤原）信通朝臣《のぶみちあそん》を遣わして、備後《びんご》国を定め充ててはならないということを伝えた。「去る夕方、摂政に申しておいた」ということだ。このような事は、自由にし難い。そこで先ず、摂政殿〈別納《べちのう》。〉に参った。宰相は車後に乗った。すぐに奉謁《ほうえつ》した。定め充てるべき国々について申した。おっしゃって云ったことには、「備後国は申すところが有るとはいっても、これは内々の事である。昨日、左大将が伝えたところである〈入道殿《にゅうどうどの》（藤原道長《みちなが》）の年預《ねんよ》についてである。〉」と。私が申して云ったことには、「前々は二町を一国に充てていました。ところが今回は年内に終わらなければなりません。遣す月は幾《いくば》くもないのです。二町では、はなはだ終わり難いのではないでしょうか。普《あまね》く一町を充てられて、完成できなかった所については、熟国《じゅくこく》を充てられなされ。破損の大少に随って、国々の強弱を計り、配り充てなされ。早く終わらせたならば、その功は如何でしょう。もう一町については、他方の大垣を後々、充てられては如何でしょう」と。摂政が云ったことには、「もう一町を、後年、更に充てれば、もしかしたら愁うところが有るのではないか」と。また申して云ったことには、「今年、二町を充てられれば、年中にその功を終わらせるのは、期日に叶うことは難しいのではないでしょうか。今日の定は、まずは一町を充てるということについて、宣旨《せんじ》に載せて下知《げち》すれば、後日、愁いを申すことは難しいのではないでしょうか」と。摂政は諾許した。すぐに内裏に参った。左右大弁が陣座に伺候していた。前々の定文《さだめぶみ》および硯を召し、定め充てた〈定文は別にある。〉。左大弁《さだいべん》(道方)が執筆《しゅひつ》した。この頃、外記《げき》順孝《のぶたか》が、御馬の解文《げぶみ》が揃ったということを申した。しばらく控えているよう命じた。新中納言《しんちゅうなごん》能信が参入した。陣《じんの》定《さだめ》が終わって、定文および皇嘉門および大垣の損色の文を加えて、左中弁経通に託した。北陸道《ほくりくどう》の国々は、冬に臨んで、勤めを致すことは難しいであろう。そこで定め充てないことを加えて申させた。心神《しんしん》が宜しくなかった。御馬の解文を奏上しなかった。他の上卿《しょうけい》に申すよう、順孝に命じた。退出した。黄昏、左大弁が同じく退出した。外記は宰相資平に告げた。そこで左兵衛陣から退帰した。御馬を取り分けなければならないからか。

早朝、座主《ざす》(慶円《きょうえん》)の御心地《ここち》について、内供《ないぐ》(良円《りょうえん》)に問い遣わした。黄昏に臨んで、返事を持って来て云ったことには、「生きておられることは難しいでしょう」ということだ。

三日、丙辰。　駒牽

宰相が云ったことには、「昨夜、中納言能信が御馬の解文〈真衣《まき》野牧《のまき》と柏前牧《かしわざきのまき》。〉を奏上しました。中隔《なかへだて》に於いて、分け取りました。左右馬寮《めりょう》が揃っていませんでした。左右近衛府《このえふ》は、その数がはなはだ少なかったです。或いは童《わらわ》が御馬を牽きました。散楽《さんがく》のようなものです。能信卿には、鬱々《うつうつ》の様子が有りました」ということだ。

四日、丁巳。　造門・大垣の行事弁・史／四面の大垣を巡見／伊勢大神宮遷宮神宝使に請印

昨日、左中弁が、造門・大垣の定文や損色の文を下給した。伝え仰せて云ったことには、「権左中弁《ごんのさちゅうべん》（藤原）重尹《しげただ》にその事を行なわせるように。この事は、年内に終わらせるように」ということだ。また、他の宣旨も有った。すぐに権左中弁の許に示し遣わした。昨日は、慎しむところが有って、来なかった。今朝、来たのである。この定文や損色の文を下給し、この宣旨の趣旨を伝えた。但し、摂政殿に参り、確かに仰せを承って、宣旨を作成するよう、伝えておいた。弁が云ったことには、「史《し》は誰でしょう」ということだ。「皇嘉門の損色の文は、（坂合部《さかいべの》）貞致《さだむね》が署した。大垣の定文は、（津守《つもりの》）致任《むねとう》が署した。この二人では如何であろう」と。弁が云ったことには、「貞致は假《か》が有ります。先ずあの者に命じるべきです。その後、意向に随って、処置すべきでしょう」と。

申剋の頃、宰相と同車して、密々に四面の大垣を廻り見た。談天門《だんてんもん》の前に於いて、大雨に遭い、すぐに止めた。家に帰った後、史（藤原）信賢《のぶかた》が申させて云ったことには、「権弁《ごんのべん》朝臣（重尹）が、一緒に参入しました。ところが、民部卿《みんぶきょう》（藤原懐忠《かねただ》）が、頻りに書状を寄越しましたので、罷り向かいました。

もし召しが有れば、参入することになっています」ということだ。まずは申させて云ったことには、「前例を調べて、官符《かんぷ》を下給する。もし官符を作成すれば、遅引《ちいん》するのではないか。宣旨を賜うのは如何であろう。また、官符の文に、ただ今年の内に造り終わるよう載せるように。来月に臨んだならば、譴責《けんせき》の符を下給するように」ということだ。私が命じさせて云ったことには、「前例によって、官符を賜うように。在京の国司《こくし》、また弁済使《べんさいし》に、まずは仰せ知らせるように。官符の文については、仰せ下されたものに随わなければならないのである。このことを弁朝臣に伝え示すように」と。「明日、伊勢大神宮遷宮《いせだいじんぐうせんぐう》の神宝使《じんぽうし》が発遣される。今日、内印《ないいん》の儀が行なわれた」と云うことだ。使は神祇伯秀頼王《じんぎはくひでより》。

五日、戊午。　伊勢遷宮神宝使、発遣／道長受戒日時

「今日、伊勢遷宮神宝使《いせせんぐうじんぽうし》を、神祇官《じんぎかん》から発遣した。使は神祇伯秀頼王」と云うことだ。宰相が来て云ったことには、「入道殿に参りました。あれこれが云ったことには、『御受戒《じゅかい》は、ただ源《げん》大納言《だいなごん》(俊賢《としかた》)と新中納言を随身《ずいじん》されることになった』ということでした」と。(安倍)吉平《よしひら》朝臣が云ったことには、「二十九日に御受戒する。来月二十日は、先日、ほぼ春日行幸《かすがぎょうこう》の日と定めた。ところが御厄日《やくび》であったので、停止《ちょうじ》とした。『十一月は、吉日《きちにち》が無い』ということだ。来月二十日は、月建《げっけん》から計ると、御厄日に当たる。節分《せつぶん》から計ると、二十一日に当たる。但し、来月の御厄月《やくづき》は、南行してはならない。そこで停止とするか」と。

六日、己未。　頼通、朱雀門・美福門の破損を臨検／朱雀門の損色を注進／官符請印を急ぐ／道長、円融院受戒の日記を求む／春日行幸について相談／藤原経通と経仲元服を相談

権左中弁重尹が来て云ったことには、「摂政がおっしゃって云ったことには、『朱雀《すざく》門と美福《びふく》門は、破損したのか、如何か』と。申して云ったことには、『もしかしたら実検《じつけん》すべきでしょうか』と。おっしゃって云ったことには、『臨見《りんけん》することにする』ということでした。そこで昨日、美福門を巡検《じゅんけん》しました。破壊はありませんでした。朱雀門の北面《きたおもて》の上層に、間隙が有りました。もしかしたら瓦が無いのでしょうか。このことを申したところ、おっしゃって云ったことには、『朱雀門の損色を取らせるように』ということでした」と。すぐに損色を記させるよう命じた。また、備後弁済使が申して云ったことには、「垣上に瓦がありません。風雨の為に、ますます頽破《たいは》が有るのではないでしょうか。事情を承って、仮葺《かりぶ》きさせなければなりません」ということだ。修補を始める日を勘申《かんじん》させ、仰せ宣すべきである。先ず摂政に申し、おっしゃられることに随って、勘申させるよう、弁に伝えておいた。弁が云ったことには、「官符を作成しました」と。もし早く請印《しょういん》しないならば、懈怠《けたい》となるであろう。座に着している上卿に命じられ、早く請印させるよう、催促させるということを、示し含めておいた。明日は申《さる》の日である。明後日が宜しいのではないか。この事は、摂政に申さなければならないのである。夜に臨んで、入道殿が宰相を召した。すぐに参入した。夜に入って、来た。仰せを伝えて云ったことには、「二十九日、東大寺《とうだいじ》に於いて、受戒することとした。この間の事は、はなはだ不審である。

円融《えんゆう》院の御受戒の際、度者《どしゃ》について宣下した。上卿は、汝《なれ》（実資）が下し奉ったということが、人々の日記にある。もし、記しているところが有るのならば、記して奉るように」ということだ。語った次いでに、春日行幸について申し問うたところ、「十二月二十日頃に、日が有れば、諸卿に定め申させることとする」ということだ。左中弁が来た。子（藤原経仲《つねなか》）の元服《げんぷく》について相談した。大略は、私の弊居《へいきょ》に於いて元服させるべきであろうか。

七日、庚申。　慶円、入滅／弔問／円融院受戒の日記を道長に奉献／内裏修補日時を勘申

天台座主《てんだいざす》大僧正《だいそうじょう》慶円は、去る三日の夜半の頃、入滅《にゅうめつ》した〈春秋、七十六歳。〉。あの日以後、日次《ひなみ》が宜しくなく、弔問《ちょうもん》しなかった。今朝、（石作《いしづくりの》）忠時《ただとき》を遣わして、内供の許に送った。

円融院が東大寺で御受戒された際の暦の略記《りゃっき》二、三を書き出して、宰相に託し、入道殿に奉った〈御受戒日記は奉らなかった。あの日以前の事を書き出したのである。〉。しばらくして、還って来て云ったことには、「留められました」ということだ。申剋の頃、忠時が帰って来た。

権左中弁が、陰陽寮《おんみょうりょう》の勘申した郁芳《いくほう》門以南・談天門以南および皇嘉門・南面《みなみおもて》の大垣を修補する日時文〈十月十四日丁酉。時は巳剋、もしくは午剋。十七日庚子。時は卯剋、もしくは辰剋。但し二十一日甲辰は、犯《ぼん》土《ど》してはならない。〉を持って来た。私が問うて云ったことには、「二十一日甲辰は、修補の日に勘申していない。別に犯土してはならないということを記しているのは、その意味がわからない。事情を伝えて、削り棄てるべきであろうか」と。すぐに返給した。摂政に覧せるよう伝えた。弁が云ったことには、「明日、官符に捺印《なついん》させるということを、摂政が大外記《だいげき》（小野）文義《ふみよし》朝臣に命じられました。日時は、もしかしたら官符に載せるべきでしょうか」ということだ。答えて云ったことには、「前の官符を見ると、日時を載せず、官符を作成している。後の宣旨に、修補することになった日時を載せるのが宜しいのではないか」と。弁朝臣は承諾した。

八日、辛酉。　安倍吉平、厄日・犯土を申す／頼通家庚申

吉平朝臣が云ったことには、「十月二十一日は御厄日で、犯土してはなりません。そこで昨日、犯土してはならないということを記し申しました」と。また、云ったことには、「談天門以南一町は、御忌方《いみかた》に当たります。今年は、犯土してはなりません」ということだ。「このことは、今朝、権弁朝臣の所に示し遣わしておきました」ということだ。また、云ったことには、「今日、召しによって、入道殿に参りました。春日行幸の日を定められました。十二月はすでに歳暮《せいぼ》です。十一月二十八日に改め定めました。これは内々の事です。ところが、決定したのでしょうか」ということだ。宰相が云ったことには、「昨夕、摂政の命によって、参入しました。庚申待《こうしんまち》が行なわれました。左大将以下、兄弟の納言や近習《きんじゅう》の人たちが参会しました。管絃《かんげん》・和歌・攤《だ》が行なわれました」と。

九日、壬戌。　吉平の進言について、頼通の判断

権左中弁が、陰陽寮の勘申した、大垣と皇嘉門の修補の文を持って来た。これは先日、持って来たものである。吉平に申すところが有った。つまり昨日、申したとおりである。摂政に申すよう、伝えた。

「但し、談天門以南一町は、今年は御忌方に当たります。修造してはなりません」ということだ。長《なが》門《と》国が修補することになっている一町である。年内に修造し終わるようにとの官符を遣わし、修補の時に臨んで、明年から修造するようにとのことを命じなければならない。懈怠を致させない為である。修補の日時の宣旨については、副え遣わしてはならない。弁が重ねて来て云ったことには、「勘文《かんもん》は、摂政に覧せました。おっしゃって云ったことには、『この勘文は、通例の勘文のようではない。ところが、申したとおりならば、「十月二十一日は犯土させてはならない」ということだ。来月十四日に、修造を始めるように』ということでした。『長門国については、申請によれ』ということでした」と。

十一日、甲子。　八省院行幸、停止／藤原周頼、卒去／東宮元服詔書、覆奏／道長、受戒の供を倹約

今日、八省院《はっしょういん》行幸は停止となった。「木《も》工頭《くのかみ》(藤原)周頼《ちかより》が、先月の晦日《つごもり》の頃、卒去した。その服喪《ふくも》によって、摂政が行幸に供奉《ぐぶ》されることができない。そこで停止となった」と云うことだ。

権左中弁が、朱雀門の損色の文を持って来た。奏上するよう命じた。弁が云ったことには、「昨日、外記政《げきせい》は行なわれませんでした。官符に請印しませんでした」ということだ。損色の文を覧た次いでに、摂政に申すよう、指示した。外記史生《ししょう》が、東宮の御元服の詔書《しょうしょ》の覆奏《ふくそう》を進上した。加署《かしょ》して、返し賜わった。山階寺《やましなでら》(興福寺《こうふくじ》)権別当僧都《ごんのべつとうそうず》(扶公《ふこう》)が来て云ったことには、「入道殿の御受戒は、御供の僧俗を倹約《けんやく》されます。その数は、はなはだ少ないものです」と。また、云ったことには、「昨日から頗る病悩の様子が有ります」と云うことだ。

十二日、乙丑。　多宝塔の戸の数についての疑義

何日か、行願寺《ぎようがんじ》に於いて、等身《とうしん》の多宝塔《たほうとう》を造営させ奉っている。ところが、或いは云ったことには、「この塔は、上層に八戸の大塔が有る。皆、十二戸有る」ということだ。驚きながら、これを問うたが、能く答える人がいない。仁海律師《にんかいりつし》や慶祚阿闍梨《きようそあじやり》に問わなければならない。

十三日、丙寅。　塔の戸の数についての仁海・慶祚の説

仁海律師が来て、談じた。これは造塔についてである。云ったことには、「上戸は八、下戸は四。また露盤《ろばん》は九」ということだ。昨日、慶祚阿闍梨の許に問い遣わした。伝え送った趣旨が有る〈「多宝塔は、法華経宝塔品《ほけきようほうとうぼん》に初めて見えます。ところが経文には、戸の数を記していません。随ってつまり、目近な諸宗の疏《そ》の中にも、またこの事はありません。但し、真言《しんごん》の中に、盛んにこの塔が必ずいらっしゃるという事が見えます。ところがまた、真言の中にも戸の数は見えません。但し愚案《ぐあん》では、十二戸の説も八戸の説も、今のようであれば、皆、これは人情でしょう。未だ一定の説の文を御覧にならない以前に、ただ結構《けつこう》し、造営が終わった様子を、先とされたならば、謗難《ほうなん》は有るはずはないのではないでしょうか」ということだ。慶祚阿闍梨の返状は、このようであった。〉。

十八日、辛未。　道長家釈経

宰相が来て云ったことには、「今日、入道殿は、永照《えいしよう》に釈経《しやくきよう》を行なわせられます。摂政の命によって、参入します」ということだ。或いは云ったことには、「作文《さくもん》や管絃が行なわれる」と。

十九日、壬申。　道長家釈経／慶円の供養料／刀伊捕虜の送使、対馬に来着

宰相が云ったことには、「申剋の頃、入道殿の説経《せっきょう》が行なわれました。その後、作文と管絃がありました。参入した卿相は、摂政、太閤《たいこう》（道長）、大納言（藤原）斉信《ただのぶ》・俊賢・公任、中納言教通・頼宗・経房・能信、宰相道方・（藤原）朝経《あさつね》・私（資平）。子剋の頃、朝経と私は退出しました。両事に堪えられないからです」ということだ。

今朝、（藤原）資高《すけたか》を山（延暦寺《えんりやくじ》）に登らせた。内供に示し遣わす事が有った。薄暮に臨んで、帰って来て云ったことには、「遺言《ゆいごん》によって、弟子たちは服喪に着しません。逆修法事《ぎやくしゆほうじ》は、先日、修しました。更にまた、行なってはなりません。遺言を破るわけにはいきません」と云うことだ。「但し、□□座主は、千僧の鉢と熟食《じゆくしよく》七百僧を弁備《べんび》し、その他、屯食《とんじき》を与えます。また絹七十疋が必要となるでしょう。ところが、ただ三十疋しか有りません。あと四十疋が足りません。弟子たちが各々出すことになりました。但し良円は、絹十疋と米十余石を出すことになりました」ということだ。本来ならば、その期に臨んで、我が家から送り遣わさなければならないのである。

夜に入って、惟円《いえん》師が帥納言《そちなごん》（藤原隆家《たかいえ》）の書状を持って来た。その書状に云ったことには、「高麗《こうらい》国から、虜人の送使（鄭子良《ていしりよう》）が対馬《つしま》に来たということを、あの島の解文で申してきました。そこでそのことを言上《ごんじよう》します。詳しい事情は、大宰府《だざいふ》解《げ》に記します。明日、臨時《りんじ》祭《さい》が始まります。大宰府《だざいふ》の大事です。慌ただしい期間なので、詳しい事は申し付けさせません」ということだ。九月四日の書状である。

二十一日、甲戌。　道長造顕の阿弥陀如来像を拝す

午の後剋、入道殿に参った〈宰相が同車した。〉。先ず小南第《こみなみてい》に向かった。丈六阿弥陀如来《じょうろくあみだにょらい》像〈五体。〉を拝し奉った。（藤原）章信《あきのぶ》朝臣を介して、逢うという仰せが有った。そこで奉謁した。しばらく清談《せいだん》した。

二十二日、乙亥。　大宰府言上の高麗の事につき陣定の催し有り

召使《めしつかい》が云ったことには、「今日、右府（藤原公季《きんすえ》）が定め申されなければならない事が有ります。参入されますように」ということだ。犬の死穢《しえ》によって参ることができないということを答えておいた。参入する上達部を問わせた。申して云ったことには、「大納言三人〈私・斉信・公任。〉と左右大弁の他は、申すことはできません」ということだ。もしかしたら、大宰府が言上した高麗国の事であろうか。この事は、昨日、入道殿が伝えられた事が有った。その趣旨は、「刀伊《とい》国の賊の為に虜《とりこ》とされた者は二百七十人ほどである」と云うことだ〈男が六十人、女が二百余人。〉。「送ってきたのは百余人」と云うことだ。ただ、対馬に牒《ちょう》した。命じて云ったことには、「絹と米を下給して、帰り遣わすように。先ず新羅《しんら》国の貢調《こうちょう》の時の、給物の例を調べて、行なわれるべきであろうか」ということだ。大宰府の解文および高麗の牒を調べ取り、後日、これを見なければならない。頭弁《とうのべん》経通が云ったことには、「大宰府が言上してきた事を、諸卿が一緒に定め申さなければならないということを、昨日、左府（藤原顕光《あきみつ》）に命じられましたが、故障を申されました。そこで右府に命じられました。今日、定め申さなければなりません」ということだ。「四条大納言《しじょうだいなごん》〈公任。〉と汝（実資）は、必ず預かり参るよう、別に摂政の御書状が有りました。そこで来て告げたものです」ということだ。「これは入道殿が摂政に申されました。摂政は随ってまた、この御書状が有ります」ということだ。触穢《しょくえ》であることを申させておいた。今朝、召使が申したところは、極めていい加減である。一人が承ったところを、数所に申したものか。宰相が云ったことには、「召使が云ったことには、『事の定が有ります。参入してください』ということでした。そこで内裏に参ります」ということだ。

二十三日、丙子。　前日の陣定／春日行幸行事／源俊賢、高麗国の謀略を推定す

宰相が云ったことには、「昨日、右大臣、按察大納言《あぜちだいなごん》斉信・権大納言《ごんだいなごん》公任、左大将教通・右衛《え》門督《もんのかみ》実成、右兵衛督《うひょうえのかみ》公信・右大弁《うだいべん》朝経が参入しました。頭弁経通が、大宰府の解文と高麗国の牒を下給しました。諸卿が定め申して云ったことには、『高麗国使は、大宰府に召し上げ、しばらく都合のよい処に安置し、厚く資粮《しろう》を下賜する。この間、疑いを持った事を問われるように。また、先日、大宰府の解文では、「刀伊国」と記していた。高麗国の牒では、「女真国《じょしんこく》」と記している。この事も、大宰府に問われるように。また、馳駅《ちえき》で申さなければならない。ところが、脚力《かくりき》で言上してきたので、旬日が多く廻った。同じく問われなければならないのである。報符《ほうふ》を下給し、また申し上げるに随って、その度に、定め下されなければならないであろう』ということでした。また、おっしゃって云ったことには、『按察大納言は、明日〈今日である。〉、早く参って、春日行幸について定め申すように』と。つまり按察が行事《ぎょうじ》の上卿を勧めます。行事の宰相・弁・史は、未だその人を聞いていません」と。

今朝、源大納言が伝え送って云ったことには、「高麗使については、その決定は如何なものか。数多の者が小島に着き、旬月を送るのは、国の強弱を量り、衣食の乏しいことを知るであろう。早く返すのを先とすべきである。牒の詳細を見ると、文書《もんじょ》の手跡《しゅせき》から始めて、恥じるところは無い。才の浅深を論じずに、返牒《へんちょう》を作成しなければならない。帰禄《きろく》の程度は如何であろう。『内々に位階を給うべきである』と云うことだ。牒はすでに日本に送っていない。どうして位階を授けることがあろう。また、本位《ほんい》を知って、一階を進めるのが、行なうべきところである。牒文には、本位が無かった。これを憤り申しています。一朝の中の事に於いては、是非は無いとはいっても、誰がそのことを云って、異国の事を斟酌《しんしゃく》するのか。先々は、緩怠《かんたい》しないものであった。ただ、先日、捕えることができた者・流れて来た者たちを、帰し送らなければならない。二百余人の男女は、どうして異朝《いちょう》の謀詐《ぼうさ》を阿容《あよう》するであろう。追々、尋問されて、自ら実不を知るべきであろう。使が久しく住む事は、未だ意味がわかりません。あの朝の謀略の趣旨によって、我が朝が推し行なわれなければならない有様は、未だ思い付かないのです」ということだ。触穢によって僉議《せんぎ》に預からなかったということを報じた。今、考えるに、無理に召問《しょうもん》されるべきではないのではないか。ただ使を遣わして、虜者を送ることで、その志とすべきであろう。物を下給して、早く返し遣わされるのが上計《じょうけい》であろう。但し、昨日の陣定の趣旨について、宰相の談説を大納言に告げた。重ねて書状を伝え送って云ったことには、「陣定の趣旨は、大略を承りました。馳駅しなかったということは、大宰府の失儀である。高麗の失儀ではない。後々、重ねて言上したことによって定め下される事は、如何であろう。あの朝の詐《いつわ》りが有るとはいっても、行なわれなければならない趣旨は、如何であろう。ただ、早く使を廻却《かいきゃく》されるという上計を知らないようなものである。あの国の牒の中で、女真が時々貢献《こうけん》してくるということを記していた。これは帰属しているものであろう。もっとも不順の趣旨を責めるべきである。異国の凶賊を撃つことができ、虜民を当朝《とうちょう》に送ってきたのが、もっとも大事である。宗朝《そうちょう》は、我が朝に牒さなければならない。ところが、別府である安東護府《あんとうごふ》の牒を対馬島に送ってきた。この趣旨は、頗る返牒に顕らかにしなければならないのである」ということだ。私はまた、事の趣旨を報じておいた。源納言が述べた事は、誠にそうあるべきである。この大宰府解を、源納言の許に送った。「これを取り伝えて、史の許に送った」と云うことだ。そこで、あの解文および高麗の牒を見たのか。私は未だ解文や牒を見ていない。

二十四日、丁丑。　春日行幸、停止／俊賢の意見を公任に伝える／丹波百姓、源頼任の善状を申す

「春日行幸は停止となった」と云うことだ。頭弁に事情を取ったところ、報じて云ったことには、「今年は日がありません。明年は御忌方です。そこで両年の行幸を停止としました」ということだ。今朝、源納言が伝え送って云ったことには、「世間で頼みに思っているところは、両納言(実資・公任)である。今回の事は、内々に怪しく承っています。四条大納言に申されて、もしかしたら事情を申されるであろうか」ということだ。「高麗使が二島を経歴して、大宰府に参ったのは、如何なものか。秋に入った後は、風波は静かではないのではないか。廻却の時期は、すでに厳冬に及ぶ。あの国は対馬に牒し、使者はその処を指した。更に大宰府に召し上げ、往還の際に、もしも漂没《ひょうぼつ》することが有れば、極めて便宜《びんぎ》のないことではないか。また大宰府に於いて、何事を問われるというのか。両島を経る間に、考えると衰弱《すいじゃく》しているということを見るのではないか。返牒および物を下賜して、対馬から返し遣わすのが宜しいのではないか」と。このことを、四条大納言に示し達した。報じて云ったことには、「陣定の日、往復の際に、もしその日を経たら、廻却するのに便宜が無いことを申した。あれこれが云ったことには、『やはり然るべき事を問うて、遣わすべきである』ということであった。そこで強くは申さなかった。議が有るべきことである。但し、衰亡《すいぼう》については、見聞するであろうか」ということだ。去る二十二日から、丹波《たんば》国の百姓《ひゃくせい》が公門《こうもん》に立って、善状《ぜんじょう》を申している。去る七月には、悪状《あくじょう》を申した。未だその気持がわからない。今夜の善状は、宰相の許から伝え送ってきた。

二十五日、戊寅。　春日行幸の事情／道長、園城寺に阿闍梨五人を置く意向

春日行幸の事情を吉平朝臣に問い遣わしたところ、云ったことには、「十一月二十八日は宜しくありません。十二月二十一日は、十二月は御厄月です。そこで停止としました。明年は御忌方です。また行なってはなりません」ということだ。

宰相が来て云ったことには、「前僧都《さきのそうず》心誉《しんよ》が密かに語って云ったことには、『五人の阿闍梨を園城寺《おんじょうじ》〈三井寺《みいでら》と号す。〉に置かれることになりました。この事は、入道殿の意向が有ります』ということでした」と。

二十六日、己卯。　道長の東大寺参向の日程

宰相が来た。すぐに去った。晩に臨んで、重ねて来て云ったことには、「入道殿に参りました。明日、御出立《しゅったつ》されます。明日は宇治《うじ》に宿されます。明後日、奈良《なら》に向かわれます」と。

二十七日、庚辰。　道長、受戒の為、東大寺に参る

「今日、入道殿は、受戒の為に東大寺に参られた。明日は往亡日《おうもうにち》である。そこで今夜、宇治に宿されることになった」と云うことだ。「二十九日に受戒される」と云うことだ。「今日の作法は、前駆《ぜんく》の僧《そう》綱《ごう》四人は、馬に騎った〈『前大僧都《さきのだいそうず》心誉、少僧都《しょうそうず》永円《えいえん》、律師懐寿《かいじゅ》・定基《じょうき》、凡僧《ぼんそう》六人』と云うことだ。〉。左大将教通と権中納言《ごんちゅうなごん》能信は、直衣《のうし》を着して、馬に騎った。大将の随身は、弓箭《きゅうせん》を着して歩行した。番長《ばんちょう》も、同じく歩行した。また、四位・五位・六位、合わせて十余人であった」と云うことだ。「皆、狩衣《かりぎぬ》を着した」と云うことだ。「源大納言俊賢が、御車後に伺候し、前後の簾《すだれ》を巻いた」と云うことだ。必ずしもそうであってはならない事ではないか。「次いで摂政が、車に乗って扈従《こしょう》した。随身は、褐衣《かちえ》を着して、馬に騎った。召使・官掌《かじょう》及び少納言《しょうなごん》・外記・史〈弁・少納言・外記〔大夫《たいふ》。〕・史〔大夫。〕が、皆、布衣を着した。〉・前駆の人六人。車の後ろに、検非違使《けびいし》二人」と云うことだ。見物した者が申したところである。宰相が来て云ったことには、「見物の者は、他の人が談ったとおりです」と。

二十八日、辛巳。　道長、頼宗を内裏に候宿させる／天皇・三后・東宮、東大寺に使者発遣

宰相が来た。夜に入って、重ねて来て云ったことには、「左衛門督《さえもんのかみ》頼宗は、入道殿の命によって、内裏の直廬《じきろ》に候宿《こうしゅく》しました。食事を準備して、源中納言《げんちゅうなごん》経房を招きました〈宿直装束《とのいしょうぞく》。あれこれが大宮《おおみや》（藤原彰子《あきこ》）に伺候していた際、招いたのです。〉」と。また、云ったことには、「内（後一条《ごいちじょう》天皇）及び宮々が、今日、使を指名して、南京《なんきょう》に遣わし奉りました」と云うことだ。内の御使は右近中将《うこんのちゅうじょう》（藤原）公成《きんなり》、太皇太后《たいこうたいごう》（彰子）の御使は太皇太后宮亮《たいこうたいごうぐうのすけ》（藤原）兼綱《かねつな》〈左中将。〉、皇太后宮《こうたいこうぐう》（藤原妍子《きよこ》）の御使は蔵人侍従《くろうどじじゅう》（源）定良《さだよし》、中宮《ちゅうぐう》（藤原威子《たけこ》）の御使は中宮亮《ちゅうぐうのすけ》（藤原）兼房《かねふさ》、東宮の御使は春宮大進《とうぐうだいじん》（藤原）惟任《これとう》。

二十九日、壬午。　念誦堂作事始／太皇太后宮読経／東大寺勅封倉の鎰を奈良に持参

念誦堂《ねんじゅどう》の造営は、巳剋に始めた。

太皇太后宮《たいこうたいごうぐう》（彰子）の御読経《みどきょう》〈春季。〉に参った。黄昏に臨んで、退出した。参入した卿相は、大納言（藤原）道綱《みちつな》・斉信・公任、中納言行成・頼宗・経房・実成、参議公信、右三位中将《うさんみちゅうじょう》兼経、参議資平。あれこれの卿相が云ったことには、「今朝、東大寺の勅封《ちょくふう》の御倉の鎰《かぎ》を、大監物《だいけんもつ》（藤原）惟忠《これただ》が、申請して給わり、馳せ参った」と云うことだ。また、云ったことには、「今日、御受戒の後、食事を食堂《じきどう》に於いて、千僧《せんそう》に供する。次いで興福寺に参る。明日、春日御社に参られることになった」と云うことだ。「船に乗って、泉《いずみ》河から上られる」と云うことだ。

○十月

十三日。　藤原長家随身、実資の随身と闘乱

……申して云ったことには、「まったく罷り向かってはならない」ということだ。未だその意味がわからない。やはり随□□□にある」ということだ。明朝、また（高《こうの》）扶武《すけたけ》を介して右中将《うちゅうじょう》（藤原長家《ながいえ》）の許に示し遣わさなければならない。

十四日、丁酉。　濫行の委細を道長に報ず／道長、長家に随身放逐を命ず／内裏大垣の修築を始む／長家、実資の随身を打擲

右衛《え》門権佐《もんのごんのすけ》（藤原）章信《あきのぶ》を招いて、昨日の濫行《らんぎょう》について談った。糺《ただ》し行なうわけにはいかない。ただ実正を入道殿《にゅうどうどの》（藤原道長《みちなが》）の御聞に達する為、前備後守《さきのびんごのかみ》朝臣《あそん》〈（源）政職《まさもと》。〉を介して、詳細を侍従中納言《じじゅうちゅうなごん》（藤原行成《ゆきなり》）と中将の許に言い遣わした。すぐに還って来て、納言（行成）の報を伝えた。中将は入道殿に参ったが、未だ還っていなかった。そこで伝え示さなかった。「殿（道長）に参り、遇って伝えることとします」ということだ。晩方、章信が来て云ったことには、「詳しい趣旨を伝えました。その間、亜将《あしょう》（長家）は殿の御前にいました。殿がおっしゃって云ったことには、『中将の雑人《ぞうにん》（秦武行《はたのたけゆき》）の濫行は、極めて便宜《びんぎ》のない事である。あの随身《ずいじん》の男（武行）は、大将（実資）の家にいる。道理は、そうであってはならない』と。早く放逐《ほうちく》するよう、中将に命じました。中将は、まだ愁い申すことが有りました」と云うことだ。（藤原）信賢《のぶかた》が申して云ったことには、「今日、大垣《おおがき》の修築を始めることになっています。弁《べん》朝臣（藤原重尹《しげただ》）は病悩しています。仰せ事が有って、車に乗って罷り向かおうと思います」ということだ。答えて云ったことには、「史《し》がその処に向かって、修築を行なうのに、何事が有るであろう」と。信賢が申して云ったことには、「今日、築垣《ついがき》を始めます。周防《すおう》・長門《ながと》・土佐《とさ》は、始めていません」ということだ。加えて催促するよう命じた。晩方、中将の随身の男〈今朝、章信に見せた。疵《きず》が無いということを見させる為である。〉を、前備後守を介して中将の許に遣わそうとした。退去した。ただその心に任せた。或いは云ったことには、「中将の忿怒《ふんぬ》は、特に甚しかった。随身（紀）元武と（高）扶明《すけあき》を打擲《ちょうちゃく》させようとした」と云うことだ。また、云ったことには、「不善《ふぜん》の者が三十人ほど、西《さい》京《きょう》に向かった。元武の宅を破壊しようとしている。近代の事は、何の術が有ろうか。夜に入って、元武が打擲されるという告げを承った。何としようか」ということだ。亜将の行なったところは、すでに狂乱のようなものである。亜将が将軍（実資）の随身を打擲させるという謀略については、甚だ非常であるばかりである。万人は感心しないであろう。

十五日、戊戌。長家、随身の被害を誇大に報告／実資随身、報復を恐れ、御馬御覧に奉仕できず／僧綱召についての内報

政職朝臣が来た。右中将長家の報を伝えて云ったことには、「随身武行は、打擲されて、身を動かすことができません。『また、鬢《びん》を切られた』と云うことです」ということだ。皆、これは虚言《きょげん》である。是非を論じるわけにはいかない。濫行の者を打擲させるのは、何の罪か。そのことを答えておいた。随身たちが申させて云ったことには、「『随身たちを打擲させることになった』と云うことでした。連々、告げが断ちません。今日、御《お》馬御《うまご》覧《らん》の催促が有るでしょう。ところが、参入するわけにはいき

ません。どうして奉仕できましょうか。もしも参入しないならば、雑怠《ぞうたい》となるのでしょうか」ということだ。あれこれ、心のままにすべきことを命じた。また祭使《さいし》を遣わす時に至って、事情を伝えさせることとした。

夜に入って、東大寺《とうだいじ》別当僧都《べっとうそうず》深覚《しんがく》が立ち寄られ、雑事を談じられた次いでに云ったことには、「先日、摂政《せっしょう》(藤原頼通《よりみち》)に奉謁《ほうえつ》しました。僧正《そうじょう》に任じるという仰せが有りました。権僧正《ごんのそうじょう》明救《みょうぐ》を天台座主《てんだいざす》に任じることになりました。法印《ほういん》院源《いんげん》に封戸《ふこ》を賜うことになりました。院源が申請したものです」ということだ。この間の事は多く、詳しく記すことはできない。

十六日、己亥。　資平、濫行について頼通・教通に告ぐ

(橘)儀懐《よしかね》朝臣を呼んで、語った次いでに、先日の濫行について伝えた。入道殿の辺りに披露《ひろう》させる為である。夜に入って、宰相(藤原資平《すけひら》)が来て云ったことには、「摂政殿に参入しました。次いでが有って、先日の濫行について申しました。驚き怪しまれていました。次いで左将軍(藤原教通《のりみち》)に参って、児の病を見舞いました。次いでこの事を伝えました。聞いていないということを述べられました。同じく驚き怪しまれました」ということだ。

十八日、辛丑。　寝殿の簾を懸く

頭弁《とうのべん》(経通)が来て、明日の元服《げんぷく》について談った。昨日から西対《にしのたい》を掃かせて、簾《すだれ》を懸けた。昨日は吉日《きちにち》である。そこで初めて寝殿《しんでん》の簾を懸けた。明日、皆、懸けることにする。

十九日、壬寅。　経通一男経仲、実資邸西対で元服／経通二・三男、着袴

頭弁（藤原）経通《つねみち》の太郎が、この西対に於いて元服を加えることになっている。先ず直衣《のうし》装束《しようぞく》〈絹の直衣・赤練《あかねり》の打綾《うちあや》の掛《うちき》一重《かさね》・山吹色の綾の掛・紫の織物《おりもの》の指貫《さしぬき》・三重袴《みえばかま》。〉を送った。使の随身近衛《このえ》（身《む》人部《ひとべの》）信武《のぶたけ》に、絹二疋を与えた。夜に入って、頭弁が息男三人を随身し、来向した。亥剋、元服を加えた〈新冠《しんかん》者《じや》の名は（藤原）経仲《つねなか》。爵を賜わった。入道殿の北方《きたのかた》（源倫子《ともこ》）の臨時給《りんじきゆう》。〉。加冠《かかん》は源中納言《げんちゆうなごん》〈経房《つねふさ》。〉、理髪《りはつ》は民《みん》部大輔《ぶのたいふ》（藤原）実経《さねつね》。侍従（藤原）経任《つねとう》〈四位。〉と（源）章任《あきとう》が、脂燭《しそく》を指した。新冠者は、朝服《ちようふく》を着し、庭前に進み出て、拝礼《はいらい》を行なった。加冠と理髪の禄は、恒例のとおりであった。私の馬を加冠に志した。二郎（藤原経季《つねすえ》）と三郎（藤原経平《つねひら》）は、着袴《ちやつこ》の儀を行なった。私は腰を結んだ。居処に入る頃、包みの女《おんな》装束《しようぞく》を、（平）季信《すえのぶ》朝臣が持って来て、云ったことには、「経通朝臣が云ったことには、『これは大宮《おおみや》（藤原彰子《あきこ》）から給わったものです』ということでした」と。加冠に与えるよう伝え、これを返し遣わした。宰相が云ったことには、「この禄を返し取りません。私（資平）に預けて、退去しました。これを如何しましょう。やはり奉るというのでしたら、大宮の御本意《ほい》が有るようなものです」と云うことだ。そこで返し遣わさなかった。冠者の装束《しようぞく》を納めた衣筥《ころもばこ》に、更に直衣装束を納めて、返し送った〈綾の直衣・青鈍《あおにび》の綾の指貫・白い綿の掛三領《りよう》・単衣《ひとえきぬ》の白い袴《はかま》。〉。今夜の饗饌《きようせん》は、頭弁が準備したものである。加冠と理髪の膳、および私・納言・殿上人《てんじようびと》・諸大夫《しよたいふ》の饗饌である。「この他、女房《にようぼう》の衝重《ついがさね》、侍所《さむらいどころ》と随身所《ずいじんどころ》の饗饌は、皆、大破子《おおわりご》を準備して、所々に賜わった」と云うことだ。着袴を行なった童《わらわ》の前に、

各々、膳物が有った。「今夜の立明《たちあかし》を勤めた左右近衛府《このえふ》の官人、院(小一条院《こいちじょういん》)の御随身、摂政・私・左将軍の随身は、疋絹《ひっけん》を下給された」と云うことだ。「その他、番長《ばんちょう》(伴《ともの》)弘兼《ひろかね》、(荒木)武晴《たけはる》は、特に疋絹を下賜された」と云うことだ。立明を勤めたからか。

大禍日《たいかにち》。

二十日、癸卯。　慶円七々忌に誦経料を送る

桑糸十疋を内供《ないぐ》(良円《りょうえん》)の許に送った。前日の書状による。故座主(慶円《きょうえん》)の七々忌は、明日に当たる。「七十疋の絹は誦経《ずきょう》七箇処の分」と云うことだ。重ねて足りないという報が有った。そこで二疋を使に託し、送り遣わしておいた。

昨夜の事を、頭弁の許に云い遣わした。綿衣は宰相の許に遣わした。

二十一日、甲辰。　季御読経発願／小一条院、石山詣／僧綱召／慶円七々忌／整地に際し堂舎跡を発掘

今日から季御読経《きのみどきょう》を行なわれる。召使《めしつかい》が来て告げた。障りを称して、参らなかった。「今日、院が御《み》息所《やすどころ》(藤原寛子《ひろこ》)を連れて、石山寺《いしやまでら》に参られた」と云うことだ。

「昨日、僧綱召《そうごうめし》が行なわれた」と云うことだ。大僧正済信《だいそうじょうさいしん》、僧正明救、権僧正深覚、大僧都《だいそうず》尋光《じんこう》〈先年、少僧都《しょうそうず》を辞し、今、更に大僧都に任じられた。〉、少僧都実誓《じっせい》、権律師《ごんのりっし》常典《じょうてん》、天台座主明救。法印院源は、封戸百戸を給わった〈未だこれを知らない。〉。

「今朝、宣命使少納言《せんみょうししょうなごん》（藤原）信通《のぶみち》が、天台《てんだい》（延暦寺《えんりゃくじ》）に参上した」と云うことだ。今日、故座主の七々日法事が行なわれた。熟食《じゅくしょく》を一千僧に施した。七箇堂に於いて、諷誦《ふじゅ》を修した〈絹、各々十疋。〉。宣命使が参上したのは、頗る便宜が無かったのではないか。

南山《なんざん》の土を、去る十四日から曳いて平らにさせている。念誦堂《ねんじゅどう》を建立する為である。ところが、土中に瓦が有った。ここに、往昔《おうじゃく》、堂舎《どうしゃ》が有ったことがわかる。希有の事である。礎石《そせき》を据えた様子は、一間堂《いっけんどう》のようである。何百歳かはわからなかった。

二十二日、乙巳。　明救に御慶を伝達／明救、被物料を請う／季御読経、発願／頼通、摂政の上表／俊賢に停任宣旨

早朝、念賢《ねんけん》師が座主の御許に参った。そこで御慶を伝達させた。午剋の頃、報が有った。その次いでに云ったことには、「印鎰《いんやく》を請う日に、寺家《じけ》の司たちの被物《かずけもの》は、もしかしたら労送《ろうそう》していただけるのでしょうか」ということだ。

宰相が来て云ったことには、「昨日、御読経《みどきょう》は戌剋に発願《ほつがん》しました。事々に便宜がありませんでした。左府（藤原顕光《あきみつ》）は、一昨日、故障を申されました。あの日、按察《あぜち》（藤原）斉信《ただのぶ》卿が、天台座主および僧綱召の上卿《しょうけい》を勤めました。次いで御読経の事を奉仕しました。昨日、初めて欠請《けつしょう》を補しました〈『五十余口《く》』と云うことです。〉。昨日、摂政は、摂政を辞す表を上呈しました。一昨日、大納言《だいなごん》（源）俊賢《としかた》卿の

停任宣旨《ちょうにんせんじ》が下りました」と云うことだ。

二十五日、戊申。　季御読経、結願／近江守、小一条院石山寺参籠に奉仕せず

宰相が云ったことには、「昨日、御読経が結願《けちがん》しました。大納言斉信卿を上首《じょうしゅ》としました。御読経の作法は、散楽《さんがく》のようでした」と云うことだ。

「院が石山寺にいらっしゃる間、国司《こくし》（源経頼《つねより》）は一事も奉仕しなかった。そこで別当中納言《べっとうちゅうなごん》（藤原）能信《よしのぶ》が行事《ぎょうじ》を行なった。下部《しもべ》たちを放って、国にいた職掌《しょくしょう》の者たちを召し搦めさせた。濫吹《らんすい》は、もっとも甚しかった」と云うことだ。「国司〈左少弁《さしょうべん》経頼。〉は、仰せ事を承りながら、一事も準備していなかった。そうであってはならない」と云うことだ。このような事は、浮言《ふげん》が多端《たたん》である。「国司は奥郡《おくぐん》にいて、『入部《にゅうぶ》している』と称している」と云うことだ。

二十六日、己酉。　多宝塔内に安置する仏像二体を造顕／太皇太后宮・中宮読経始

巳剋、塔内の釈迦《しゃか》・多《た》宝《ほう》二体の尊像〈三寸。白檀《びゃくだん》で造顕《ぞうけん》し奉ったのである。その上に、金を箔《お》すことにした。先日、行円聖《ぎょうえんひじり》が云ったことには、「やはり貴《き》木《ぼく》で造顕して、金を箔すべきです」ということだ。そこで白檀で造顕し奉ったものである。仏師《ぶっし》は槾空《まんくう》。〉を造顕し奉った。

今日、太皇太后宮《たいこうたいごうぐう》（彰子）、および中宮《ちゅうぐう》（藤原威子《たけこ》）の御読経始《みどきょうはじめ》が行なわれた。障りを称して、参らなかった。宰相が来て、宮の御読経に参るということを云った。今日、参らない事を、源中納言に伝えるよう、宰相に命じた。夜に臨んで、来て云ったことには、「伝えておきました」ということだ。「両宮御読経は、行香《ぎょうごう》が行なわれました。上臈《じょうろう》は斉信卿でした」ということだ。

二十七日、庚戌。　春日祭使、藤原公成に改替／源行任、五節奉仕を辞して釐務を停めらる

権右中将《ごんのうちゅうじょう》（藤原）公成《きんなり》が、右近将曹《うこんのしょうそう》（紀）正方《まさかた》を遣わして、書状に云ったことには〈「実は右府（藤原公季《きんすえ》）と右衛門督《えもんのかみ》（藤原実成《さねなり》）が一緒に議定《ぎじょう》した書状」ということだ。〉、「右少将《うしょうしょう》（藤原）実康《さねやす》が、弟の服喪《ふくも》によって〈今朝、弟童が死去した。右兵衛督《うひょうえのかみ》（藤原）公信《きんのぶ》の子で、按察の養子に入った。〉、春日祭使《かすがさいし》を勤めることができないのではないでしょうか。誰が奉仕すればよいのでしょうか」と。答えて云ったことには、「今日は、身の忌みによって、申し伝えられない。明日、詳細を申そうと思っていた間に、この書状が有った。新中将〈長家。〉は去年の賀茂祭使《かもさいし》、右少将（藤原）良頼《よしより》は軽服《きょうぶく》、右少将（源）隆国《たかくに》は今年の春の春日祭使であった。そこで奉仕されるべきである。役がすでに遠いことは、疑いは無いであろう」と。

夜に臨んで、宰相が来て云ったことには、「入道殿に参りました。皇太后宮大夫《こうたいごうぐうだいぶ》（藤原道綱《みちつな》）が云ったことには、『越後守《えちごのかみ》（源）行任《ゆきとう》は、五節《ごせち》の事を辞し申したので、釐務《りむ》を停められた』ということでした」と。今、愚慮を廻らせると、太后《おおきさき》（彰子）の御乳母子《めのとご》で、左中弁《さちゅうべん》（経通）の姻戚《いんせき》である。きっと事が欠けることは無いのではないか。

二十八日、辛亥。　五節舞姫奉仕、改替

宰相が来て云ったことには、「今朝、丹波守《たんばのかみ》（藤原）頼任《よりとう》が来て云ったことには、『昨夜、召しによって、内裏に参りました。蔵人右少弁《くろうどうしょうべん》（藤原）資業《すけなり》が仰せを伝えて云ったことには、「五節の舞姫《まいひめ》を献上するように」ということでした。「越後守行任が、辞し申した替わりである」と云うことでした』と」と。

二十九日、壬子。　行任、召喚

「越後守行任は、釐務を停められた。また召使を遣わした」と云うことだ。世が推側したところは、特別な事は無いのではないか。

宰相が来た。すぐに太后の御読経結願に参った。私の障りを伝えるよう命じた。夜に入って、来て云ったことには、「太皇太后宮権大夫《たいこうたいごうぐうごんのだいぶ》〈左衛門督《さえもんのかみ》（藤原）頼宗《よりむね》。〉に告げておきました」ということだ。

○十一月

一日、癸丑。　石塔造立供養

石塔供養《せきとうくよう》は、通例のとおりであった。宰相（藤原資平《すけひら》）が来て、座に着さずに云ったことには、「我が宅に、犬の死穢《しえ》が有りました」ということだ。ところが、これより先に、（藤原）資房《すけふさ》が座に着した。そこで穢《え》を忌むわけにはいかない。

二日、甲寅。　小一条院、石山寺から還御／藤原経通、鴨院に移徙

「今日、院（小一条院《こいちじょういん》）が、石山寺《いしやまでら》から出られる」と云うことだ。宰相が参入した。「逢坂関《おうさかのせき》で参会することになりました」ということだ。身は穢に触れたとはいっても、途中に参ることは、何事が有るであろう。

「左中弁《さちゅうべん》（藤原）経通《つねみち》が、鴨院《かもいん》を領知《りょうち》した後、今夜、初めて移徙《わたまし》する」と云うことだ。大禍《たいか》日《にち》。

三日、乙卯。　実資随身を番長に補す

随身《ずいじん》高扶武《こうのすけたけ》を番長《ばんちょう》に補す事を、右近将曹《うこんのしょうそう》（紀）正方《まさかた》を介して、権右中将《ごんのうちゅうじょう》（藤原）公成《きんなり》に示し遣わした。「すぐに宣下するように」ということだ。宣旨《せんじ》書の草案《そうあん》を、先ず持って来た。見終わって、返給した。召使《めしつかい》が申して云ったことには、「明日、左大臣（藤原顕光《あきみつ》）が定め申されなければならない事が有ります。参入されますように」ということだ。障りを称して、参らなかった。

七日、己未。　春日祭に奉幣

春日祭《かすがのまつり》に奉幣《ほうべい》を行なった。春日祭使《かすがさいし》右中将《うちゅうじょう》公成は、閑院《かんいん》から出立《しゅったつ》した。右近将曹正方を介して、摺《すり》袴《ばかま》〈三重袴《みえばかま》。〉を遣わした。

九日、辛酉。　資平、穢によって梅宮祭上卿を辞す／春日祭使還饗には参る

早朝、宰相が来て、すぐに退去した。伝え送って云ったことには、「召使が云ったことには、『今日、梅宮祭《うめのみやのまつり》が行なわれます。丙穢《へいえ》とはいっても、参って上卿《しょうけい》を勤めてください』ということです。『これは摂政《せっしょう》（藤原頼通《よりみち》）の仰せによって、外記《げき》（中原）長国《ながくに》が伝えたものです』ということでした。昨日、外記長国は、召使を介して、着し行なうよう申させました。そして、身は丙穢であるとはいっても、やはり参って上卿を勤めるよう、今日、重ねて仰せを伝えることが有りました。これを如何しましょう。事は矯詐《きょうさ》ではありません。春日祭に奉幣する事は、穢によって止めました」ということだ。摂政殿に参って申させるよう、報答しておいた。晩方、来て云ったことには、「今朝、摂政殿に参り、事情を申させて、障りを免じられました。おっしゃられて云ったことには、『「病悩が有って参入しない」ということであった。そこで重ねて命じさせたところである』ということでした。祭使の還饗所《かえりあるじしょ》は、丙穢によって向かうことができないということについて、右衛門督《えもんのかみ》(藤原実成《さねなり》)に書状を送ったところ、報じて云ったことには、『今日だけは、丙穢を忌んではならない。やはり来訪するように』ということでした。そこで饗所《きょうしょ》に罷り向かいました」ということだ。

十日、壬戌。　春日祭使還饗

宰相が来て云ったことには、「去る夕方、祭使の還饗所に向かいました。主人相府《しゅじんしょうふ》(藤原公季《きんすえ》)が、出居《でい》を行ないました。最初の盞《かわらけ》は、主人が受けて、一座の番長(民《たみの》)利延《としのぶ》を召して給いました。頗る便宜《びんぎ》の無いことでした」ということだ。前例を調べなければならない。また、現在は便宜に随って処置しなければならない事である。「会合した卿相《けいしょう》は、左衛門督《さえもんのかみ》(藤原)頼宗《よりむね》・中宮権大夫《ちゅうぐうごんのだいぶ》(藤原)能信《よしのぶ》・右衛門督実成・左兵衛督《さひょうえのかみ》(源)頼定《よりさだ》・侍従《じじゅう》私(資平)でした。能信は祭使の姻戚《いんせき》、実成は父です」と。召使が云ったことには、「外記(高橋)国儀《くにのり》が申させて云ったことには、『明日、左相府《さしょうふ》(顕光)が定め申されなければならない事が有ります。参入されますように』ということです」と。山階寺《やましなでら》(興福寺《こうふくじ》)の物忌《ものいみ》によって参入することができない。

十一日、癸亥。　顕光不参により、陣定停止／頼宗、検非違使別当を辞す意向

宰相が来た。また夜に入って、来て云ったことには、「今日、左府（顕光）は参られませんでした。そこで陣定《じんのさだめ》は行なわれませんでした。あれこれは、奇怪に思いました。左衛門督が、今月の内に検非違《けびい》使別当《しべっとう》を辞すようです」ということだ。

十二日、甲子。　内裏大垣修築について指示

権左中弁《ごんのさちゅうべん》（藤原）重尹《しげただ》が来て云ったことには、「何日か、病悩が有って、職務に従いませんでした。今日、初めて内裏に参ります。備後《びんご》国司《こくし》が申請した造大垣《ぞうおおがき》の料物《りょうもつ》の文書《もんじょ》は、今日、摂政に覧せることにします。また、伊予《いよ》・土佐《とさ》国は、今も築垣《ついがき》を始めていません」と。督促するよう命じておいた。

十三日、乙丑。　亡母遠忌法事／公任・頼任の五節舞姫装束を送る

今日は先妣《せんぴ》（実資母、藤原尹文女《まさふみのむすめ》）の遠忌《おんき》である。諷誦《ふじゅ》を道澄寺《どうちょうじ》で修した。自ら斎食《さいじき》することができなかった。そこで増暹《ぞうせん》に斎食させた。僧の食膳料を、二、三の僧（念賢《ねんけん》・運好《うんこう》・得命《とくみょう》。）に施した。法華経《ほけきょう》と般若心経《はんにゃしんぎょう》を供養《くよう》した。増暹に袈裟《けさ》を施した。

四条大納言《しじょうだいなごん》（藤原公任《きんとう》）の五節《ごせち》の舞姫《まいひめ》の装束《しょうぞく》を送り奉った。赤色の唐衣《からぎぬ》・蘇芳《すおう》の織物《おりもの》の掛《うちき》・地摺《じずり》の綾の裳《も》・三重袴である。打綾《うちあや》の掛の綾を、あの御書状によって、前日に奉った。また、舞姫の為の車を奉った。車副《くるまぞい》は、褐衣《かちえ》と冠を着した。また（藤原）頼任《よりとう》の舞姫についても、同じであった。車副を遣わしたことも同じであった。

十四日、丙寅。　念誦堂・廊・渡殿の礎石を据える／殿上垸飯／上賀茂社解文

午剋、南山《なんざん》の念誦堂《ねんじゅどう》および廊・渡殿《わたどの》の礎《そ》石《せき》を据えた。（常道《つねみち》）茂安宿禰《しげやすすくね》が、あらかじめその距離を計り定めて退去した。長《おさ》の茂正《しげまさ》が専ら行なった。これより先に、小女（藤原千古《ちふる》）と同車して、宰相の宅〈北隣。〉に移った。犯土《ぼんど》を避ける為である。黄昏、帰った。早朝、宰相が束帯《そくたい》を着して来て云ったことには、「源納言（経房《つねふさ》）が、頻りに内裏に参るよう語っています。殿上間《てんじょうのま》に於いて、食物を準備しています。これは頭左中弁経通が準備したものです」と云うことだ。宰相が、申剋の頃、内裏から退出して云ったことには、「源中納言《げんちゅうなごん》（経房）は、殿上間にいて、食事を供しました。右三位中将《うさんみちゅうじょう》（藤原兼《かね》経《つね》）が参入しました。垸飯《おうばん》は、はなはだ豊贍《ほうせん》でした。大宮《おおみや》（藤原彰子《あきこ》）と中宮《ちゅうぐう》（藤原威子《たけこ》）が、菓子を献じました〈折櫃《おりびつ》に納めました。彩色《さいしき》してありました。〉」と云うことだ。左少弁《さしょうべん》（源）経頼《つねより》が、賀茂上社《かものかみのやしろ》の解文《げぶみ》を持って来た。これは横尾《よこお》と八瀬《やせ》の田畠についてである。能く調べるよう命じた。弁が云ったことには、「史生《ししょう》を遣わして、社司《しゃし》および国司（源経頼《つねより》）と一緒に巡検《じゅんけん》して、注申《ちゅうしん》させるのは如何でしょうか」ということだ。申請によった。

十五日、丁卯。　新嘗祭

今夜、後一条《ごいちじょう》天皇は中和院《ちゅうかいん》に御出《ぎょしゅつ》しなかった。

十六日、戊辰〈この日の記は、節会部《せちえぶ》にある。〉。　**豊明節会／頼宗、検非違使別当辞任の理由を語る**

申剋の頃、内裏に参った。宰相が従った。陣頭に人はいなかった。左大将《さだいしょう》〈（藤原）教通《のりみち》。〉と左衛門督

〈頼宗。〉は、摂籙《せつろく》(頼通)の御直廬《じきろ》にいた。日が漸く暮れに臨んで、卿相が参入した。蔵人頭《くろうどのとう》左中弁経通が仰せを伝えて云ったことには、「内弁《ないべん》を奉仕するように」ということだ。私は南座《なんざ》に着し、大外記《だいげき》(小野)文義朝臣《ふみよしあそん》を召して、所司《しょし》が揃っているかどうか、小忌《おみ》が参っているかどうかを問うた。申して云ったことには、「所司が参入しました。小忌の少納言《しょうなごん》は参入しましたが、上卿と宰相が、未だ参っていません」と。遣わし催すよう命じた。この頃、式部省《しきぶしょう》が標《しめ》を立てた。外記長国が申して云ったことには、「外任《げにん》の奏があります」と。進上するよう命じた。すぐにこれを進上した。左中弁を介して奏上させた〈摂政に覧せるのか。〉。返給し、列に伺候するよう命じられた。外記に下給し、勅語《ちょくご》を伝えた。黄昏に臨んで、陣を引いた。諸卿は外弁《げべん》に出た〈大納言《だいなごん》公任、中納言《ちゅうなごん》教通・頼宗・経房・能信[小忌。]、参議《さんぎ》(藤原)兼隆《かねたか》・(源)道方《みちかた》[小忌。]・頼定・(藤原)通任《みちとう》・(藤原)朝経《あさつね》、右三位中将兼経、参議資平。〉。大歌別当《おおうたのべっとう》の中《ちゅう》宮大夫《ぐうだいぶ》藤原朝臣〈斉信《ただのぶ》。〉が、参っていなかった。皇太后宮権大夫《こうたいごうぐうごんのだいぶ》源朝臣〈経房。〉を代官《だいかん》とするよう、経通を介して奏聞《そうもん》させた。おっしゃって云ったことには、「申請によれ」と〈あらかじめ経房卿に指示しておいた。〉。秉燭《へいしょく》の後、宜陽殿《ぎようでん》に着す為に、壇上から南行した。ところが兀子《ごつし》は、額《がく》の間《ま》の廂《ひさし》の内に立っていた。驚いて退帰した。装束司《しょうぞくし》を召させたところ、史《し》(但波《たんばの》)奉親《ともちか》朝臣が伺候していないということを申した。左中弁経通を呼んで、事情を伝えたところ、驚きながら進み見て、云ったことには、「額の南の間に改めて立てておきました〈柱行に立てた。〉」ということだ。私は兀子に着した。左仗《さじょう》の官人たちが云ったことには、「内侍《ないし》が檻《かん》に臨んで、早く退帰してしまいました。本来ならば兀子に着すのを見て、檻に臨まなければならないものです」と。私は座を起って称唯《いしょう》し、北行して軒廊《こんろう》の東第二間を出て、左仗の南頭《みなみのほとり》に進んで、謝座《しゃざ》を行なった。右廻りに参上して、座に着した。摂政は御後《ごご》に伺候した。次いで承明《しょうめい》・長楽《ちょうらく》・永安《えいあん》・建礼《けんれい》門を開いた。次いで闈司《いし》が座に着した。次いで私が舎人《とねり》を召したことは二声。舎人は称唯した。小忌の少納言（藤原）基房《もとふさ》が参入し、版位《へんい》に就いた〈小忌は上首《じょうしゅ》である。〉。宣したことには、「刀禰《とね》を召せ」と。称唯して退出した。次いで諸卿が参入し〈諸大夫《しょたいふ》は一人も見えなかった。〉、標に就いた。宣したことには、「座に侍れ」と〈宣したことには、「しきい」と。〉。謝座・謝酒《しゃしゅ》を行なった。終わって、参上した。左大弁《さだいべん》道方と右大弁《うだいべん》朝経の他は、皆、五節所《ごせちどころ》に向かった。宸《しん》儀《ぎ》（後一条天皇）が入御《にゅうぎょ》した。私は警蹕《けいひつ》を称した。しばらくして、御座に復された。また警蹕を称した。上達部《かんだちめ》が五節所から帰って来て、参上した。内膳司《ないぜんし》が南庭《なんてい》から御膳を供した。殿上《てんじょう》と階下《かいか》で、座を起った。次いで粉熟《ふずく》を据えた〈先ず小忌。〉。終わって、私は天皇の意向を伺った。御箸を下した。臣下はこれに従った。次いで白酒《しろき》を供した。終わって、先ず小忌、次いで私以下。黒酒《くろき》を供した。順序は白酒と同じであった。その後、一献《こん》を供した。次いで小忌、次いで私以下。終わって、宰相を介して、国栖奏《くずのそう》を催促させた。しばらくして、奏上した。三献が終わって、大歌別当《おおうたのべっとう》代の権中納言《ごんちゅうなごん》経房が退下し、南庭を経て承明門に向かった。私は座を起って、笏《しゃく》を挿み、奏上して云ったことには、「大夫《まちきみ》たちに御酒《みき》を給おう」と。天皇の意向を得て、称唯し、座に復した。参議兼隆を召して、命じたことには、「大夫たちに御酒を給え」と。その儀は恒例のとおりであった。大歌は一節を奏さなかった。

宰相を介して、催し仰させた。長い時間が経って、舞台の南に於いて一節を奏した。私は座を起ち、奏上して云ったことには、「権中納言源朝臣を召そう」と〈その詞に云ったことには、「借《かり》の中の物申す官《つかさ》の源朝臣を召そう」と。本来ならば兼官《けんかん》を召さなければならない。ところが、宮の大夫は、はなはだ多い。四条大納言に相談して、召したものである。〉。天皇の許容を待って、称唯し、座に復した。左兵衛督頼定を召し〈その詞に云ったことには、「左の 武 舎人《つわもののとねり》の官の源朝臣」と。〉、権中納言源朝臣を召すよう命じた〈その詞は、初めと同じであった。〉。南檻に臨んで、これを召した〈御《み》酒勅使《きのちょくし》を召したのと同じであった。〉。この頃、舞姫が進み出た。私が伝えて云ったことには、「大歌別当が、未だ参上していない」と。退き入るよう命じた。すぐに退き還った。摂政も、同じくこのことをおっしゃられた。源中納言が参上した。次いで大歌の座を舞台の北に移した。内竪《ないじゅ》を召し、小忌の台盤《だいばん》を下ろさせた。内竪を介して大歌を召させようとしていた頃、仰せを待たず、先に座に着した。前例を失した。女官《にょうかん》は脂燭《しそく》を指して、南廂《みなみびさし》の柱の下に副い立った。次いで舞姫が出た。本来ならば大歌を発した後に出て、舞わなければならない。詳しく故殿《ことの》〈藤原実頼《さねより》〉の御日記に見える。舞い終わって、所司が大歌の座を撤去した。次いで小忌及び私以下が退下した。左仗の南辺りに列して、拝舞《はいぶ》した。終わって、参上した。私は帰り昇らず、陣《じん》座《のざ》に着した。陣座の前の屏幔《びょうまん》を撤去してあった。そうであってはならない。外記を召し、見参簿《けんざんぼ》を奉るよう命じた。長国が、見参簿と禄の目録を進上した〈一枚は禄の目録、二枚は見参簿。五位以上が一枚、俘囚《ふしゅう》が一枚である。〉。見終わって、返給した。内記《ないき》が宣命《せんみょう》を奉った。見終わって、返し賜わった。私は座を起ち、進んで軒廊に立った〈南向き。〉。外記は宣命と見参簿を合わせて挿み、これを進上した。笏を挟み、書杖《ふづえ》を執って、参上した。東廂《ひがしびさし》を経て、御屏風《びょうぶ》の後ろに就き、内侍に託した。笏を執って、右に廻り、柱の下に立った〈東から第三柱の下。〉。御覧が終わって、内侍に返給した。内侍は御屏風の南頭に進んだ。私は進み、笏を挟んで宣命と見参簿を受け取り、笏に取り副えて、左廻りに退下した。軒廊に於いて、杖を外記長国に賜い、宣命・見参簿・禄の目録を笏に取り副え、参上して座に着した。この頃、宸儀が入御した。私は座を起ち、警蹕を称した。内侍は、御釼《みはかし》と璽筥《じのはこ》を執った。すぐに本殿に還御《かんぎょ》した。諸卿は座に復した。右大弁藤原朝臣を召した〈その詞に云ったことには、「右の大い大ともひ藤原朝臣」と。〉。称唯し、来て立った。右手で宣命を給わり、受け終わって、座に復した。次いで修《しゅ》理大夫《り だいぶ》藤原朝臣(通任)を召し〈その詞に云ったことには、「収め作る官の藤原朝臣」と。〉、見参簿と禄の目録を下給した。退下して、禄所《ろくしょ》に到った。小忌及び僕(実資)以下は、仗頭《じょうとう》に列し定まった。宣命使が版位に就いた。宣制《せんせい》したことは一段。群臣は再拝《さいはい》した。また宣制した。群臣は再拝し、舞踏《ぶとう》を行なった。終わって、宣命使が参上し、座に復した。小忌および諸卿が参上した。私は参上せず、直ちに退出した。心神《しんしん》が堪え難かったので、禄所に向かわなかった。宰相は従って退出し、同車して家に帰った〈子剋の頃か。〉。「公任・経房卿の五節所に於いて、卿相や侍臣《じしん》は、衣を脱いだ」と云うことだ。五節の舞姫を献じた人々は、殿上人《てんじょうびと》二人〈尾張守《おわりのかみ》(藤原)惟貞《これさだ》・丹波守《たんばのかみ》頼任。〉・大納言公任・中納言経房である。

左衛門督頼宗卿が云ったことには、「来月九日、検非違使別当を辞す表を上呈することにしました。

庁事は極めて便宜のないものです。どうしようもありません」ということだ。「別当の他に、自由にされる意向が有ります。巨細《こさい》の事は、全て執行することができません。検非違使《けびいし》の官人たちの心は清《せい》直《ちょく》ではありません」ということだ。様子を見させたところ、入道殿《にゅうどうどの》（藤原道長《みちなが》）の仰せによって、官人たちは意に任せて執行し、別当に伝えないのか。他の別当では、いよいよ行ない難いであろう。

十七日、己巳。　東宮鎮魂祭

宰相が来て云ったことには、「外記の催促によって、東宮の鎮魂祭《ちんこんさい》に参ります」ということだ。その作法は、日記を開いて、考えた。

二十一日、癸酉。　賀茂臨時祭に参入せず

今日、臨時祭《りんじさい》が行なわれた。物忌であったので、参入しなかった。そのことを、宰相に託して披露《ひろう》させた。また、頭左中弁経通の許に示し遣わした。

二十二日、甲戌。　頼通、賀茂臨時祭見物・饗饌／長家従者、実資随身を打擲せんとす

宰相が来て云ったことには、「昨日、摂政が見物されました。寅剋、御神楽《かぐら》が終わりました。祭使が未だ帰り参らない頃、摂政の御直廬に饗饌《きょうせん》を準備されました。近江守《おうみのかみ》経頼が用意したものです」と云うことだ。

「昨日、随身（紀）元武《もとたけ》は、蔵人《くろうど》（平）範国《のりくに》の供になっていました。ところが、右中将（藤原）長家《ながいえ》の従者が、群をなして打擲《ちょうちゃく》しようとしました。ところが、左近府生《さこんのふしょう》（秦《はたの》）延命《のぶなが》が救って、陵轢《りょうれき》させませんでした」

と云うことだ。奇怪な事である。末代《まつだい》の事は、何としよう、何としよう。上下の礼法《らいほう》は、もはや滅尽《めつじん》した。ああ。

二十三日、乙亥。　内裏大垣修築についての報告／勘宣旨／公任、男定頼の参議申請について相談／隆家の辞書を返却

「今日、左府が定められなければならない事が有ります。参入されますように」ということだ。障りを称して、参らなかった。権左中弁が来て、大垣修築について言った。「長門《ながと》国は、五段を修築するということを申請しました。そうであってはならないということを命じました。土佐国については、弁知《べんち》する者はいません」と云うことだ。使部《しぶ》の申文《もうしぶみ》を進上させた。見終わって、摂政に覧せるよう、弁に伝えておいた。「他の国々は、或いは勤築を致し、或いは築き始めたとはいっても、はなはだ微弱であって、その期が無いようなものです」ということだ。特に督促するよう命じた。右少弁〈藤原〉資業《すけなり》が、勘宣旨《かんせんじ》を持って来た。見終わって、覆奏《ふくそう》させた。

四条大納言が伝え送って云ったことには、「『公卿召《くぎょうめし》が行なわれる』と云うことだ。右中弁《うちゅうべん》〈藤原〉定頼《さだより》〈蔵人頭。〉に、宰相を申請させようと思っている。これを如何しようか。『明後日、入道殿に参って申請することになった』ということだ。思慮して、伝え送ってくだされ」と。報じて云ったことには、「弁官の転任《てんにん》は、その時期は無い。ただ早く昇進することは、はなはだ佳《よ》い事である。もし天運《てんうん》が有って、そうなる時に会えば、次々の事は停滞が無いであろう」と。大納言が云ったことには、「今となっては、天授《てんじゅ》と申さなければならない。取られないのならば、かえって恐れなければならない」ということだ。左中弁経通は、蔵人頭の上臈《じょうろう》である。もし彼が望まないのならば、申請すべきであろうか。この頃は、その意味がわからない。帥《そち》（藤原隆家《たかいえ》）の辞退の書は、先日、返された。「明年は得替《とくたい》である。歳暮《せいぼ》の辞退は、そうであってはならない」ということだ。

二十四日、丙子。　公卿分配／不堪佃田定、停止

宰相が伝え送って云ったことには、「昨日、左府、中納言（藤原）行成《ゆきなり》・頼宗・経房、参議道方〈左大弁。〉が参入しました。先ず公卿分配《くぎょうぶんぱい》について定められました。次いで不《ふ》堪佃田《かんでんでん》について定められようとしたのですが、頼宗・経房卿は、母后《ははきさき》（彰子）の御在所《ございしょ》に参るということを称し、座を起って退去しました。数剋の後、経房は帰って来ました。頼宗卿は、遂に帰り参りませんでした。上達部の数が少なく、夜は深夜に及びました。そこで停止《ちょうじ》となりました。相府《しょうふ》（顕光）が云ったことには、『このような議定《ぎじょう》は、高貴な人が上卿を勤められる時は、上達部が多く預かり参られる。まったく方策の無い頃である』ということでした。左大弁が云ったことには、『執政《しっせい》の人が勤める他は、近来、事が極めて行なわれ難いのです』ということでした」と。外記国儀が、昨日の分配の文書を持って来た。

二十五日、丁丑。　豊明節会の禄代の絹

公卿分配の文書を、大外記文義朝臣が、使を遣わして進上した。大蔵史生《おおくらのししょう》某丸《なにがしまる》が、豊明節会《とよのあかりのせちえ》の禄を進上した〈絹二疋と簾革《すだれがわ》三枚。〉。節禄《せちろく》の絁《あしぎぬ》に准じたのか。申して云ったことには、「大蔵卿《おおくらきょう》(朝経)が定めたものです」ということだ。解文は、ただ絹二疋と大革三枚を記していた。伝えて云ったことには、「手禄は如何か」と。申して云ったことには、「只今、奉ることにします」ということだ。率分《りつぶん》の絹である。今になっても奉っていない。はなはだ便宜のない事である。しばらくして、持って来た。

二十六日、戊寅。　定頼の参議申請について道長・頼通の意向／頼通家読経／不堪佃田・諸国申請雑事定／公任、頼通家読経のみに参入

召使が申して云ったことには、「今日、左相府が定められなければならない事が有ります。参入されますように」ということだ。障りを称して、参らなかった。右中弁定頼の参議について、大納言の御許に申し達した。報じて云ったことには、「両殿(道長・頼通)に申したところ、意向は頗る宜しかった」ということだ。

左中弁経通が伝え送って云ったことには、「明後日、直物《なおしもの》が行なわれます」ということだ。宰相が来た。しばらくして、退去した。夜に入って、来て云ったことには、「摂政の御読経《みどきょう》に参りました。その後、内裏に参ります。左府が、不堪佃田および諸国の事を定められました。大納言公任卿は、摂政殿から退出されました。『そうであってはならない事である』と云うことでした。病悩を称しました」ということだ。

二十七日、己卯。　美作国についての議定の上卿／道綱、元の番長随身の還補を申請

蔵人右少弁資業が、宣旨《せんじ》を持って来た。前日、覆奏した文書である。「この中で、美作国《みまさか》について、定め申してください」ということだ。継がせなければならない文書が有った。そのことを命じた。皇太后宮大夫《こうたいごうぐうだいぶ》〈(藤原)道綱《みちつな》。〉が、保季王《やすすえ》を遣わして、日下部有信《くさかべのありのぶ》について伝え送られた。「長年、外国《げこく》に住んで、出仕せず、番長の職を解却《げきやく》されたのだが、本職に還り復したいという事である。大将であった時の番長随身である。旧意《きゅうい》を変えず、特に恩顧しようと思う」ということだ。頗る許容するという趣旨を報じた。左中弁経通が来て、昇進の事について談った。

二十八日、庚辰。　直物の日時／和暖

今日、直物が行なわれるということは、左中弁が一昨日、談ったところである。ところがその後、資業が云ったことには、「未だ公卿給《くぎょうきゅう》を下されていません」ということだ。蔵人の人が、その説はあれこれである。今朝、重ねて左中弁に問い遣わしたところ、報じて云ったことには、「来月十一日以後です」ということだ。資業の説に合っている。

天が晴れ、和暖《わだん》は春のようである。「明年は恐れなければならない」と云うことだ。

二十九日、辛巳。　行願寺百日講に参る／内裏大垣修築を期限内に完了する申文

密々に小女と一緒に行願寺《ぎょうがんじ》に向かった。結縁《けちえん》の為である。車が多く立ち固め、所を得ることができなかった。遙拝《ようはい》して、退帰した。「これは百箇日の講演《こうえん》である。来月一日に結願《けちがん》する」と云うことだ。

権左中弁重尹が、国々の築垣を期日以前に修造し終わるという申文を持って来た。或いは雑掌《ざっしょう》、或いは夫の掌領《しょうりょう》の中文である。行事《ぎょうじ》の人の中文を取って進上しなかった。重尹が云ったことには、「行事の者が執ったものは、進上しません」ということだ。但し、伊予と土佐は、未だ修築し始めていない。特に土佐は、承知している者がいないのである。

三十日、壬午。　道長、仁和寺布薩詣／経通、任左大弁を道長に申請／俊賢、致仕

宰相が来て云ったことには、「只今、入道殿は仁和寺《にんなじ》に参られます。御供に供奉《くぶ》することになりました」と。或いは云ったことには、「布薩《ふさつ》です」と云うことだ。

黄昏に臨んで、頭弁《とうのべん》経通が来て云ったことには、「入道殿の御供に供奉しました。只今、帰られました。私(経通)は途中から罷り帰りました」と。また、望んでいた事を談ったところ、「左大弁については、頗る宜しい」と云うことだ。もし成就すれば、叶うのか。大宮・北方《きたのかた》(源倫子《ともこ》)・摂政には申させたが、未だ入道殿には申していない。北方と摂政は、自ら申したであろう。夜に入って、宰相が来て云ったことには、「殿(道長)の御供に仁和寺に供奉しました。布薩が行なわれました。饗饌の豊贍であったことは、敢えて云うことができません。入道殿は、錫杖《しゃくじょう》・念珠《ねんじゅ》・馬を大僧正《だいそうじょう》(済信《さいしん》)に志されました。今日、摂政、前大納言《さきのだいなごん》(源)俊賢《としかた》、中納言行成・教通・頼宗・経房・能信・実成、参議兼隆・道方・通任・朝経・資平が供奉しました。また、僧綱《そうごう》たちが従いました」と。前大納言俊賢は、致仕《ちし》となった。これは官符《かんぷ》で云った。これは侍従中納言《じじゅうちゅうなごん》行成卿が談ったものである。

○十二月

一日、癸未。　石塔造立供養／新造寝殿移徙定／仁和寺仏名会

石塔供養《せきとうくよう》は、通例のとおりであった。

宰相（藤原資平《すけひら》）が来て、二十日の移徙《わたまし》について定めた。新宅《しんたく》の作法を省略する。「宰相は、入道宮《にゅうどうのみや》（性信《しょうしん》）の仰せによって、仁和寺《にんなじ》の仏名会《ぶつみょうえ》に参った」と云うことだ。

二日、甲申。

黄昏、宰相が来て云ったことには、「昨夜の仁和寺南御室《みなみおむろ》の仏名会は、今年は入道宮が行なわれました。左大弁《さだいべん》〈（源）道方《みちかた》。〉・修理大夫《しゅりだいぶ》（藤原）通任《みちとう》・右大弁《うだいべん》〈（藤原）朝経《あさつね》。〉が参会しました」と。

三日、乙酉。　道長と謁談

入道殿《にゅうどうどの》（藤原道長《みちなが》）に参った。すぐに奉謁《ほうえつ》した。長い時間、清談《せいだん》を行なった。四条大納言《しじょうだいなごん》（藤原公任《きんとう》）が参会した。日暮、退出した。左衛門督《さえもんのかみ》〈（藤原）頼宗《よりむね》。〉・皇太后宮権大夫《こうたいごうぐうごんのだいぶ》〈（源）経房《つねふさ》。〉・二位宰相《にいさいしょう》〈（藤原）兼隆《かねたか》。〉が参入した。ただ私と四条大納言には談説が有った。今日、宰相は私の車後《くるまじり》に乗った。

四日、丙戌。　明日の陣定の参不／俊賢の停任官符／小塔を念誦堂に迎える方角／道長、丈六仏阿弥陀仏九体を造顕

大外記《だいげき》（小野）文義朝臣《ふみよしあそん》が来た。前に呼んだ。申して云ったことには、「明日、左右大臣（藤原顕光《あきみつ》・藤原公季《きんすえ》）、皇太后宮大夫《こうたいごうぐうだいぶ》（藤原道綱《みちつな》）・中宮大夫《ちゅうぐうだいぶ》（藤原斉信《ただのぶ》）、左衛門督、左兵衛督《さひょうえのかみ》（源頼定《よりさだ》）・右兵衛督《うひょうえのかみ》（藤原公《きん》信《のぶ》)・修理大夫は、参られることができません。他は参られます」ということだ。「明日、定め申さなければならない事が有るので、催促させるところです。左兵衛督が云ったことには、『近頃、頻りに束帯《そくたい》を着す。心神《しんしん》ははなはだ悩《や》んで、熱気が発動《はつどう》している。明日は参ることができない』ということでした」と。文義が云ったことには、「源大納言《げんだいなごん》(俊賢《としかた》)の停任官符《ちょうにんかんぷ》に云ったことには、『致仕《ちし》した』ということでした。また、云ったことには、『御斎会《ごさいえ》の加供《かぐ》および荷前使《のさきのつかい》の当日の欠役《けつやく》を奉仕することにします』ということでした」と。俊賢卿は大納言《だいなごん》を辞退した。ところが、官符に致仕と有るというのは、朝恩《ちょうおん》が有ったのである。年齢は未だ致仕の年に及んでいない。後々の人は例とするであろうか。(安倍)吉平《よしひら》が来て、雑事を談った。「行願寺《ぎょうがんじ》に於いて、小塔を建造させている。その功は未だ終わっていない。明年、念誦堂《ねんじゅどう》に迎え奉ることにしている。行願寺から南方に当たるであろう。明春から、南方は大将軍《たいしょうぐん》の方角である。もし安置し奉ったならば、忌まなければならないのか否か」と。吉平が云ったことには、「自分の住処から大将軍の方角を忌まなければなりません。塔を移し奉る方角は、まったく忌まなくてもよいのです。ただ自分の住居から南方を忌まなければなりません」ということだ。また、云ったことには、「入道殿は丈六《じょうろく》の阿弥陀仏《あみだぶつ》九体を造顕《ぞうけん》し奉りました。しばらく小南第《こみなみてい》に安置し、明年三月に新造の堂に安置されることになりました。小南第から東北東の間は、これは王相《おうそう》方《かた》です。ところが、忌まれなくてもよいということを申しておきました。但し、御自身は今月の晦日《つごもり》ごろ、二条殿《にじょうどの》に移られます。新造の御堂《みどう》を吉方《えほう》に充てます。仏忌《ぶつき》は無いからです。ただ自分の忌みが有るであろうからです」ということだ。

五日、丁亥。　頼通に資頼の給官を申請／公任、三井寺に慶祚を見舞う／教通、慶祚の極楽往生の夢想

午剋の頃、内裏に参った。先ず摂政《せっしょう》(藤原頼通《よりみち》)の御直廬《じきろ》に参った。すぐに奏謁した。数剋、清談した。(藤原)資頼《すけより》の給官《きゅうかん》について申請した。頗る和気《わき》が有った。時剋は推移し、卿相《けいしょう》が参入した。私は陣座《じんのざ》に向かった。諸卿が従った。美作《みまさか》の白米について定め申した。左大弁が執筆《しゅひつ》を行なった。秉燭《へいしょく》の頃、退出した。定文《さだめぶみ》は紙背《しはい》に記す。大納言(公任)が云ったことには、「昨日、三井寺《みいでら》に向かった。慶祚阿《きょうそあ》闍梨《じゃり》の病を見舞う為、無理に逢った。危急《ききゅう》の人ではなかった。ところが、あの阿闍梨が云ったことには、『今日を過ぎるのは難しいでしょう』ということだ。一談の後、すぐに帰退した。左大将《さだいしょう》(藤原教通《のりみち》)が云ったことには、『今朝、慶祚阿闍梨が極楽《ごくらく》に参る想を夢に見ました。「子の日に入滅《にゅうめつ》することになる」ということでした。明日でしょうか。その夢の様子は、極めて貴いものでした。大体、色々な雲の内に、天人《てんにん》が音唱《おんしょう》していました。空中に船が有りました。船中に棺を載せていました。これは、慶祚阿闍梨を極楽に迎えるものです』と云うことであった」と。

美作国司《こくし》が申請した、宣旨《せんじ》を所司《しょし》に下され、且つは正税《しょうぜい》の用残《ようざん》を勘申《かんじん》させ、且つは代々の例に任せて、主税寮《しゅぜいりょう》が勘発《かんぽつ》した白米千百石を裁免《さいめん》する事。

右大将《うだいしょう》藤原朝臣(実資)・権大納言《ごんだいなごん》藤原朝臣(公任)、権中納言《ごんちゅうなごん》藤原朝臣(行成《ゆきなり》)・左大将藤原朝臣・皇

太后宮権大夫源朝臣・中宮権大夫《ちゅうぐうごんのだいぶ》藤原朝臣（能信《よしのぶ》）、左大弁源朝臣・右大弁藤原朝臣・資平朝臣が、定め申して云ったことには、「この白米千百石は、国司が言上《ごんじょう》したとおりならば、数代の裁免は、すでに流例《りゅうれい》となっている。ところが主税寮が勘発し、『租《そ》穀《こく》を正税に混合し、春進《しょうしん》するように』ということだ。頗るその道理が無いようなものである。正税の用残は無い。どうして租穀をたやすく利春《りしょう》の類に充てることができようか。また、同寮は、前々司《ぜんぜんじ》（紀）文利《ふみとし》の任中に春進したということを勘顕《かんけん》した。ところが何とかして日収《にっしゅう》を請ける事は、勘解由《かげゆ》勘文《かんもん》に見える。（源）国盛《くにもり》以後は、裁許《さいきょ》を蒙《こうむ》って、塡進《てんしん》していない。そうであるからつまり、前例に背いている。当任（源則理《のりまさ》）が済進《さいしん》することは難しいのではないか」と。

六日、戊子。　定文の清書／資頼の給官についての頼通の言葉

去る夕方、定文を清書《せいしょ》しなかった。今日、持って来るのか。大雪の間、大弁が来向するのは、煩いが有るであろう。そこで書状を送った。やはり持って来るという書状が有った。もしかしたら恐縮の詞か。ところがその後、使を遣わして送ってきた。この定文の末の詞は、改め直さなければならない事が有った。四条大納言が、このことを伝えた。今日、奏上させなかった。（藤原）資業《すけなり》朝臣が来た。ところが、奏を託さなかった。資業が云ったことには、「一昨日の夕方、摂政が心閑《しず》かに雑事を談られた次いでに、資頼の事を申しました。おっしゃって云ったことには、『上臈《じょうろう》の上達部《かんだちめ》（実資）が申請したところは、やはり準備しなければならないのである』ということでした」と。

七日、己丑。　藤原経通妻、男子出産／小一条院王子、誕生

「昨日、左中弁《さちゅうべん》〈(藤原)経通《つねみち》。〉の妻にお産があった〈男。〉」と云うことだ。書状を遣わした。事はすでに事実であった。或いは云ったことには、「昨夜、院(小一条院《こいちじょういん》)の御息所《みやすどころ》(藤原寛子《ひろこ》)にお産があった〈男。〉」と。

八日、庚寅。　念誦堂上棟／美作の定文を奏上／工人に禄を下賜

卯剋、念誦堂を立てた〈南山《なんざん》。前日、土を曳いた際、礎石《そせき》や瓦が顕露《けんろ》した。諸人は感動した。〉。午剋、梁《はり》を上げた。今日の午剋、寝殿《しんでん》に於いて五口《く》の僧〈文算《ぶんさん》阿闍梨・叡義《えいぎ》・増暹《ぞうせん》・念賢《ねんけん》・運好《うんこう》。〉を招請し、一日二回、仁王経《にんのうきょう》を転読《てんどく》した。来たる二十一日に寝殿に移ることになっているので、修したものである。

美作の定文を蔵人右少弁《くろうどうしょうべん》資業に託した。

大工《だいく》(常道《つねみちの》)茂安宿禰《しげやすすくね》が来て、堂の事を行なった。絹二疋〈一疋は長い。〉と綿を下給した。また、工部《たくみべ》たちに禄〈長《おさ》の茂正《しげまさ》に一疋、別に手作布《たづくりのぬの》、各一端《たん》。〉を下給した。また、工夫《こうふ》たちに用紙《ようし》を下給した。

九日、辛卯。　財産分与を定む／小野宮・荘園・牧・厩等を千古に相続させる／官文書・日記等は追って千古所生の男子に相続させる／幾分かを良円・資平に相続させる

小野宮《おののみや》および荘園《しょうえん》・牧《まき》・厩《うまや》、及び男女・財物・すべて家中の雑物・繊芥《せんかい》を、遺さず女子(藤原)千古《ちふる》に充てて給うこととした。文書《もんじょ》に記して、預け給わった。道俗の子たちは、一切、口入《こうじゅ》してはならないということを、処分の文書に記した。官文書《かんもんじょ》・累代《るいだい》の要書《ようしょ》・御日記については、追って定めることとする。女子がもし男子を産んだならば、彼に与える為、しばらく充て定めないだけである。この荘園などの他に、一、二箇処が有る。内供《ないぐ》良円《りようえん》および宰相に均分することとする。但し尾張《おわり》国浅野荘《あさののしよう》は宰相に充てることとする。また、山城《やましろ》国神足園《こうたりのその》・尾張□□部・近江《おうみ》上高岸下荘《かみたかぎししものしよう》・但馬《たじま》黒河園《くろかわのその》は内供良円に充てることとする。近江鶴見厩《つるみのうまや》が出す榑《くれ》千寸は、三井寺の堂を造作している間は、あの寺に充てる。状況に随って、施入することとする。未だ決定していない。

左少弁《さしようべん》(源)経頼《つねより》が、横尾《よこお》と八瀬《やせ》の田を実検《じつけん》した文書を持って来た。すぐに入道殿に覧せるよう伝えた。

十日、壬辰。　美作の定文を宣下

蔵人右少弁資業が、美作の白米の定文、および主税寮・勘解由使《かげゆし》・国司の勘文《かんもん》を持って来た。綸旨《りんじ》を伝えて云ったことには、「上達部が定めたことによって、代々の例に任せて、填進してはならない」ということだ。すぐに宣下した。

十一日、癸巳。　神今食／上賀茂社の愁訴につき実検の結果により、道長、裁断

「神今食《じんごんじき》が行なわれた。後一条《ごいちじよう》天皇は中和院《ちゆうかいん》に御出《ぎよしゆつ》しなかった」と云うことだ。

左少弁経頼が、入道殿の仰せを伝えて云ったことには、「横尾・八瀬の田畠を実検した文書を見終わった。『観音院《かんのんいん》と月林寺《がつりんじ》の田畠は、或いは大門の内にあり、或いは大門の辺りにある。長年、耕作してきて、寺領《じりよう》としている。誠に官省符《かんしようふ》は無いとはいっても、国司は官物《かんもつ》を勘納《かんのう》していない。また、禅院《ぜんいん》の燈分稲《とうぶんとう》の料田《りようでん》は、特に指定した坪は無い。あの院が申請したことに随って、その田の官物を給わってきた。年序《ねんじょ》は多く積んだ』と云うことだ。これらの田の数は、幾《いくば》くもない。寺領とすべきである。また、八瀬・横尾の郷内は、元来、官物を弁済《べんさい》する田は、神領《じんりょう》とするように」ということだ。そのことを、同じ弁に伝えておいた。

十二日、甲午。　新造寝殿の中戸を立つ／小一条院王子、七夜産養／敦康親王周忌法事／頼通上表の勅答に関する議論

巳剋、寝殿の中戸を立てた。

黄昏、宰相が来て云ったことには、「今日、院の御息所の御産養《うぶやしない》の七夜です。そこで参入します」と〈後に聞いたことには、「院は侍所《さむらいどころ》に出御《しゅつぎょ》しました。いささか管絃《かんげん》が行なわれました。卿相は纏頭《てんとう》を行ないました。左大将以下、四、五人が伺候しました」と云うことだ。〉。

「今日、故式部卿宮《しきぶきょうのみや》（敦康《あつやす》親王）の周忌《しゅうき》法事を、法性寺《ほっしょうじ》に於いて修された」と云うことだ。「大納言（公任）が、美作の白米について伝えられた。また、（菅野）実国《さねくに》が申したところが有った」と云うことだ。はなはだ拠るところが無い。また、云ったことには、「前日の摂政の御辞表《じひょう》の勅答《ちょくとう》は、大内記《だいないき》（藤原）義忠《よしただ》が作成した。大納言斉信が上卿《しょうけい》を勤めた。勅答は、殷《いん》の傅説《ふえつ》について記していた。数日を経て、斉信は文章博士《もんじょうはかせ》（慶滋《よししげの》）為政《ためまさ》を招き、傅説については記してはならないということを伝えた。『自分（斉信）は、あの日の上卿であるのに、また謗難《ぼうなん》を起こすのは、如何なものか』ということだ。『これは、或る儒者《じゅしゃ》が、斉信卿に伝えた』と云うことだ。大納言（公任）が云ったことには、『まったく難点とす

べきではないのである』ということだ。未だあの辞表を見ていない。あれこれ、述べ難い。また、大納言が云ったことには、『元の辞表に、許由《きょゆう》と傅説について記していた。勅答は、あの許由の事を引いて作成して云ったことには、「公（頼通）は、たとえ許由の行なったことを慕うとはいっても、朕（後一条天皇）は殷の高宗《こうそう》の儀を遂げようと思う」と云うことだ。元の辞表を取り返して、これを作成するのが、難点の無い事である。傅説は摂政についてではない。ただ仕える、仕えない方を作成したのか』ということだ」と。

十三日、乙未。　経通の昇進／美作国の利春、新司、塡進すべし／伊予・土佐国司の大垣修築請文

早朝、宰相が来た。すぐに摂政殿に参った。また来た。左中弁経通が来た。昇進について語った。「未だあれこれを承っていません。何日か、産穢《さんえ》によって、蟄居《ちっきょ》していました。今日、処々に参ることにします」ということだ。主税頭実国が来た。美作国の利春について申した。前に呼び、これを問うた。「随ってまた、塡進してはならないということについて、宣旨が下りました。新司《しんじ》の時に塡進すべきでしょう」ということだ。

権左中弁《ごんのさちゅうべん》（藤原）重尹《しげただ》が、伊予《いよ》・土佐《とさ》国司の請文《うけぶみ》〈大垣《おおがき》。〉を持って来た。この両国は、今になっても勤めない。十六日は土用《どよう》である。それ以前に、国々の築垣《ついがき》は築き終えるよう、度々、仰せ下した。ところが、この二箇国は、すでにその勤めが無い。明日、勤不《きんふ》を記させるよう、弁に命じておいた。

十四日、丙申。　擬侍従・荷前使定

昨日、左大臣（顕光）が、元日擬侍従《ぎじじゅう》および荷前使を定め申した。外記《げき》（高橋）国儀《くにのり》が、擬侍従と荷前使の定文を持って来た。山階《やましな》（天智《てんじ》天皇）は下官（実資）、柏原《かしわばら》（桓武《かんむ》天皇）は大納言斉信、深草《ふかくさ》（仁明《にんみょう》天皇）は中納言《ちゅうなごん》行成、後田邑《のちのたむら》（光孝《こうこう》天皇）は権中納言頼宗、後山階《のちのやましな》（醍醐《だいご》天皇）は参議《さんぎ》頼定、宇治《うじ》（藤原穏子《やすこ》）は参議公信、中宇治《なかのうじ》（藤原安子《やすこ》）は参議通任、後宇治《のちのうじ》（藤原超子《とおこ》）は参議朝経、班幣《はんぺい》は参議道方。

十五日、丁酉。　内裏大垣修築勘不勘文／頼通、土用の修築を停む／頼宗、検非違使別当辞表を上呈／頼定、後任を望む

権左中弁重尹が、国々の造大垣勘不《ぞうおおがききんふ》勘文《かんもん》を持って来た。伊予と土佐は、未だ修築し始めていない。また、安芸は明年から築くことになっている。ところが先日、五段を築くということを申してきた。申すところは道理ではない。その後、あれこれ申してこない。そもそも、勘不勘文を摂政に覧せて、明日土用から修築すべきではないのか否かについて、同じく申させた。黄昏に臨んで来て、摂籙《せつろく》（頼通）の仰せを伝えて云ったことには、「土用以後は、犯土《ぼんど》してはならない」ということだ。「勘不勘文を留められた」ということだ。左兵衛督が来て、談った次いでに云ったことには、「上野介《こうずけのすけ》（藤原）定輔《さだすけ》の勘出文《かんしゅつもん》を下す事には、懇切《こんせつ》の意向が有った」と。明後日、下すよう伝えた。

今日、左衛門督が、検非違使別当《けびいしべっとう》を辞退する表を上呈した。左兵衛督の説である。「一度、返却されるでしょう。すぐにまた、辞すことになります」ということだ。左兵衛督は、その意向が有る。摂政の仰せを奉ったのか。

十六日、戊戌。　土用の間の移徙の禁忌

宰相が来た。しばらくして、退去した。黄昏に臨んで、また来た。夜に入って、退出した。(惟宗《これむね》)貴重《たかしげ》朝臣が云ったことには、「先日、助教《じょきょう》(清原)頼隆《よりたか》が云ったことには、『土用の間、移徙を行なうのは、如何なものでしょう』ということでした」と。驚きながら、吉平朝臣に問い遣わした。報書に云ったことには、「土用の時に移徙を忌む文は、未だ見たことがありません。但し季節の終わりには、移徙を記していません。但し、上吉《じょうきち》や次吉《じきち》、および用の妨げはありません。そこで入道殿下は、去年の六月に土御門殿《つちみかどどの》に移徙しました。旧居とはいっても、ところが皆、移徙の法を行なわれました。新所と同じです。そこで勘申しました」ということだ。土用の時に移徙を行なわない事は、往古《おうこ》から聞いたことがない。また、仁統《じんとう》師に問うたところ、「まったく聞いたことのない事です」ということだ。あれこれに問うたところ、同じくこのことを述べた。四条大納言に申し達したところ、「すべてまったく聞いたことのない事である。あの難じた者に問うべきである」ということだ。頼隆朝臣を召し遣わし、この事を問うたところ、「見えるところはありません。ただ、他の事に准じて思い、申したところです」ということだ。陰陽頭《おんみょうのかみ》(惟宗)文高《ふみたか》宿禰に問い遣わしたが、他行《たぎょう》を称して、あれこれ申さなかった。翌日、文高が勘申して云ったことには、「移徙については、土用の間は禁忌《きんき》は見えません。但し、凡そ四季の月の善悪を記していません。これを以てこれを考えると、もしかしたら忌避《きひ》すべきでしょうか。格別な本文については、未だ詳らかではありません」ということだ。

土用。

十七日、己亥。　陣中文の上卿／経通の昇進

内裏に参った。宰相は車後に乗った。中納言経房・能信、参議道方・頼定・朝経・資平が、陣座に伺候していた。左大弁道方が、中文《もうしぶみ》が有るということを伝えた。私は許諾した。座を起ち、陣の腋《わき》に向かった。しばらくして、史《し》が文書を杖に挿み、敷政門《ふせいもん》を通って、陣の床子《しょうじ》の方に向かった。私は座を起ち、南座《なんざ》に着した。次いで大弁が着した。史（宇治《うじの》）忠信《ただのぶ》が、書杖《ふづえ》を捧げ、宜陽殿《ぎようでん》の壇に据えた〈雨《う》儀《ぎ》。〉。私は目くばせした。称唯《いしょう》して、膝突《ひざつき》に着した。文書を進上した。取って見る儀は、恒例のとおりであった。先ず表紙《おもてがみ》を下給した。次いで一々、下給した〈文書は四通。上野の勘出文・明法博士《みょうぼうはかせ》甘南備《かんなびの》保資《やすすけ》が姓を大江に改める文・東寺寺主《とうじじしゅ》の解文《げぶみ》二枚。〉。史が退出した。次いで大弁が座を起った。次いで私が座を起ち、壁の後ろに出た。卿相二、三人が徘徊《はいかい》し、清談した。小雨であった。そこでしばらく、退出しなかった。左中弁経通が云ったことには、「入道殿は、未剋の頃、参入されました。今日、上達部の昇進の議が有るでしょうか。私（経通）の身上の事は、未だ事情を承っていません」ということだ。酉剋の頃、雨が止んだ。私は退出した。

十八日、庚子。　荷前使を辞退／経通の昇進、不可の報／観修に諡号を贈る／道長邸例講／俊賢の序列

召使《めしつかい》が申して云ったことには、「二十四日の荷前使〈山階。〉について、外記国儀が申させました」ということだ。国儀に参るよう命じた。すぐに参って来た。前に召し、病悩が有って勤めることができないということを伝えた。事実は、二十一日に新舎に移ることになっている。吉日《きちにち》を撰んで、内裏に参らなければならない。そこで荷前《のさき》の役を勤めることは難しいであろう。このことを伝えておいた。頭弁《とうのべん》経通が伝え送って云ったことには、「望んだところは、叶いませんでした。左大弁が昇進することができないからです。二位宰相および右中弁《うちゅうべん》(藤原)定頼《さだより》は必定です」ということだ。また、云ったことには、「今日、故大僧正観修《だいそうじょうかんしゅう》の諡号《しごう》について、行なわれますように」ということだ。宰相が来た。すぐに入道殿に参った。「通例の釈経《しゃくきょう》」と云うことだ。夜に入って、来て云ったことには、「摂政、大納言斉信、前大納言《さきのだいなごん》俊賢、大納言公任、中納言教通・頼宗・経房・能信、参議兼隆が参入しました」と云うことだ。また、云ったことには、「俊賢は致仕とするとの官符が出ました。ところが今日、元の臈次《ろうじ》に列していました」ということだ。

十九日、辛丑。　除目についての公任の書状／妍子の二条第行啓に出車を奉る／慈徳寺法華御八講、発願

大納言の御書状に云ったことには、「『納言は、左大弁は必定である』と云うことだ。二位宰相は、もしかしたら加えて任じられるであろうか。宰相は任じることはできない」と云うことだ。宰相と左中弁が来た。弁が云ったことには、「昇進については、未だ決定を承っていません。昨日、入道殿に申しましたが、あれこれの仰せはありませんでした。今夕、事情を取ることにします」と。明日、皇太《こうたい》后宮《ごうぐう》（藤原妍子《きよこ》）の行啓《ぎょうけい》〈入道の二《に》条第《じょうてい》に渡御《とぎょ》することになっている。〉に、出車《いだしぐるま》を奉るよう、主殿属《とのものさかん》（三島）久頼《ひさより》が来て伝えた。□□を答えた。

今日、慈徳寺《じとくじ》の御八講《みはっこう》。□□

二十日、壬寅。　妍子の行啓に供奉せず／山階寺物忌

召使が云ったことには、「今日、皇太后宮の行啓に供奉《ぐぶ》するよう、外記が申させました」ということだ。今日と明日は、山階寺《やましなでら》（興福寺《こうふくじ》）の物忌《ものいみ》である。そこで供奉しなかった。ただ病悩を称した。また、内々に物忌であることを伝えた。

黄昏に臨んで、宰相が来て云ったことには、「行啓に供奉する為、皇太后宮に参入します」と。

二十一日、癸卯。　御仏名会始／経通、大弁を諦め、参議を申請／甘露寺、下鴨社との紛議の解文を進上／七十二星鎮を梁上に置く／日下部有信を右近番長に還補／新造寝殿に移徙／直物／除目

宰相が来て云ったことには、「去る夕方、皇太后宮の行啓がありました〈二条第に渡御した。〉。また、内裏の御仏名始《ごぶつみょうはじめ》が行なわれました」と。左中弁経通が来て云ったことには、「宰相については放埒《ほうらつ》です。右中弁定頼は必ず任じられるでしょう」と云うことだ。「今に至っては、大弁の事を思いません。今回、拝任《はいにん》したいと思います。どうしましょうか」ということだ。私が答えて云ったことには、「心のままにせよ」と。左少弁経頼が、甘露寺《かんろじ》の解文を持って来た。これは神郷《しんごう》内の田についてである。摂政の御書状が有った。事が多く、子細を記さない。勅定《ちょくじょう》があるべきであるということを申させた〈下《しも》社司《しゃし》の申すところに道理が有る。また、三宝《さんぼう》については、罪報《ざいほう》を恐れなければならない。そこで勅定であることを申した。〉。

吉平朝臣が七十二星鎮《せいちん》を送ってきた。梁上に置かせた。今夜の子剋、寝殿に移ることになっているからである。障子の張手《はりて》の男二人に、各々疋絹《ひつけん》を下給した。日下部有信《くさかべのありのぶ》を右近番長《うこんのばんちょう》に補した。右近将曹《うこんのしょうそう》(紀)正方《まさかた》を介して、右中将《うちゅうじょう》(藤原)公成《きんなり》に示し遣わした。また、皇太后宮大夫の御許に申し達した。感悦の報が有った。あの大夫が大将であった時の随身《ずいじん》である。ところが、仕えなかった。今、更に補任《ぶにん》した。

夜に入って、左中弁が内裏から言い送って云ったことには、「車および牛を、車副《くるまぞい》一人を加えて送ってください」ということだ。すぐにこれを遣わした。参議に任じられたのか。子剋、寝殿に移った。西中門《にしちゅうもん》から入った。先ず五穀《ごこく》を散じた〈貴重朝臣が取って散じた。本来ならば下家司《しもけいし》が散じなければならない。〉。次いで主計頭《かずえのかみ》吉平が呪文《じゅもん》を読み、反閇《へんばい》を行なった。次いで黄牛《あめうし》を牽いた〈随身番長《ばんちょう》が褐衣《かちえ》を着して、これを牽いた。〉。五位二人が続松《つぎまつ》を秉《と》って南階《みなみのきざはし》の下に到り、また呪文を読んで退いた。私は直ちに昇り、廂の座に着した。この頃、物を吉平に被《かず》けた〈袷《あわせ》の細長《ほそなが》一重《かさね》と袴《はかま》一具《よろい》。(藤原)師通《もろみち》朝臣が禄を取った。〉。五果《ごか》〈生栗《なまぐり》・搗栗《かちぐり》・柏《かしわ》・干棗《ほしなつめ》・橘《たちばな》。現在の美名《びめい》の物。〉を嘗《な》めた。宰相は手長《てなが》。私が嘗めた。次いで女房《にょうぼう》が夕食を供した。今夜の鎮法《ちんほう》は、水火《すいか》童《わらわ》の法を用いなかった。すでにこれは旧舎で、またこの家に住している。移徙の処は、近々の間である。そこで省略しただけである。ただ黄牛だけを用いた。女房の衝重《ついがさね》と侍所・随身所《ずいじんどころ》の饗、所々の屯食《とんじき》があった。吉平が云ったことには、「三箇夜、燈燭《とうしょく》は減じてはなりません」ということだ。

直物《なおしもの》は、云々。

除目《じもく》

権大納言教通〈兼任。〉　権中納言兼隆　参議経通〈兼任。〉
大《だ》宰権帥《ざいのごんのそち》行成〈兼任。〉　左中弁定頼　右中弁経頼
左少弁資業　右少弁義忠〈兼任。〉　縫殿頭《ぬいどののかみ》保季《やすすえ》王
主税属《しゅぜいのさかん》大春日為賢《おおかすがのためかた》　主殿頭《とのものかみ》（藤原）貞利《さだとし》　伊勢権守《いせのごんのかみ》藤原正忠《まさただ》
左兵衛佐《さひょうえのすけ》（藤原）資房《すけふさ》
正四位下（藤原）泰通《やすみち》〈殷富《いんぷ》門を造営した功。〉
金一、羅三。

二十二日、甲辰。　**公任、経通のために定頼参議に任じられざるを伝う／任大臣についての教通の見解／頼通、明年、関白となるという観測／公季、公成の蔵人頭について道長・頼通に依頼／顕光・公季、新任挨拶の教通に会わず／経通任参議の経緯／資平、資房を連れて所々に慶賀を申す／左右大臣以下には参らせず／兵部省充文**

暁方、大納言が、左中弁が弁を去って参議を申請し、任じられた事を伝えられた。「『私（公任）の息の弁定頼は、必ず参議に任じられるであろう』ということであった。ところが、経通が急に望み申したので、定頼の事は相違したのか。貞信公《ていしんこう》（藤原忠平《ただひら》）が、摂籙を辞して関白《かんぱく》となった時、慶賀《けいが》を奏上されたか否かについて、故殿《ことの》（藤原実頼《さねより》）の御記《ぎょき》に見えるか。あの時の御日記を送ってくだされ」ということだ。使に託して送り奉ったのである。資房が左兵衛佐に任じられた事を、宰相が来て、言った。「すぐに新相公《しんしょうこう》（経通）の許に向かいました。次いで新大納言《しんだいなごん》教通の御許に参ることにします」ということだ。しばらくして、帰った。「『私（教通）が丞相《じょうしょう》に任じられるという事は、家人《けにん》が期待している様子が有ります。ところが、事実ではない事です。右将軍（実資）が先ず丞相に任じられる次いでに、吾（教通）も任じられるのでしょう』と。また、云ったことには、『摂政は、摂籙を辞退されて関白となることになりました。明年正月の叙位《じょい》と除目は、やはり宿廬《しゅくろ》に於いて行なわれるでしょう。京官除目《きょうかんじもく》については、天皇の御前に於いて行なわれるでしょう』ということでした」と。前備後守《さきのびんごのかみ》（源）政職《まさもと》が云ったことには、「一昨日〈除目。〉、早朝、右中将公成の蔵人頭《くろうどのとう》の事によって、右府が入道殿に参られました。ところが、その事を許しませんでした」と云うことだ。「去る夕方、左中将（源）朝任《あさとう》を蔵人頭に補されました。近頃、また参られました。すでに両度に及びました。諸人が感心しませんでした」と云うことだ。先日、摂籙の御直廬に参られた。そうであってはならない事である。或いは云ったことには、「今日、新大納言が左右両府（顕光・公季）に参りました。物忌を称し、戸を閉じていました」と云うことだ。新宰相《しんさいしょう》（経通）はまた、更に新しい車および雑具を貸し送ることを請うてきた。すぐに使に託して、これを送った。夜、送った車は、何箇月か乗り用いている車である。一具を志し与えた。新宰相が来た。逢っていた間、早く拝礼《はいらい》を行ない、座に引いて清談した次いでに云ったことには、「昨日、摂政に申請しました。仰せを報じて云ったことには、『汝《なれ》（経通）が申請したことについては、勿論である。ただ入道殿に申請するように』ということでした。そこで馳せ参って、事情を申したところ、すでに許容が有りました。その御書状を申し給わって、摂政の御許に持って参りました。随ってまた、任じられたのです。四条大納言が参入されました。また、定頼も準備をして参入しました。『内々に前駆《ぜんく》の準備を行なっています』ということでした。ところが急に、この事が有りました。大納言の気色は変わり、すぐに退出しました」と云うことだ。宰相が、左兵衛佐資房を随身して参って来た。随身たち〈四人。〉に疋絹を下給した。「先ず資房を率いて、入道殿に参り、内裏および宮々〈太《たい》皇太后宮《こうたいごうぐう》（藤原彰子《あきこ》）・皇太后宮・中宮《ちゅうぐう》（藤原威子《たけこ》）・東宮。〉・摂政殿に参らせるように。左右大臣および左大将・左兵衛督（頼定）の許については、劣少であるので、参らせてはならない」ということだ。細《ほそ》釵《だち》・平緒《ひらお》・笏《しゃく》を貸し与えた。「兵部省《ひょうぶしょう》の充文《あてぶみ》を持って来た」ということだ。

宰相が、菓子や魚鳥を送ってきた。新舎に移ったことによるものか。

昨日、初めて新舎に移った日に、一家に三人の慶賀が有った〈参議経通・左中弁定頼、左兵衛佐資房。〉。

今日、慶賀に来た。感悦は極まり無かった。この所は、旧基《きゅうき》を改めず、今、新たに造営したものである。先祖の正寝《せいしん》の所は、数年を経て、昨日、移徙を始めた日に、この慶賀が有った。はなはだ物吉である。いよいよ憑《たの》むところが有った。

今夜、女房の衝重があった。侍所と随身所にも饗宴を行なうことになった。昨夜と同じである。

二十三日、乙亥。　資房、所々に慶賀／頼通、摂政を辞し、関白となる

宰相が云ったことには、「昨日、資房を随身して、入道殿に参入しました。御前に召し、雑事をおっしゃられました。これは恩言《おんげん》です。疋絹を随身たちに下給されました。次いで宮々と摂政殿に参りました。御前に召し、同じく随身に疋絹を下給されました」と。また、云ったことには、「昨日、摂政は、摂籙を辞す表を上呈されました。収められるという勅書《ちょくしょ》が有りました。また、関白とするという詔書《しょうしょ》が出ました。大納言公任卿が上卿を勤めました」と。

二十四日、丙午。　慶祚、遷化／中宮仏名会／荷前に俊賢を遣わす事の是非

新宰相が黄牛を返し遣わしてきた。牛付童《うしつきわらわ》に疋絹を下給した。宰相が来て云ったことには、「一昨日、慶祚阿闍梨が遷化《せんげ》しました〈年、六十七歳。〉」と。

金羅《きんら》十。

夜に入って、宰相が重ねて来て云ったことには、「中宮の御仏名会に参ります」と。また、云ったことには、「今日、荷前が行なわれます。外記国儀が云ったことには、『使の上達部は、故障を申されました。致仕《ちし》大納言《だいなごん》(俊賢)が勤められることになりました。使に定められていないとはいっても、勤仕《ごんし》することを申請しています。この他の納言は皆、故障を申されています』と。致仕の人は、この事を行なわれてはなりません。本来ならば関白〈頼通〉に申し、仰せに随って処置しなければなりません。ところが、詔書が出た後、未だ吉事《きちじ》を申していません。今、初めて荷前使の事を申すわけにはいきません」ということだ。

荷前使は、致仕大納言俊賢〈山階。「勤仕することを申請した」と云うことだ。〉、参議頼定〈柏原・深草。〉・通任〈後田邑。〉・朝経〈後山階・宇治三所。〉。故障の人々は、私〈新屋に移ったので、障りを申した。〉・大納言斉信、中納言行成〈大宰権帥に任じられたので、初めてこの役に従うのは、忌みが有るであろう。〉・頼宗、参議公信。

二十五日、丁未。　中宮仏名会／荷前に上卿無し

宰相が来た。昨夜、中宮の御仏名会が行なわれた。中宮大夫斉信卿、源中納言《げんちゅうなごん》経房、中宮権大夫能信・（藤原）実成《さねなり》。

荷前に上卿がいなかった。参議がこれを勤めたのか。致仕大納言が勤めてはならない。近代、上卿が参らなかった事を聞かないばかりである。納言は多く、中宮の御仏名会に伺候していた。ところが、荷前の上卿を勤めるよう命じられなかったのは、如何なものか。但し、関白が未だ政務に従事していないので、事情を申さなかったのか。

二十六日、戊申。　太皇太后宮仏名会・道長邸懺法御読経始に参るべき催促有り

太皇太后宮《たいこうたいごうぐう》属某《のさかんなにがし》が申して云ったことには、「明日、御仏名会に参入するようにとのことです」と。夜に入って、宰相が来て云ったことには、「入道殿と関白殿に参りました。明日、入道殿の懺法《せんぼう》御読《みど》経始《きょうはじめ》が行なわれます。上達部は参るようにとの命が有りました」と。左大弁が云ったことには、「下官（道方）は、明日、内裏に参ることにします」ということだ。「先ずあの殿の御読経に参るのが宜しいでしょうか」ということだ。私が思ったところは、新舎に移った後、初めてあの殿の御読経に参るのは、如何なものか。やはり先ず、内裏に参るのが、宜しいであろう。その後、大宮《おおみや》（彰子）の御仏名会に参るのは、忌みが無いであろう。宰相は承諾した。

二十七日、己酉。　邸内の筥山明神に奉幣／移徙の後、初めて参内／太皇太后宮仏名会

今朝、筥山明神《はこやまみょうじん》に奉幣《ほうべい》を行なった。寝屋《ねや》に移徙した後、神事を先とすべきであるので、奉幣を行なった。故殿は、あの院に渡られて、吉日を撰んで、先ず隼明神《はやぶさみょうじん》に奉幣を行なった。その例によって、先ず家中の神に奉幣を行なった。宰相が来て云ったことには、「入道殿の御読経に参ります」と。夜に入って、帰ってきた。同車して、内裏に参った〈寝屋に移った後、吉日であったので、参入した。〉。陣座に着した。随身を遣わして、太皇太后宮の御仏名会を見させた。帰って来て云ったことには、「左大弁一人が伺候していました」と。しばらくして、参入した。時剋が推移し、太皇太后宮権大夫《たいこうたいごうぐうごんのだいぶ》頼宗が参入した。その後、卿相が参入した。鐘を打った。僧たちを催促させた。幾くもなく、参入した。私も参上した。宮司《みやづかさ》〈太皇太后宮大進《たいこうたいごうぐうだいじん》（源）頼国《よりくに》。〉が、通籍《つうせき》を問うた。御前の座に着した。次々に称したことは、殿上《てんじょう》の儀と同じであった。次いで御導師《どうし》〈三人。〉が参上した。その儀は通例のとおりであった。後夜《ごや》、御導師が錫杖《しゃくじょう》を誦した際、綿を被けた。次いで行香《ぎょうごう》が行なわれた。次いで私が座を起って、簾《れん》下《か》に進み、禄を執った〈頼国が伝え取って、これを授けた。〉。後夜の御導師智信《ちしん》に下給した。初夜《そや》の御導師日歓《にっかん》は、上﨟とはいっても、先ず現在の御導師に下給するのが通例である。次いで宮司が問うた。上達部以下が名を称した。これより先に、火櫃《ひびつ》を据えた後、卿相の前に交菓子《まぜがし》を据えた〈折敷《おしき》に盛って、前板《まえいた》に据えた。頗る便宜《びんぎ》が無い。物を据えるべきであろうか。〉。子の初剋の頃、法会が終わって退出した。参入した卿相は、大納言斉信、中納言頼宗〈太皇太后宮権大夫。〉・経房、参議道方・公信・資平。公信は行香以前に早く退出した。

二十八日、庚戌。　右近衛府射場始／関白詔書に覆奏／資房、着陣／経通、昇殿を聴さる／頼通に摂政に准じて除目・官奏を行なわせる宣旨／官奏

昨日、右近衛府《うこのえふ》の射場始《いばはじめ》が行なわれた。今朝、右近将曹正方が矢数《やかず》を持って来た〈矢数は、高い者は五。〉。関白の詔書を覆奏《ふくそう》した。外記史生《ししょう》が持って来た。加署《かしょ》して返給した。宰相が、子息左兵衛佐資房を随身し、来て云ったことには、「今日、初めて陣に参り着すことにしました〈申剋もしくは酉剋。〉」と。同車して、内裏に参った。

「関白は、午剋に内裏に参った」と云うことだ。「新大納言教通と新宰相経通が、初めて内裏に参った」と云うことだ。「帥中納言《そちちゅうなごん》〈行成〉が、初めて政事に着した」と云うことだ。新宰相が、書状に記して云ったことには、「初参は無事でして、昇殿《しょうでん》を聴《ゆる》されました。すぐに御前に召し、雑事をおっしゃられました。関白内大臣に、宜しく摂政の儀に准じて、除目や官奏《かんそう》を行なわせるとの宣旨を下されました。帥中納言が上卿を勤めたのです。『今日、官奏が行なわれた』と云うことです」ということだ。夜に入って、宰相が来て云ったことには、「関白は、申剋の頃、内裏から退出されました。外記の北辺に参会し、追従《ついしょう》しました。陽明《ようめい》門の内から退帰し、内裏に参りました。関白の御供に、卿相が扈従《こしょう》しました〈中納言行成・頼宗・実成、参議道方・頼定・朝経。〉」と。

二十九日、辛亥。　**東北院大般若読経始／石塔造立供養**

東北院《とうほくいん》の大般若読経始《だいはんにゃどきょうはじめ》が行なわれた。恒例では正月一日から読み始め奉る。ところが、朔日は凶会日《くえにち》で、明日もまた同じである。そこで今日から経を転読させ奉った。石塔は、本来ならば正月一日に造立供養《くよう》し奉らなければならない。ところが、日次《ひなみ》が宜しくない。そこで今日、造立供養し奉った。

三十日、壬子。　**蔵人所召物料宣旨を下す／解除・奉幣／追儺の上卿を参議が勤める例／追儺の雨儀／大宰府、高麗使召問日記を言上／高麗使、対馬からの海路で漂没／俊賢、先の議定を非難／実資邸追儺**

今日と明日は物忌である。歳暮《せいぼ》の日であるので、門を閉じることができなかった。蔵人左少弁資業が、宣旨を持って来た〈和泉《いずみ》・信濃《しなの》の国司が、蔵人所《くろうどどころ》の召物料《めしものりょう》を申請した。〉。すぐに宣下したのである。この文書は、新宰相が先日、下した宣旨である。すぐに覆奏した。ところが、昇進したので、奏上しなかった。資業に託して覆奏させた。今、宣旨を下されたのである。

秉燭の後、通例によって、解除《げじょ》を行なった。また、諸神に奉幣した。宰相が来て、同じく奉幣し、解除を行なった。宰相が云ったことには、「今夜、追儺《ついな》の分配《ぶんぱい》に当たっています。そこで参入することにします。四条大納言〈公任。〉と中宮権大夫〈能信。〉も、同じく分配です。ところが、故障が有って、参ることができないということです」と云うことだ。「これを如何しましょう」ということだ。答えて云ったことには、「上卿の者が参らなければ、そのことを奏上し、仰せに随うように」と。参議一人が行なった例は、もしかしたら有るのか。退出の後、書状で云ったことには、「追儺は、雨儀は如何でしょう」と。答えて云ったことには、「追儺の雨儀は、急には覚えていない。但し、延長《えんちょう》二年は雪で、王卿は深履《ふかぐつ》を着して、庭中《ていちゅう》に立った。あの時、諸卿が云ったことには、『雨儀の例は無い』ということだ。今、思慮を廻らせると、方相氏《ほうそうし》は承明《しょうめい》門の壇上に立つ。公卿はその後ろに立つべきであろうか。南廊《なんろう》、安福《あんぷく》・校書殿《きょうしょでん》の壇上を経て、御前を渡るべきであろうか。雨脚が降りしきっていれば、笠を執って渡るべきであろうか。もしくは、露台《ろだい》の西廂《にしびさし》を経て、呉竹《くれたけ》の後ろに於いて笠を執るのが宜しいであろうか〈近衛府《このえふ》の者に命じて、笠を取って持たせる。竹の後ろに向かって差すべきであろうか。前例が無いので、新たな愚案《ぐあん》である。〉。この際、事に臨んで議定《ぎじょう》し、処置すべきであろうか」と。雨脚は止まなかった。その議は鬱々《うつうつ》としていた。明朝、聞かなければならない。

戌剋の頃、雨を冒して、前大納言俊賢卿が書状を送って云ったことには、「只今、大宰府《だざいふ》から高麗使《こうらいし》

(鄭子良《ていしりょう》)を召問《しょうもん》した日記を言上してきた。対馬島《つしま》から筑前国《ちくぜん》に着いた。あの国の人三十人が乗った船は、すでに漂没《ひょうぼつ》した。二艘《そう》が僅かに到着したのである。先日の案を出して見させた。流れて来た虜人たちの使が申したことには、『この者は、高麗人《こうらい》です。ところが、その来た理由を知りません』ということだ。これはもっとも疑わなければならない。安東護府《あんとうごふ》の号を問うた。申して云ったことには、『この府は、あの朝(新羅《しんら》)では、鎮東海府《ちんとうかいふ》でした。他の府は皆、その号を改めて州としたのです。あの府は独り、惣摂府《そうせつふ》としています。そこで虜人を送ったものです』ということだ」と。端書《はしがき》に云ったことには、「対馬から帰られず、大宰府に迎えられる事は、極めて奇怪な議である。心配していたとおり、漂没したのは哀れまなければならない」ということだ。この事は、伝えてきたところは、もっとも道理である。賢を称する卿相が定めたところである。あの日、私は預かり参らなかった。後にこの議定を聞いた。前大納言がこの議定を聞いて謗難したのは、当然であろう。四条大納言は、あの議定に預かった。私はこの事を伝えた。答えたところは、承諾の様子が有った。初めは海路が難しいことを述べていた。傍らの卿が云ったことには、「やはり役所に召すべきであった」ということだ。「無理に同じところを執ることはできないのである」ということだ。今回の議定は、頗る宜しくない。前大納言は、あの議定の時、僉議《せんぎ》していた人たちを嘲弄《ちょうろう》したようなものである。あの時の懸念が当たったので、夜に臨んで、雨を冒して馳せ伝えたところであろうか。

翌日、宰相が云ったことには、「新中納言《しんちゅうなごん》能信が参入しました。病悩が有って、御前に渡らず、すぐに退出しました。宰相の私（資平）一人が渡りました。弁は参りませんでした。外記と史は伺候しませんでした。但し外記は、上卿が伺候していないということを申す為に、関白殿に参入しました。この頃、能信卿が参入しました」と云うことだ。

「追儺については、雨の間隙が有ったので、晴儀《せいぎ》を用いました」と云うことだ。雨儀の例は、特に見えない。

子の初剋の頃、追儺を行なった。新屋であったので、儺さなかった。世俗の風潮による。

寛仁四年（一〇二〇）

藤原実資六十四歳（正二位、大納言・右大将）　後一条天皇十三歳　藤原道長五十五歳　藤原頼通二十九歳　藤原彰子三十三歳　藤原威子二十二歳

○三月

二十二日、癸酉。（『諸寺供養類記』一・堂供養記による）　**道長無量寿院落慶供養／念仏／三后への贈物**

……舞人《まいびと》を召した。入道殿《にゅうどうどの》（藤原道長《みちなが》）・関白《かんぱく》（藤原頼通《よりみち》）・左右大臣（藤原顕光《あきみつ》・藤原公季《きんすえ》）以下は、簀子敷《すのこじき》にいた。入道親王《にゅうどうしんのう》（師明《もろあきら》親王）〈故三条院《さんじょういん》の四宮《しのみや》。〉は、招かれて、西廂《にしびさし》の簾中《れんちゅう》から出て、この座に交わり着した。入道殿および入道親王・僧正《そうじょう》・法印《ほういん》・関白・左右大臣及び卿相《けいしょう》・殿上人《てんじょうびと》・地下《じげ》の者は、すべて衣を脱いで、大唐《だいとう》・高麗楽《こまがく》の舞人たちに下給した。舞の度に、この事が行なわれた。はなはだ汎愛《はんあい》である。儀が終わった。秉燭《へいしょく》の後、念仏《ねんぶつ》が有った〈六十余口《く》。〉。賀珍《がちん》が廻向《えこう》を申した。感に堪えなかった。入道殿・関白・左右大臣・大納言《だいなごん》（藤原）公任《きんとう》が、衣を脱いで賀珍に被《かず》けた。大僧正《だいそうじょう》以下の僧綱《そうごう》は、念仏の座に着した。公卿以下〈大納言（藤原）道綱《みちつな》は、これより先に退出した。〉は、禄を取って、これを被けた。次いで贈物を三后（藤原彰子《あきこ》・藤原妍子《きよこ》・藤原威子《たけこ》）に奉献《ほうけん》された。入道殿が私を招いて云ったことには、「三后に和琴《わごん》と念珠《ねんじゅ》を奉献するのは、如何であろう」と。また、云ったことには、「宮（彰子・妍子・威子）に各々、念珠を奉献し、太后《おおきさき》（彰子）に和琴を加えて奉献するのは如何であろ

う」ということだ。私が申して云ったことには、「太后の御贈物については、二宮（妍子・威子）とは異なります。和琴を加えて奉献されるのが宜しいでしょう」と。入道殿は承諾された。夜分、漸く闌《たけなわ》になった。心神《しんしん》は通例のようではなかった。そこで還御《かんぎょ》に扈従《こしょう》しないことの許可を啓上《けいじょう》し、退出した。伝え聞いたことには、「三后は、仏前《ぶつぜん》の格子《こうし》に下りて、礼仏《らいぶつ》を行なった」と云うことだ。今日の事は、式次第によって行なうべきであろう。ところが、行事《ぎょうじ》の人は、行なうことができなかった。そこで多く相違しただけである。

今日の諸卿は、関白〈内大臣。〉、左大臣・右大臣、大納言道綱・私・（藤原）斉信《ただのぶ》、致仕《ちし》（源）俊賢《としかた》〈座が有った。〉、公任、中納言《ちゅうなごん》（藤原）行成《ゆきなり》・（藤原）頼宗《よりむね》・（源）経房《つねふさ》・（藤原）兼隆《かねたか》・（藤原）実成《さねなり》、参議《さんぎ》（源）頼定《よりさだ》・（藤原）公信《きんのぶ》・（藤原）通任《みちとう》・（藤原）朝経《あさつね》・（藤原）経通《つねみち》、左《さ》三位中将《さんみちゅうじょう》（藤原）道雅《みちまさ》、参議〈某《なにがし》（藤原資平《すけひら》）。〉。

私は僧の食膳を調備した〈高坏《たかつき》十二本。打敷《うちしき》を加えた。机二十前《ぜん》。前例は無い。ところが、傍らの人は皆、この用意が有った。そこで準備したものである。〉。大破子《おおわりご》三荷《か》、米三十石。

大僧正済信《さいしん》は衣を脱いだ。汗が付いて脱ぐことができなかった。ただ横被《おうび》を右近将曹《うこんのしょうそう》（多）政方《まさかた》に下給した。後日、横被を返し奉った。横被に代えて絹二疋を下給した。「政方には不本意の様子が有った」と云うことだ。

○七月

十日、乙未。　道長邸法華三十講／資平の兼官、広業の弁官、定頼の参議について申請／道雅、妹の縁故で昇任を望む

無量寿院《むりようじゆいん》に参った。入道殿《にゆうどうどの》(藤原道長《みちなが》)に奉謁《ほうえつ》し、雑事を申し承った。終わって、内裏に参った。諸卿は参らなかった。しばらく陣座《じんのざ》に伺候した。未一剋、三十講所《さんじつこうしよ》〈上東門第《じようとうもんてい》。〉に参った。入道殿は無量寿院から歩行して渡られた。講説《こうぜち》や論義《ろんぎ》は、通常のとおりであった。関白《かんぱく》(藤原頼通《よりみち》)は、何日か西対《にしのたい》に住まわれている。ところが、御心地《ここち》が通例に復されない。そこで講説の場に出なかった。今日、参入した卿相《けいしよう》は、大納言《だいなごん》(藤原)斉信《ただのぶ》、致仕《ちし》(源)俊賢《としかた》、大納言(藤原)公任《きんとう》・(藤原)教通《のりみち》、中納言《ちゆうなごん》(源)経房《つねふさ》・(藤原)兼隆《かねたか》、参議《さんぎ》(藤原)公信《きんのぶ》・(藤原)朝経《あさつね》、左三位中将《さんみちゆうじよう》(藤原)道雅《みちまさ》、参議(藤原)資平《すけひら》。資平は兼官《けんかん》について、今日、入道殿に申請した。はなはだ和顔《わがん》があった。式部大輔《しきぶのたいふ》(藤原)広業《ひろなり》の弁官について、許容の意向が有った。広業は懇切《こんせつ》に伝えたところが有った。そこで意向を示しただけである。頭弁《とうのべん》(藤原)定頼《さだより》は、参議について未だ申請していない。もしかしたら望むところは無いのか。三十講所に於いて、大納言(公任)に問うたところ、述べるところが有った。初めは相違した事に、恨む様子が有った。「もし望みを申請する事が有れば、許容が有るであろう。ところが、未だ決定していない」ということだ。左《さ》三品亜将《さんぽんあしよう》(道雅)が大いに強いたということを、按察《あぜち》(斉信)が語った。「これは、太后《おおきさき》(藤原彰子《あきこ》)が推挙されたのだ」と云うことだ。考えると、妹(藤原伊周女《これちかのむすめ》)が宮(彰子)に出仕していることによるのか。近日の上下品は、女縁《じよえん》によって望むところが成就するばかりである。酉剋の頃、法会が終わって、退

出した〈宰相は今日、車後《くるまじり》に乗った。〉。

十七日、丙寅。　天台座主宣命を下す／検非違使別当宣旨、延引

式部大輔広業が来た。すぐに逢った。先日、伝えてきた事を、入道殿に漏らし伝えた事を、伝えておいた。宰相資平が云ったことには、「山座主《やまのざす》（院源《いんげん》）宣命《せんみょう》について、中納言経房が上卿《しょうけい》を勤めました。少納言《しょうなごん》三人は皆、故障が有ります。二人は疱瘡《ほうそう》の後、未だ職務に従いません。ただ（藤原）信通《のぶみち》一人です。ところが、三十箇日の假《か》を申請しています。入道殿が外記《げき》を召し仰せられて云ったことには、『まったく触穢《しょくえ》を忌んではならない。早く参入するように。幹了《かんりょう》の使部《しぶ》を遣わして召させるように』ということでした。検非違使別当宣旨《けびいしべっとうせんじ》は、今日、下されることはできません」と云うことだ。「明け方、右兵衛督《うひょうえのかみ》公信が、殿（道長）に参りました。日が高いうちに退出しました。別当の事によるのでしょうか」と云うことだ。別当宣旨延引《えんいん》については、また広業が述べたところである。

十九日、戊辰。　頼通、内大臣を辞す／源頼光、道長邸法華三十講非時を奉仕／頼通邸の穢により、丹生・貴布禰使発遣停止

関白が内大臣を辞す表を上呈した〈「許された」と云うことだ。〉。宰相資平が、午剋の頃、来て云ったことには、「早朝、殿に参りました。早く講演《こうえん》を始められました。卿相は一人も参りませんでした。伊《い》予守《よのかみ》（源）頼光《よりみつ》が、非時食《ひじじき》を奉仕しました。また、饗饌《きょうせん》を準備することが有りました。上達部《かんだちめ》が参入した後に、これを据えるよう、命が有りました。独りでその時を待つことはできません。そこで退出しました」と。また、云ったことには、「煩う所があって、関白殿に参入することができない事を、（藤原）惟憲朝臣《これのりあそん》に示し伝えておきました」ということだ〈□□□の間、未だ参入していない。□□□□申させたものである。〉、関白は、今日から四箇日、堅固《けんご》の御物忌《ものいみ》である。昨日、犬の産穢《さんえ》が有った。ところが事情を申さなかった。今日、その穢《え》を披露《ひろう》した。昨日、内裏に到った。そこで丹生《にう》・貴布禰《きぶね》使は急に停止《ちょうじ》となった。

二十一日、庚午。　道長邸法華三十講結願／頼通、病悩

今日、三十講が結願《けちがん》した。病悩が有って参らないということを披露するよう、宰相資平に命じた。晩に向かい、宰相が来て云ったことには、「三十講が結願しました。関白は午剋の頃、悩《や》み発《おこ》られました。今日、参らない事を殿に申しておきました。見舞われるということを答えられました」と云うことだ。

二十五日、甲戌。　頼通、知足院に参り、瘧病平癒を祈願

早朝、宰相資平が云ったことには、「或いは云ったことには、『関白は知足院《ちそくいん》に参った。瘧病《おこりやまい》を祈られる為である』と云うことでした」と。
日没の頃、新宰相《しんさいしょう》（藤原経通《つねみち》）が来て云ったことには、「入道殿に伺候していました。知足院から広業が参って来て、申して云ったことには、『昨日のようではないとはいっても、頗る悩み発られています』ということでした」と。また、云ったことには、「入道殿は内裏に参られました。宰相は入道殿から来ました。夜に入って、退出しました」と。

二十六日、乙亥。　守孝を家司とする／深覚、孔雀経を転読し頼通を祈願

早朝、宰相資平が来た。玄蕃允守孝《げんばのじょうもりたか》を家司《けいし》とした。日没の頃、宰相が来て云ったことには、「関白殿に参って伺候しました。東大寺別当僧正《とうだいじべっとうそうじょう》〈深覚《しんがく》。〉が、今朝から食さず、孔雀経《くじゃくきょう》を転読《てんどく》して祈願を行ないました。その験徳《げんとく》によって、発られませんでした。引出物《ひきでもの》が有りました〈入道殿が馬一疋、関白殿が二疋。〉」と。

二十七日、丙子。　頼通、重病により法性寺五大堂に参る

宰相資平が来て、語った。時剋が移って、退いた。黄昏、伝え送って云ったことには、「（藤原）佐光《すけみつ》朝臣が云ったことには、『関白は重く発られました。今夕、入道殿と一緒に法性寺《ほっしょうじ》五大堂《だいどう》に参られました。今日、悩み発ったので、入道殿の嘆息は極まりありませんでした』ということでした」と。

二十八日、丁丑。　頼通、法性寺に参る／朝経、疫病を煩う／朝経、死後に基房を猶子とするよう、資平に依頼

宰相資平が来て云ったことには、「今朝、関白は法性寺に参りました。去る夕方、入道殿が参られたのです。関白の瘧病の祈願によります」と云うことだ。「何日か、右大弁《うだいべん》〈朝経。〉は、疫病《えきびょう》を煩っています」と云うことだ。（藤原）師言《もろこと》朝臣を遣わして見舞った。日を逐って増していると いう報が有った。「すでに八箇日に及びます」ということだ。私は悩んでいる所が有って、参らないということを啓上《けいじょう》した。関白の瘧病について、致仕納言《ちしなごん》〈俊賢〉に伝え達した。報じて云ったことには、「関白は昨日、更に発った。半夜《はんや》、法性寺にいらっしゃった。午剋の頃、参入することにする」ということだ。深夜、宰相が来て云ったことには、「法性寺に参りました。関白はすでに発られていません。致仕《ちし》大納言《だいなごん》俊賢以下の卿相十一人が参会しました。入道殿は帰られました。関白は、明日から四箇日の物忌です。すぐにこの堂に於いて、慎しまれることになりました」ということだ。宰相が云ったことには、「右大弁の許に向かいました。書状が有ったからです。臥内《ふしど》に呼び入れて云ったことには、『病は、はなはだ重い。もし非常の事が有れば、少納言(藤原)基房《もとふさ》を猶子《ゆうし》とするように』と。また、云ったことには、『明日、勘解由長官《かげゆのかみ》と大蔵卿《おおくらきょう》を辞すこととする』ということでした。病体は重いようでした」ということだ。

三十日、己卯。　皇太后宮釈経／院源を延暦寺阿闍梨に補す

宰相が来て云ったことには、「昨日、大納言斉信卿、中納言経房、参議公信・経通・私(資平)が参入しました。卿相の数が少なかったので、議定《ぎじょう》はありませんでした。大納言以下は皇太后宮《こうたいごうぐう》(藤原妍子《きよこ》)に参りました。通例の釈経《しゃくきょう》によります。入道殿がおっしゃって云ったことには、『天台座主《てんだいざす》院源は山《やま》阿闍梨《あじゃり》ではない。今、山阿闍梨の欠が有る。改めて補すべきであろうか。「前例が有るらしい」と云うことだ。ところが、尋ね得ることができない』と。また、云ったことには、『確かに云う人である斉信卿が云ったことには、「見えるところはありません。符案《ふあん》を調べられるべきでしょう」ということであった』と。私が申して云ったことには、『康保《こうほう》三年に良源《りょうげん》が座主に任じられた時、山阿闍梨に改めて補したということは、詳しく御記《ぎょき》に見えます』と。斉信卿は、再三、傾き問いました。また、入道殿が云ったことには、『確かに見えるところは有るのか』と。申して云ったことには、『確かに覚えているところです』と」と。この事は、宰相が述べたとおりである。

○八月

十八日、丁酉。　祇園仁王経読経始／道長、賀茂社にて般若経供養／藤原元子、出家／頼通、鹿島・香取社への奉献の先例を求む

去年と今年の両年の祇園仁王経《ぎおんにんのうきょう》の読経始《どきょうはじめ》である。早朝、宰相（藤原資平《すけひら》）が来て云ったことには、「只今、入道殿《にゅうどうどの》（藤原道長《みちなが》）に参りました。今日、賀茂《かも》社に参られました。般若経《はんにゃきょう》を供養《くよう》されました」と云うことだ。

「故左兵衛督《さひょうえのかみ》（源頼定《よりさだ》）の室家《しつか》の女御《にょうご》（藤原元子《もとこ》）は、今朝、出家した」と云うことだ。関白《かんぱく》（藤原頼通《よりみち》）が木《も》工頭《くのかみ》（藤原）輔尹《すけただ》を遣わし、おっしゃられて云ったことには、「『大臣に任じられた後、朝服《ちょうふく》・笏《しゃく》・封戸《ふこ》を鹿島《かしま》・香取《かとり》社に奉献《ほうけん》しなければならない』と云うことだ。或いは云ったことには、『装束《しょうぞく》を奉献しなければならない』ということだ。入道殿の例を調べたが、一枚の文書《もんじょ》も無かった。急にその事を知る者はいない。勧学院《かんがくいん》や施薬院《せやくいん》に入れられた例文については、各々、あの院にある。ただ鹿島の例は、未だ尋ね得ることができない。考えると、故小野宮《おののみや》（藤原実頼《さねより》）の例文が有るのではないか。写して送

るように」ということだ。申させて云ったことには、「あの時の文書は、故三条殿《さんじょうどの》(藤原頼忠《よりただ》)がすべて焼亡し、御日記を見ても、その事はありません。この御日記は、大納言《だいなごん》(藤原公任《きんとう》)が部類《ぶるい》させる為に、切り寄せました。このような間に、漏失《ろうしつ》したのでしょう。但し、九条殿《くじょうどの》(藤原師輔《もろすけ》)は、貞信公《ていしんこう》(藤原忠平《ただひら》)が教えたところを承っています。記し置かれた口伝《くでん》に、大略、見えるところです。きっとございますでしょう」と。輔尹が云ったことには、「書き取って、持って参ります」ということだ。出して見せた。記し取って、帰り参った〈朝服と笏は奉献した。鹿島社は封十戸、香取社は五戸。〉。晩方、宰相が入道殿から来て云ったことには、「賀茂上下御社《かものかみしものみやしろ》に於いて、仁王経各十部を供養されました。下社は舞殿《まいどの》に於いて供養され、上社は橋殿《はしどの》でした。請僧《しょうそう》は、大僧都《だいそうず》慶命《きょうみょう》・前少僧都《さきのしょうそうず》心誉《しんよ》・少僧都《しょうそうず》実誓《じっせい》・律師《りっし》懐寿《かいじゅ》・律師定基《じょうき》・律師明尊《みょうそん》・阿闍梨《あじゃり》日如《にちじょ》・阿闍梨遍救《へんく》でした。皆、行香《ぎょうごう》を行ないました。両社に僧俗の饗饌《きょうせん》が有ったとのことです。上下社の間、雨脚が降りしきっていました。御供の卿相《けいしょう》は、左《さ》大将《だいしょう》(藤原)教通《のりみち》、皇太后宮権大夫《こうたいごうぐうごんのだいぶ》(源)経房《つねふさ》・中宮権大夫《ちゅうぐうごんのだいぶ》(藤原)能信《よしのぶ》・右衛《え》門督《もんのかみ》(藤原)実成《さねなり》、左大弁《さだいべん》(源)道方《みちかた》・右兵衛督《うひょうえのかみ》(藤原)公信《きんのぶ》・修理《しゅり》大夫《だいぶ》(藤原)通任《みちとう》・侍従《じじゅう》私(資平)。御前の法師は十人、殿上人《てんじょうびと》と地下《じげ》の者たちは、その数は幾《いくば》くもありませんでした。僧綱《そうごう》および阿闍梨は、車に乗りました。僧綱たちは、善を尽くし美を尽くしました。各々、皆、前駆《ぜんく》がいました。過差《かさ》は極まりありませんでした。今日の作法は、倹約《けんやく》を用いませんでした。見物の車の数は多かったです」と云うことだ。「関白は別《べつ》様《よう》の車に乗られました」と云うことだ。

二十五日、甲辰。　良円、護摩を始む／頼通、鹿島・香取社・勧学院・施薬院に奉献

今日、内供《ないぐ》良円《りょうえん》が、自ら護摩《ごま》を始めた〈天台房《てんだいぼう》に於いて、始め行なった。〉。或いは云ったことには、「関白は、入道殿の二条第《にじょうてい》に於いて、鹿島使《かしまし》を発遣した〈鹿島社に笏・朝服・封戸、香取社に封戸を奉献した。後に聞いたことには、『勧学院と施薬院にも、同じく封戸を寄進《きしん》した』と云うことだ。〉」と。

○九月

四日、壬子。　道長、鴨川堤を巡検／検非違使別当宣旨

早朝、宰相（藤原資平《すけひら》）が来て云ったことには、「或いは云ったことには、『今日、入道殿《にゅうどうどの》（藤原道長《みちなが》）が鴨《かも》川《がわ》の堤を巡検《じゅんけん》されることになりました。行事《ぎょうじ》の上卿《しょうけい》の大納言《だいなごん》（藤原）公任《きんとう》卿が、一緒に実検《じっけん》されます。卿相《けいしょう》は馳せ参りました』と云うことです」と。宰相が参入した。召使《めしつかい》が云ったことには、「按察大納言《あぜちだいなごん》（藤原）斉信《ただのぶ》卿の書状に云ったことには、『明日、定め申さなければならない事が有ります。参入されますように』ということでした」と。病悩していることを称した。宰相が来て云ったことには、「入道殿は、賀茂下御社《かものしものみやしろ》から始め、二条《にじょう》大路末の堤に至るまで、行事の上卿・弁《べん》・史《し》を率いて巡検しました。他の卿相は追従《ついしょう》しました。入道相府《にゅうどうしょうふ》（道長）の作法は、旧儀《きゅうぎ》に異なりませんでした」と云うことだ。今日、関白《かんぱく》（藤原頼通《よりみち》）は病の後、内裏に参り、検非違使別当《けびいしべっとう》の宣旨《せんじ》を下された。参議右兵衛督《さんぎうひょうえのかみ》（藤原）公信《きんのぶ》。

十一日、己未。　後一条天皇、瘧病／道綱死去の風聞／伊勢例幣使発遣

早朝、前帥《さきのそち》（藤原隆家《たかいえ》）が伝え送って云ったことには、「『昨日、主上《しゅじょう》（後《ご》一条《いちじょう》天皇）の瘧病《おこりやまい》が発《おこ》られた。上達部《かんだちめ》が多く参らなかった事を、入道殿が咎《とが》められていた頃、四条大納言《しじょうだいなごん》（公任）が参入した。罵辱《ばじょく》の御詞は、敢えて云うことはできない。すでに拝謁することはなかった』と云うことです。私（隆家）は驚きながら、子剋に参入しました。太后宮《おおきさきのみや》（藤原彰子《あきこ》）の女房《にょうぼう》に遇って、退出しました」と。四条大納言が伝え送って云ったことには、「皇太后宮大夫《こうたいごうぐうだいぶ》〈（藤原）道綱《みちつな》。〉が、今朝、逝去《せいきょ》したということについて、（源）頼光《よりみつ》の辺りから聞いたところである」と。人を遣わしておいた。その後、新宰相《しんさいしょう》（藤原経《つね》通《みち》）が告げ送ってきたことも、同じであった。「何日か、道綱卿は修学院《しゅがくいん》に於いて修善《しゅぜん》を行なった」と云うことだ。また、大納言が伝え送った事は、すでに事実であった。「入道殿は、使を遣わされた」ということだ。辰剋の頃、番長《ばんちょう》（高《こうの》）扶武《すけたけ》が云ったことには、「事情を取らなければならない事が有って、今朝、修学院に参りました。皇太后宮大夫は、夜半の頃、邪気《じゃけ》の為に取り入れられました。今朝、蘇《そ》生《せい》しました」ということだ。その後、人々が云ったことには、「僅かに生きているでもなく、死んでいるでもないようなものである」と。明日は御瘧病の当日《あたりび》である。私は病悩が有って、久しく参入しなかった。明日、参ろうと思ったが、衰日《すいにち》に当たっている。今日、参入するに越したことはない。申剋の頃、参入した〈宰相が同車した。〉。参上した殿上人《てんじょうびと》と相対して、嘆き申した。蔵人頭《くろうどのとう》（源）朝任《あさとう》に、御病悩の状況を問うた。答えて云ったことには、「発られることは、三箇度に及びました。昨日、酉

剋の頃に発られました。未剋、常儀《じょうぎ》に復しました。昨日は頗る宜しくいらっしゃいました」と。「中《ちゅう》宮大夫《ぐうだいぶ》斉信卿が、今日の例幣《れいへい》の上卿を勤めた」と云うことだ。私は黄昏、退出した。

十二日、庚申。　伊勢例幣後斎の為、読経の前に祓あり／道長の立腹、止まず

内裏に参った。宰相は車後《くるまじり》に乗った。修理大夫《しゅりだいぶ》〈（藤原）通任《みちとう》〉が陣座《じんのざ》にいた。今日と明日は、内（後一条天皇）の御物忌《ものいみ》である。頭中将《とうのちゅうじょう》朝任を紫宸殿《ししんでん》に招いて、詳細を問うた。「只今、発られる様子が有ります」と。未二剋、前僧都《さきのそうず》心誉《しんよ》・僧都《そうず》尋円《じんえん》・律師《りつし》叡効《えいこう》・阿闍梨《あじゃり》証空《しょうくう》が、加持《かじ》を奉仕した。他の僧たちは読経を行なった。私は陣座に伺候した。申剋、右大臣（藤原公季《きんすえ》）が参入した。朝任が云ったことには、「早朝、御祓《はらえ》の後、入道相府が参られました。次いで諸僧が参入しました」ということだ。昨日、伊勢例幣が行なわれ、今日は後斎日《ごさいにち》である。そこで御祓が行なわれたのか。「大納言斉信・公任・（藤原）教通《のりみち》、中納言《ちゅうなごん》（藤原）行成《ゆきなり》・（藤原）頼宗《よりむね》・（源）経房《つねふさ》・（藤原）能信《よしのぶ》・（藤原）実成《さねなり》、参議通任、左《さ》三位中《さんみちゅう》将《じょう》（藤原）道雅《みちまさ》、参議資平が、入道相府の直廬《じきろ》に於いて、食事をしました」と云うことだ。右府（公季）と下官（実資）は、陣座にいた。あれこれが云ったことには、「重く発られています。そこで諸僧は退下しました。明日から二十僧を招請して、御読経《みどきょう》が行なわれます。関白の直廬に於いて、僧名《そうみょう》を定められました」と云うことだ。秉燭《へいしょく》の後、右府が退出した。私も同じく退出した。行成・経房卿も、同じく退出した。「昨日、入道殿は瘧病の事によって、諸卿を罵辱されました。行成卿は、御前にいました」と云うことだ。「今朝、また両頭（藤原定頼《さだより》・朝任）を勘当《かんどう》されました。祓の懈怠《けたい》によります」と。

朝任が談ったものである。「一昨日から今日まで、腹立《ふくりゅう》は間隙がありません。一昨日、家の子および四条大納言を罵辱されました。昨日は、大方の人を罵辱しました。今日、蔵人頭を勘当しました。また、関白は、早く御祓を催促されないという意向が有りました。家の子は、御前に進むことができません」と云うことだ。朝任が密かに談った。

十四日、壬戌。　左右獄所に米を下給／後一条天皇に邪気出現／宋国商客来着についての陣定

左右獄所《ごくしょ》に米を下給した〈今、左獄《さごく》三十七人、右獄《うごく》十六人。各々升米。右獄は先に獄囚《ごくしゅう》を数えず、米を遣わした。囚人の数が少なかったことによる。今、五合《ごう》を加えた。また、左右獄囚の他、中獄《ちゅうごく》を称する者や雑仕女《ぞうしめ》に、各々充てて下給した」ということだ。〉。得命《とくみょう》を介して下給させた。昨日と今日の施行《せぎょう》は、我が家から充てて下給するということを伝えず、得命自身の願を称させた。内裏に参った〈宰相は車後に乗った。〉。殿上《てんじょう》間《のま》に参上した。右大臣以下が殿上間に伺候した。午の終剋、御瘧病が発られた。未の終剋、平復《へいふく》したとのことだ。入道相府は、御所に伺候された。能信卿を介して、諸卿に告げられた。左大臣（藤原顕《あき》光《みつ》）が参入した。あれこれに伝えて云ったことには、「大宋《だいそう》国の商客《しょうきゃく》が来着《らいちゃく》した事を定め申さなければならない」ということだ。諸卿が云ったことには、「御病悩の間は、如何であろう。事情を奏上され、仰せに従われるべきであろう」と。「そこで陣座に復し、事情を奏上された」と云うことだ。この間、御病悩は更に発り、重く悩《や》まれた。或いは云ったことには、「（安倍）吉平《よしひら》が御邪気であることを占った。そこで僧たちが加持を奉仕する」と。斉信卿が密かに語って云ったことには、「一昨夜の深夜、叫ばれました。候宿《こうしゅく》していた侍臣《じしん》は、驚いて起きて、御所に参りました。すでに邪気でした」と。右大臣が陣座から書状を送った。そこで諸卿は陣座に復した。大宰府《だざいふ》が言上《ごんじょう》した解文《げぶみ》および大宋国の商客の解文について定め申した〈綱首文嚢《こうじゅぶんのう》。〉。定め申して云ったことには、「年紀《ねんき》が幾《いく》ばくもなく、参って来た。本来ならば廻却《かいきゃく》に従わなければならない。ところが、当今《とうぎん》（後一条天皇）の徳化《とくか》を感じて参って来たということを申している。宜しく安置されなければならないのである。この議定《ぎじょう》は、内々の意向によって、皆、定め申したものである。但し、公憑《こうひょう》は年々、書を験して、正文《しょうもん》を進上せず、案文《あんもん》を進上する。大宰府司の愚頑《ぐがん》である。また、商客の解文は、初めは『大宋国』と記していた。年号の上に『唐の天《てん》禧《き》四年』と記し、前後が相違している。また、人形《ひとがた》と衣装を描いて進上していない。これらの事を符に載せられなければならない」と。ただ定め申した詞を、蔵人左少弁《くろうどさしょうべん》（藤原）章信《あきのぶ》に託して奏上された。書かせずに、奏聞《そうもん》したのである。諸卿は壁の後ろを徘徊《はいかい》した〈議定の始めに燭《しょく》を秉《と》った。漸く深夜に及んだ。〉。四条大納言が頭弁《とうのべん》定頼を呼んで、御病悩を問うた。云ったことには、「頗る平復していらっしゃいます」と。重ねてまた、事情を取らせた。すぐに帰って来て云ったことには、「宜しくいらっしゃいます」ということだ。近習《きんじゅう》の卿相は、更にまた、参上した。章信が云ったことには、「諸卿が定め申したことによって、報符《ほうふ》を給うように」ということだ。また、云ったことには、「御病悩は平復されたのでしょうか」と。私は退出した。

十六日、甲子。涅槃会法服を調備／斉信の非礼を指弾／道長、自ら祈禱／下鴨社神殿遷宮日時勘文

早朝、宰相が来て云ったことには、「(藤原)広業《ひろなり》は内裏に伺候しています。書状を送って云ったことには、『只今〈巳の初剋。〉、主上が発られました。早く内裏に参るということを伝え示してください』ということでした」と。大納言の御許からも、同じくこの趣旨が有った。新宰相が来た。すぐに内裏に参った。林懐《りんかい》僧都が来て云ったことには、「明年二月十五日に、涅槃会《ねはんえ》を行なうことになりました。法服《ほうふく》一具《よろい》を調備して与えてください」ということだ。内裏に参った〈未三剋。〉。宰相は車後に乗った。陽明《ようめい》門に網代車《あじろぐるま》二両が立ててあった〈一両は大納言斉信の車、もう一両はわからない。〉。往古《おうこ》から見たことのない事である。一車は四条大納言の車を立てたのか。もう一両はその下に立ててあった。斉信卿は、直衣《のうし》を着して殿上間にいた。大納言公任卿、参議(源)道方《みちかた》・通任・経通が、同じく殿上間にいた。私が参入したのを見て、斉信卿が退いた。陽明門の車、および白昼、殿上間で直衣を着して上達部の中に交わり坐っていた事が、はなはだ奇怪であるということを、公任卿に伝えた。答えて云ったことには、「極めて怪しい事である。物情《ぶつじょう》を知らないのか」と云うことだ。初め御読経僧の後ろに出居《でい》を行ない、後にまた、殿上間に来た。僧たちは加持を奉仕した。天皇の御声か、女房の声か、はなはだ高かった。或いは叫び、或いは吟じた。入道相府と関白は、御前に伺候した。「入道相府の祈り申される声は、験者《げんざ》のようであった」と云うことだ。「この間、重く悩み発られた」と云うことだ。御傍親《ぼうしん》の卿相は、御所に伺候した。申剋、漸く平復された。酉剋に退出した。公任卿、参議道方・公信・経通・資平も、同じく退出した。中納言実成と参議通任は先に退出したのか。

権左中弁《ごんのさちゅうべん》(藤原)重尹《しげただ》が、賀茂下御社の神殿《しんでん》を修築する日時《にちじ》勘文《かんもん》を持って来た。束帯《そくたい》を着していたので、逢うことができなかった。奏上するよう伝えておいた〈勘申《かんじん》は暦の紙背《しはい》に記す。〉。

陰陽寮《おんみようりよう》

賀茂下御社の宝殿《ほうでん》を造立される雑事の日時を択び申す。

一、作事を始められる日時

九月二十八日、丙子〈時は午・申剋。〉、十月十五日、壬午〈時は巳・午剋。〉。

一、仮殿《かりどの》に遷し奉る日時

十月十四日、辛卯〈時は卯剋。〉。

一、神殿の柱を立て、梁《はり》を上げる日時

同日、時は午・申剋。

一、還り遷し奉る日時

十月十七日、甲午〈時は巳・申・戌剋。〉、二十三日、庚子〈時は申・酉剋。〉。

寛仁《かんにん》四年九月十四日　陰陽師《おんみようじ》清科行国《きよしなのゆきくに》

陰陽権助大中臣義光《おんみようのごんのすけおおなかとみのよしみつ》

主計頭《かずえのかみ》安部朝臣《あそん》吉平

二十日、戊辰。　斉信の非礼を嘲笑／道綱、危篤

今日は御当日である。そこで内裏に参った。宰相は車後に乗った。陣頭に人はいなかった。殿上間に参上した。斉信卿が直衣を着して、御読経僧の後ろに坐っていたことは、通例のとおりであった。奇怪とするに足る。公任卿は殿上間にいた。斉信卿は御当日の度に、直衣を着して僧の後ろに坐っている。公任卿が再三、傾き怪しんで云ったことには、「諸人の驚嘲《きょうちょう》は遍満《へんまん》している」ということだ。入道相府・関白及び御傍親の卿相は、御所に伺候している。行成卿・経房卿・公信・経通・資平は、或いは殿上間に伺候し、或いは鬼間《おにのま》に伺候している。教通卿は、公任卿を招いて清談《せいだん》した。すぐに殿上間の座に復して云ったことには、「道綱卿は、昨日から不覚である。只今、落命《らくめい》しようとしているということを、宰相乳母《さいしょうめのと》(藤原豊子《とよこ》)〈道綱卿の女《むすめ》である。〉の許に告げ送った。そこで急いで曹司《そうし》に下った」ということだ。今日、主上は発られなかった。御加持の僧綱《そうごう》以下、御読経僧たちに禄を下給したことは、差が有った。僧正《そうじょう》に十二疋以下、等差が有った。朝廷には絹が無かった。そこで入道相府がこれを下給した。私は秉燭の頃に退出した。この間、雨脚は密であった。権僧正《ごんのそうじょう》(深覚《しんがく》)を召す使は、今朝、帰り参った。「障りを申して、参りません」と云うことだ。権左中弁重尹が来て云ったことには、「賀茂下御社の宝殿を造築する日時勘文を、関白に覧せました。おっしゃって云ったことには、『この事は両日が有る。その前日に行なうように』ということでした」と。御帳《みちょう》・御簾《みす》・御座については、先例を調べて奉仕させるよう、命じておいた。

二十六日、甲戌。　清涼殿法華経不断御読経

急に昨日から清涼殿《せいりょうでん》に於いて法華経不断御読経《ほけきょうふだんみどきょう》を行なわれた。請僧《しょうそう》は二十一口《く》。「御病悩による」と云うことだ。

二十八日、丙子。　道長、灸治・湯治／道長、御悩により万僧供を行なう／道長受戒、延引／御邪気の明証／諸天の加護は政の善悪による／日増、群盗の為に負傷

源中納言《げんちゅうなごん》経房と、鬼間に於いて清談した。また、人々が云ったことには、「今日、入道殿は、灸治《きゅうじ》を行なわれた」ということだ。そこで内裏から参入した。修理大夫通任と、左衛門陣《さえもんのじん》の外に於いて逢った。云ったことには、「入道殿は灸治されました」ということだ〈(但波《たんば》)忠明宿禰《ただあきらすくね》が奉仕した。〉。これより先に、中宮大夫〈斉信。〉・新中納言《しんちゅうなごん》〈(藤原)兼隆《かねたか》。〉・右兵衛督〈公信。〉が、あの殿にいた。あれこれが云ったことには、「灸治の後、湯治《とうじ》を行なった」ということだ。斉信卿が云ったことには、「主上の御為に、入道殿は万僧供《まんぞうく》を行なわれました。十五大寺の僧名を取るよう、昨日、宣旨を下されました。今朝、左少弁章信に命じました」ということだ。入道殿が(源)済政《なりまさ》を介して、書状を送られて云ったことには、「今日の灸治は、大した苦痛は無かった。更に見舞いに来た事は喜びである。このような間、相対することができない」ということだ。人々が云ったことには、「来月五日の御受戒《じゅかい》は、御病悩によって延引《えんいん》する。未だ改めて定める日はない。大略は十二月、もしくは明春か。あの命である」と云うことだ。

斉信卿が云ったことには、「主上が発り悩まれる時、人に駆り移す間は、すでに尋常のようです。御《ぎょ》遊《ゆう》が有ります。人に移して通例に復する時、急にむつかり叫ばれるのです。これは御邪気です」ということだ。人ではない儀は、四天王《してんのう》の加護《かご》は無いのか。先年、最勝王経王法正論品《さいしょうおうきょうおうほうしょうろんぽん》を拝し奉った。諸天の加護は、政の善悪による。詳しくあの品に見える。これを仰いで信じなければならない。「先夜、阿闍梨日増《にちぞう》の房に群盗《ぐんとう》が入って来た。太刀で日増および弟子を打ち損じ、房中の物を捜し取った」と云うことだ。そこで今日、書状を遣わした。「疵《きず》を蒙《こうむ》った事は、すでに事実です。存命できそうもありません」ということだ。

○十月

一日。

……経発願《ほつがん》……

二日、己卯。乳を服す／菊酒／公任の装束を非難／後一条天皇病悩に際し、敦康親王の霊・種々の物怪、出来／下鴨社御帳作物所支度文／斎院禊祭納畢勘文／頼通上東門院、焼亡

今日、乳を服用した。清食《せいじき》していたので、気力を得る為である。□□□□云ったことには、「昨日、帥中納言《そちちゅうなごん》(藤原)行成《ゆきなり》・皇太后宮権大夫《こうたいごうぐうごんのだいぶ》(源)経房《つねふさ》・□□□宜陽殿《ぎようでん》で菊酒《きくしゅ》の宴が行なわれました。散楽《さんがく》に異なりません」と云うことだ。「入道殿《にゅうどうどの》(藤原道長《みちなが》)は、後一条《ごいちじょう》天皇の御物忌《ものいみ》に籠られました。御病悩は、昨日は発《おこ》られませんでした。□□発られます」と云うことだ。昨日、大納言《だいなごん》(藤原)公任《きんとう》卿は、直衣《のうし》と半靴《はんか》を着して、白昼、□□□門から入道殿の御直廬《じきろ》に参った。帥納言《そちなごん》(行成)が云ったことには、「行事《ぎょうじ》が有る日は、□□□□□□□を着すのである。前日、按察《あぜち》(藤原)斉信《ただのぶ》卿が直衣を着して御□□に伺候した事を、公任卿は再三、驚いて非難した。ところが、今日の事に准じると、あれは劣り、これは勝っている。もっとも奇怪とするに足る」ということだ。帥納言の非難は、もっとも□□□□□□□□日、入道殿の御直廬に参った。時服《じふく》を未だ調備して出していなかったので、直衣を着した。

「御病悩は、晦日《つごもり》に重く発られた。願を立てさせられたことが有った。故式部卿《しきぶきょう》親王(敦康《あつやす》親王)の霊が出来した」ということだ。「また、種々の物怪《もののけ》が顕露《けんろ》した」と云うことだ。

権左中弁《ごんのさちゅうべん》(藤原)重尹《しげただ》が、賀茂《かも》御社御帳作物所《おんしゃみちょうつくもどころ》の支度文《したくぶん》を持って来た〈預《あずかり》元重《もとしげ》が支度文を作成した。〉。はなはだ荒々しいものであった。そこで返給し、□□□□勘文《かんもん》を進上するよう命じた。前讃岐守《さきのさぬきのかみ》(源)済政《なりまさ》が来て言ったことには、「斎院《さいいん》(選子《のぶこ》内親王)の禊祭《けいさい》勘文については、究めて進上しました」と。早く納畢勘文《のうひつかんもん》を出すよう、斎院長官《さいいんのかみ》(源)光清朝臣《みつきよあそん》に仰せ遣わした。秉燭《へいしょく》の頃、関白《かんぱく》(藤原頼通《よりみち》)の家〈上東《じょうとう》門院《もんいん》。〉が焼亡した。そこで馳せ向かった〈宰相(藤原資平《すけひら》)は車に乗った。〉。何日来、関白は上東門院に□□□□□□。入道殿と関白は、内裏から同車して、上東門院に□□□□□られた。入道殿・関白殿・大納言□□□□□□□□□しばらく清談《せいだん》した。火の発った処を問うたところ、関白□□□□□□□□□□。関白殿に参りました。拝謁しませんでした」ということだ。

四日、辛巳。　下鴨社支度文を改定／右近衛府看督使を補す

権左中弁重尹が来て云ったことには、「作物所の預元重の支度文を返給しました。(宇治《うじの》)良明宿禰《よしあきすくね》に改めて進上させるよう、(但波《たんばの》)奉親《ともちか》朝臣に命じました。今朝、良明宿禰が参って来て、□□□□□□」と。また、云ったことには、「絹・米・漆は、国々に召すことになりました。事情を承ろうと思います」ということだ。召すことにする国々を定めて、また命じておいた。大納言の書状に云ったことには、「主上《しゆじよう》(後一条天皇)は、昨日、頗る眠られている様子が有った。ところが、何事も無かった。今朝は尋常でいらっしゃる。これまた、左大将《さだいしよう》(藤原教通《のりみち》)が説いたものである」ということだ。番《ばん》長日下《ちようくさか》部為行《べのためゆき》を看督使《かどのつかい》とし、右近将監《うこんのしようげん》(高《こうの》)扶宣《すけのぶ》を介して、右中将《うちゆうじよう》(藤原)公成《きんなり》の許に示し遣わした。すぐに書□□□。

五日、壬午。　斉信、物忌を破り病悩／道綱、重篤／道長、御悩平癒の為、五大尊を造顕し、法華経・大般若経を書写／道長、灸治

早朝、□□□□□(平)範国《のりくに》が云ったことには、「昨日、主上はいささか御病悩の様子が有りました。ところが、すぐに平癒《へいゆ》されました。入道□□□□□関白が参られました」ということだ。大納言が雑事を伝えられた次いでに云ったことには、「中宮大夫《ちゆうぐうだいぶ》(斉信)が、関白の家が焼亡した夜から、悩み煩《や》うことが有る」ということだ。或いは云ったことには、「あの日は物忌であった。ところが、火事であったので、馳せ参った」と云うことだ。(但波)忠明《ただあきら》宿禰が云ったことには、「昨日、仰せによって、皇太后宮大夫《こうたいごうぐうだいぶ》(藤原道綱《みちつな》)の家に参りました。飲食を受けないことが、すでに数日に及びます。まったく為す術はありません。治すことのできる事を伝え問われました」ということだ。昨日、あの修法《しゅほう》を阿闍梨《あじやり》、、、増宮《ぞうきゆう》が云ったことには、「飲食を受けません。怖畏《ふい》はやはりあります。ただ、独りで歩いて大便所《だいべんしょ》に向かいました。これを憑《たの》みとしています。また、沐浴《もくよく》は通例のとおりです。食さないことを恐れとしています」ということだ。□□□□□□□□□□□□（菅野）敦頼《あつより》が□云ったことには、「今日、小南殿《こみなみどの》に於いて、主上の御為に、丈六《じょうろく》の五大尊像《ごだいそん》を造顕《ぞうけん》されました」と。後日、阿闍梨頼尊《らいそん》が云ったことには、「ただ不動尊像《ふどうそん》と大威徳尊像《だいいとくそん》を造顕し奉られました。また、『千部法華経《ほけきょう》と金《こん》泥大般若経《でいだいはんにやきょう》六部を書写《しょしゃ》し奉る御願を、主上の御為に立て申されました』と云うことです」ということだ。「今日、入道殿は、また、肩を灸治《きゆうじ》した」と云うことだ。

六日、癸未。　後一条天皇、重病

早朝、前帥《さきのそち》〈（藤原）隆家《たかいえ》。〉が告げて云ったことには、「去る夕方、入道殿に参りました。清談の間、太《おお》后《きさき》（藤原彰子《あきこ》）が（藤原）敦親《あつちか》朝臣を介して、おっしゃられて云ったことには、『主上は重く発り悩まれている。只今、参られるように』ということでした。驚きながら、□□□に参られました。また、御病悩が重く発られている様子が有って、事情を告げず、しばらく伺候して退出しました」ということだ。詳細を取ることを（藤原）章信《あきのぶ》の許に云い遣わした。帥納言〈行成。〉の許に問い遣わした。報じて云ったことには、「只今、或いは云ったことには、『去る夕方、重く発られた』ということでした」と。午の後剋、内裏に参った〈宰相は車後《くるまじり》に乗った。〉。卿相《けいしょう》は参っていなかった。「入道相府《にゅうどうしょうふ》（道長）と関白が、御所に伺候されている。また、御傍親《ぼうしん》の卿相が伺候している」と云うことだ。御病悩の詳細を蔵人《くろうどの》頭《とう》（朝任）に問うた。云ったことには、「この二、三日、時々、発られます。ひとえにこれは、邪気《じゃけ》です。今日、格別な事はおありにならないとはいっても、やはり尋常の様子ではありません」と云うことだ。「前僧都《さきのそうず》心誉《しんよ》が、御加持《かじ》を奉仕した。邪気を駆り移した」と云うことだ。私は□□□□に臨んだ。途中、秉燭となった。

□□□□□□□□□□

七日、甲申。　下鴨社支度文／維摩会の大掛を催促される／小南殿の怪異

権左中弁が、賀茂《かも》社の御帳の支度文〈作物所の預良明宿禰の支度文。〉を持って来た。見終わって、返給した。金・銀・水銀・糸は蔵人所《くろうどどころ》から請奏《しょうそう》を作成して、奏上しなければならない。他の物は、諸国に召すよう、命じた。関白の侍所《さむらいどころ》の職事《しきじ》（藤原）公業《きんなり》朝臣が来て、維摩会《ゆいまえ》の大掛《おおうちき》を催促した。「未・申剋の頃、小南殿の庭中《ていちゅう》に、雉《きじ》が集まった」と云うことだ〈小南殿は入道殿。〉。「これは前師が伝え送ったものである。□□□まったく聞いたことのない事である。もしかしたら聞き誤ったのか」ということだ。

八日、乙酉。　春日社読経巻数／雉、安福殿に入る怪異／孔雀経不断御読経

春日《かすが》御社の読経の巻数《かんず》を持って来た。権別当僧都《ごんのべっとうそうず》扶公《ふこう》の童子《どうじ》である。手作布《たづくりのぬの》一端《たん》を下給した。左近《さこんの》将曹《しょうそう》（八保部《やまたべの》）重種《しげたね》が云ったことには、「昨日、雉が安福殿《あんぷくでん》に入って、□□□□□飛び去りました。

（安倍）吉平《よしひら》が占い申して云ったことには、『火事が有るわけではない。北東と南西の方角から、兵革《へいかく》について奏上するのか』ということでした」と。晩方、宰相が来て云ったことには、「御当日《あたりび》ですので、内裏に参入します」ということだ。或いは云ったことには、「今日から孔雀経《くじやくきようふ》不断《だんみ》御読経《どきよう》を行なわれる」と。夜に入って、宰相が伝え送って云ったことには、「今日、発られました。邪気が多く女房《にようぼう》に託宣《たくせん》しました」と云うことだ。

九日、丙戌。　下鴨社に下給する雑物の請奏／道綱、法性寺に参籠

宰相が云ったことには、「昨日、御病悩が□□□□□ということを、頭中将《とうのちゆうじよう》（源）朝任《あさとう》が談りました」ということだ。大納言が伝え送って云ったことには、「昨日の御病悩は、大した事はおありにならなかった。邪気の声と入道殿の行事の声が交じって、静かではなかったのである」ということだ。権左中弁が蔵人所から雑物を下給することになっている請奏を持って来た。早く奏下《そうか》するよう、伝え云わせておいた。逢うことはできなかった。前師が伝え送って云ったことには、「皇太后宮大夫は、一昨日、出家しようとしました。ところが、室や子息が云ったことには、『先ず法性寺《ほつしようじ》に参籠《さんろう》した後、状況に随って遂げるように』と懇切《こんせつ》に語りました。『そこで昨日、参入した』と云うことでした。確かに聞いたところです」ということだ。

十一日、戊子。　下鴨社、神殿の戸を格子に改めることを申請、これを却下／手作布百端を諸国に課す／道綱の病状／藤原方正の祈禱／作物所預、御幣を賢所に奉献し、拘禁される

内裏に参った。宰相は車後に乗った。大納言公任卿と右大弁《うだいべん》(藤原)朝経《あさつね》が、同じく殿上間《てんじょうのま》に参って伺候していた。酉剋、事情を□□□□。あれこれが云ったことには、「今の間、発られる様子が有る。女房が叫ぶ声を、まま聞いた。極めて静かではなかった。関白は御所に伺候している」と。また、章信に問うたところ、「今の間は、大した事はおありになりません」ということだ。蔵人式部丞《くろうどしきぶのじょう》(平)定《さだ》親《ちか》と大膳亮《だいぜんのすけ》(源)資通《すけみち》に宣旨《せんじ》を給わった。すぐに左少弁《さしょうべん》章信に下した。黄昏、退出した。権左中弁重尹が、□□□□□御社の神殿《しんでん》の正面の戸である。ところが、社司《しゃし》が申して云ったことには、「神物を供える際、はなはだ狭く、煩いが多いのです。今度は格子《こうし》と御簾《みす》を懸けることにします。丈尺《じょうしゃく》を進めます」ということだ。命じて云ったことには、「神代《かみよ》から造営した神殿ではないか。ところが、戸を改めて御格子を懸けるのは、極めて便宜《びんぎ》の無い事である。神道《しんとう》の事は、左を右に改めることはない。どうしてましてや、御殿はなおさらである。この御殿は、(橘)義通《よしみち》朝臣が修造するものである。まったく社司の申請によってはならない」と。元のとおりに造営するよう、仰せ下しておいた。また、云ったことには、「召物《めしもの》はただ、支度が甚だ乏少で、不足が多いのです。手作布を国々に召して、充て用いては如何でしょうか」ということだ。百端は、申請によった。今日、公任卿が云ったことには、「忠明宿禰が云ったことには、『皇太后宮大夫の許に参りました。一切、食しません。痢病《りびょう》は更に発りました』と。すでに□□□□□□□語って云ったことには、「東宮(敦良《あつなが》親王)の御祈《き》禱《とう》を、賀茂《かも》社に申された事について、社司が申させたことには、云々。その事は、河内守《かわちのかみ》(藤原)方正《かたまさ》の妻が祈り申させた」と云うことだ。「方正の妻と謂うのは、これはつまり御乳母《めのと》である。□□方正を疑った」と云うことだ。また、作物所の預元重が、五色の御幣《ごへい》を賢所《かしこどころ》に奉献《ほうけん》した。その事によって、作物所に拘《こう》禁《きん》された。この事は、人々が密かに語った。一に怪しみ、一に驚いた。悪人が我が身を思って行なったものか。

十三日、庚寅。　下鴨社御神体遷移の弁を改替し、源経頼を社頭に参らせる

今朝の夢は静かではなかった。そこで北門を閉じた。史《し》斉通《ただみち》に申させて云ったことには、「明日、賀《か》茂下御社《ものしものみやしろ》の御神体《しんたい》を仮殿《かりどの》に移し奉ることになっています。ところが権左中弁〈重尹。〉は、犬の産穢《さんえ》が有ります。そこで社に参ることができません。弁と史は、共にその間、伺候します」ということだ。命じて云ったことには、「只今、内裏に参ることができない。□□□□権弁《ごんのべん》朝臣（重尹）が□ということを、蔵人章信を介して関白殿に申させるように」と。自ら定め仰せられるところが有るであろう。斉通が帰って来て云ったことには、「章信朝臣を介して、申させました。おっしゃって云ったことには、『右中弁《うちゅうべん》（源）経頼《つねより》を社頭《しゃとう》に参祇《さんし》させるように』ということでした」と。すぐに仰せ下した。史斉通は、時剋が多く移っても、帰ってこなかった。そこで書状で章信朝臣の許に示し遣わした。未だ返事を聞かないので、斉通は来て伝えただけである。斉通が深夜、来て云ったことには、「勅旨《ちょくし》を伝えて経頼朝臣に命じました。明朝、社頭に参祇するよう申させました」ということだ。懈怠《けたい》が無いよう、命じた〈時は卯剋。〉。夜に入って、章信朝臣の返事が有った。斉通が伝え申したとおりであった。

十四日、辛卯。　下鴨社仮殿遷宮／道綱、出家

卯剋、下御社の御神体を仮殿に移し奉った。正殿を修造する為である。弁と史が伺候した。禰《ね》宜《ぎ》及び神《じ》人《にん》たちは、前日、浄衣《じょうえ》を給わった〈絹と布は差が有った。皆、勘文を進上させた。行事所《ぎょうじしょ》から充て給わった。その数は幾《いく》ばくもなかった。〉。大納言道綱卿が、夜半の頃、出家したということを、四条大納《しじょうだいな》言《ごん》(公任)と新宰相《しんさいしょう》(経通)が語った。或いは云ったことには、「入道殿は、大納言の出家を見舞う為、法性寺にいらっしゃった」と云うことだ。宰相が来た。入道殿が帰られる頃を推し測って、参入した。夜に入って、来て云ったことには、「未だ帰られません」ということだ。

十五日、壬辰。　穢が終わった後、遷宮行事を勤めることの可否／道長邸月例念仏／孔雀経御読経結願

早朝、史斉通を召し遣わし、昨日の状況を問うた。申して云ったことには、「仮殿に渡し奉った際、左中弁経頼が伺候しました」ということだ。また、申して云ったことには、「先日、命じられた趣旨は、権左中弁重尹に伝えておきました。申して云ったことには、『謹んで承りました』ということです」と。命じて云ったことには、「穢《え》が終わったならば、もしかしたら元のとおりに勤められるのであろうか。それとも、右中弁が中間に預かり参るのか。移し奉る事を始め行なわれているとはいっても、穢によって移し奉る日の事を行なわれない。そこで他の弁に行なわせた。この間は、如何であろう。明後日、還り移し奉ることになっている。事がもし揃わなかったならば、準備している日は二十三日である。事が揃っているかどうかは、如何であろう。触穢《しょくえ》は昨日だけである。前例を調べて伝えられるように。状況に随って、奏達《そうたつ》を経なければならない」と。その報に云ったことには、「あれこれ、ただ決定に従います」ということだ。私が云ったことには、「逢って伝えることとする」と。斉通がまた、帰って来て云ったことには、「只今、参入します」ということだ。蔵人弁章信が、伯耆《ほうき》国解《こくげ》および行元《ゆきもと》を召す使の解文《げぶみ》を持って来た。奏聞《そうもん》するよう、伝えておいた。権弁が来て云ったことには、「昨日、犬の産穢が満了《まんりよう》しました。但し、このような神事を執行する人が、中間に穢によって行事しないということは、急には覚えていません。あれこれ、決定に随って処置します」ということだ。私が答えて云ったことには、「斎院の禊祭を行なう人は、触穢が有るとはいっても、その間、他の弁に行なわせる。遂に元の人にその事を行なわせるのが通例である。これに准じて、もしかしたら行なわれるべきであろう」と。承諾して、退出した。また、神殿の戸については、□使が社司を仰せ遣わすよう、また弁に伝えておいた。宰相が来た。しばらくして、退去した。夜に入って、来て云ったことには、「内裏に参った次いでに、入道殿に参りました。恒例の念仏《ねんぶつ》を行なわれました。諸卿が多く参りました。主上は大した事はおありになりませんでした」と云うことだ。

今日、孔雀経《くじやくきよう》御読経が結願《けちがん》した。僧は二十口《く》。

十六日、癸巳。　後一条天皇、病悩／道長、祈禱を行事／道綱、薨去

内豎《ないじゅ》が来て云ったことには、「蔵人（藤原）良任《よしとう》が仰せを伝えて云ったことには、『明日、御読経結願が行なわれます。辰剋に参入されますように』ということでした」と。権左中弁が来て云ったことには、「明日、移し渡し奉ることになっています。ところが、御屏風《びょうぶ》が未だ画き終わっていません。また、作物所が奉献した供物《くもつ》の漆が、未だ乾いていません」ということだ。答えたことには、「二十三日が、準備していた日である。あの日に移し奉るのに、何事があるであろう。但し、関白に申して処置すべきである」と。宰相と同車して、内裏に参った。殿上間に参上した。帥納言〈行成。〉と左大弁《さだいべん》〈源〉道《みち》方《かた》。〉が、同じく参った。申剋の頃、入道殿が参入した。「関白は、また御所に伺候されている」と云うことだ。「主上は頗る発られている」と云うことだ。邪気は人に移した。その声は時々、聞こえた。入道殿が行事されていた。まるで験者《げんざ》のようであった。権弁が云ったことには、「賀茂下御社は正しく二十三日に還御《かんぎょ》し奉るよう、関白がおっしゃられました」ということだ。明日、物忌によって御読経に参ることができないということを、頭中将朝任に告げた。黄昏、退出した。

「入道大納言《にゅうどうだいなごん》(道綱)が、昨夜、入滅《にゅうめつ》した」と云うことだ。

十七日、甲午。　当季仁王講始／隆家男経輔、春日祭使を勤める為、左少将に任じられる／御読経、延行／経輔の申慶・初参について教示

今日、当季仁王講始《にんのうこうはじめ》が行なわれた〈盛算《じょうさん》阿闍梨・念賢《ねんけん》・運好《うんこう》。〉。四部《しぶ》を供養《くよう》した〈閏月の分を加えた。〉。八《はっ》卦《け》の厄日《やくび》であった。そこで御読経結願に参らなかった。

宰相が内裏から伝え送って云ったことには、「(藤原)経輔《つねすけ》を左少将《さしょうしょう》に任じました。大納言公任卿が承って行ないました〈陣座《じんのざ》に於いて、これを承りました。〉。春日祭使《かすがさいし》を奉仕することになったので、抽任《ちゅうにん》されたものでしょうか。権中納言《ごんちゅうなごん》（藤原）兼隆《かねたか》は、道綱の服喪《ふくも》によって、五節《ごせち》の舞姫《まいひめ》を献上することができません。そこで今日、帥中納言行成に改められました。御病悩が不快であるので、御読経が延行《えんこう》されたことは七箇日です」ということだ。夜に入って、宰相が来た。前帥は、頻りに経輔の中慶《しんけい》や初参について問い送ってきた。すでに一、二度に及んだ。事毎に答対した。

十八日、乙未。　除目／維摩会講師教円、慶賀

早朝、大納言が記し送られて云ったことには、「昨日、除目《じもく》が行なわれた。刑部権少輔《ぎょうぶのごんのしょう》に（藤原）家経《いえつね》〈『宇佐使《うさし》は、無官《むかん》では便宜が無い』と云うことだ。〉、左少将に経輔〈祭使《さいし》の分。〉。五節の舞姫は、大略、帥《そち》（行成）か」ということだ。当講《とうこう》教円《きょうえん》が、門の辺りに来た。いささか慎しむところが有って、相対しなかった。維摩会が終わったので、悦んだのである。（藤原）資高《すけたか》朝臣を介して、書状を通わせた。

十九日、丙申。

宰相が来た。或いは云ったことには、「夜、主上は重く発り悩まれました」と。

二十日、丁酉。　下鴨社神殿の覆勘文／長門国の築垣について宣旨を下す／陣中文／内印

内裏に参った。殿上間に参上した。帥中納言行成・左大弁道方・修理大夫《しゅりだいぶ》（藤原）通任《みちとう》・右大弁朝経・左京大夫《さきょうだいぶ》（藤原）経通《つねみち》が参入した。帥と左大弁は、外記政《げきせい》が終わって、参入した。権左中弁重尹が、宣旨一枚を下した。すぐに同じ弁に下した〈義通が申請した下御社の神殿二宇《う》の覆勘文《ふっかんもん》。〉。「長門《ながと》国の築垣《ついがき》については、去年、官符《かんぷ》を給わった。ところが、国司《こくし》（藤原文隆《ふみたか》）が卒去した。新司《しんじ》（橘元愷《もとすえ》）を任じた。更にまた、官符を給わってはならない。宣旨を給わなければならないということだ」と云うことだ。奏聞したところ、「申請によるように」ということだ。重尹を介して奏請《そうせい》した。すぐに宣下した。頭中将朝任が云ったことには、「御病悩は、一昨日、発られた。昨日は大した事はおありにならなかった」ということだ。入道殿と関白は、御所に伺候された。申の終剋に至って、殿上間に伺候された。御病悩が発られているということを承っていない。文書《もんじょ》を申させる為、陣座に着した。伯耆守《ほうきのかみ》（藤原）隆佐《たかすけ》の申請した勘出文《かんしゆつもん》〈前々司《ぜんぜんじ》（平）道行《みちゆき》の任終《にんしゆう》の年・前司《ぜんじ》（紀）致頼《むねより》の任三年。〉・美作《みまさか》の匙文《さじぶみ》・史文実《ふみざね》の申請した馬料の文。申文《もうしぶみ》の作法は恒例のとおりであった〈大弁道方・史（宇治）忠信《ただのぶ》。〉。勘出文については、何日か、致仕《ちし》大納言《だいなごん》（源俊賢《としかた》）が懇切に書状を送ってきた。そこで下したものである。帥納言が、内印《ないいん》の上卿《しょうけい》を勤めようとした。そこで退出した。

宰相は、今日、車後に乗った。

二十一日、戊戌。

今日は八卦物忌である。ただ出行《しゆつこう》を禁じただけである。

二十二日、己亥。　**土公出入の時剋**

陰陽頭《おんみようのかみ》（惟宗《これむねの》）文高《ふみたか》が云ったことには、「土公《どくう》が出入する時剋は、或る書に云ったことには、『出入は寅・申剋』ということでした」と〈「出る時は寅剋、入る時は申剋。そこで日が犯土《ぼんど》に入る」ということだ。〉。昨日、吉平に問うた。答えて云ったことには、「道理は□ないとはいっても、用いて来たことは、すでに久しいものです。随ってまた、今、これを用いています。陰陽書《おんみようしょ》に云ったことには、『世の用いるところは、用いないわけにはいかない』ということです。このような事です」ということだ。昨日、吉平が記し送ったところは、このようであった。今日、文高が述べたところも、またこのようなものであった。「本文を記し送るように」ということだ。後の為に記したものである。

二十三日、庚午。　隆家女と敦儀親王の婚儀、道長の不興により停止／下鴨社正遷宮

前帥の聟《むこ》について〈式部卿宮《しきぶきょうのみや》（敦儀《あつのり》親王）。〉、入道殿の意向が不快であるので、急に停止《ちょうじ》となった。帥の許から、頻りにこの事情を伝えてきた。その間の事は多い。記すことができない。

今日、賀茂下社の御神体を、宝殿《ほうでん》に還し移し奉った。弁と史が伺候した。文高宿禰が勘申《かんじん》して云ったことには、「『新撰陰陽書《しんせんおんみようしょ》』に云ったことには、『大将軍《たいしょうぐん》と方伯神《ほうはくしん》は、四孟《しもう》にいない。四仲《しちゅう》に常行《じょうぎょう》する。そこで四方を正し、三歳に一移する。百事、犯してはならない』と。『周礼《しゅらい》』に云ったことには、『大将軍が東方にいれば、東北東と東南東の方角を忌避《きひ》しなければならない』と。『雑暦《ざつれき》』に云ったことには、『土公物を見る時剋は、甲・乙日〈辰剋。〉、丙・丁日〈未剋。〉、戊・己日〈午剋。〉、庚・辛日〈亥剋。〉、壬・癸日〈申剋。〉。この時、犯土は大凶《だいきょう》で、人を害す。土公の遊方《ゆうほう》は、甲子〈北遊《ほくゆう》。〉、庚午〈還る。〉、戊寅日〈東遊《とうゆう》。〉、甲申〈還る。〉、甲午〈南遊《なんゆう》。〉、庚子〈還る。〉、戊申日〈西遊《せいゆう》。〉、甲寅〈還る。〉。寅・申剋を、出入の時剋とする』と」と。

二十四日、辛丑。　下鴨社社殿の調度、美麗

早朝、作物所の預良明宿禰が申して云ったことには、「昨日の御帳や雑具は、はなはだ優美でした。弁や史も感動し申しました。また、源中納言《げんちゅうなごん》〈経房。〉も参会しました。深く見て、感動しました」ということだ。

二十五日、壬寅。

内裏に参った。宰相は車後に乗った。陣頭に人はいなかった。「大納言〈公任。〉・皇太后宮権大夫〈経房。〉・左大弁〈道方。〉が、関白の御直廬にいる」と云うことだ。私は殿上間に伺候した。頭中将朝任が云ったことには、「昨日と一昨日は、発られませんでした。今日、またその様子はありません」ということだ。一昨日、賀茂下社の御神体を還し移し奉った事について、詳細を権左中弁重尹に問うたところ、云ったことには、「定剋に移し奉りました」と。また、御□□御調度《ちょうど》について問うたところ、云ったことには、「はなはだ好く奉仕しました。旧物に千倍します。また、画所の御屏風は、能く奉りました」ということだ。作物所が奉仕した物は多い。そこで預良明宿禰に禄を下給するよう、命じておいた。私は酉剋に退出した。

二十六日、癸卯。

扶公僧都が黄昏に臨んで、来て談った次いでに云ったことには、「今日、主上は発られた」ということだ。僧都は御読経に伺候していた。そこで聞いたものか。

二十七日、甲辰。陽明門造営の雑事

但馬守《たじまのかみ》（橘）則隆《のりたか》が来て、陽明門《ようめい》造営の雑事を言った。「行事の史（藤原）信賢《のぶかた》が云ったことには、『皆、新しい柱に改めて立てるように』ということです。朽損《きゅうそん》の無い柱を改替《かいたい》するのは、急にその準備はありません。朽損している柱は、ただ三本です。その他は、朽損はありません。どうして奉れましょうか」ということだ。朽損していることが無い柱については、改替してはならないということを伝えておいた。

二十八日、乙巳。不断御読経結願／諸寺別当定、延引／安福殿の怪異により、攘火の祈禱を行なわんとす

蔵人弁章信が伝え送って云ったことには、「今日、御読経が結願した後、諸寺の別当《べっとう》を補すことになっています。必ず参入してください」ということだ。「関白の仰せです」ということだ。参るということを申させた。その後、内豎が来て云ったことには、「巳剋に御読経が結願します。その時以前に参入されますように」ということだ。宰相と同車して、内裏に参った。殿上間に参上した。章信朝臣を介して、参入したということを申させた。「御読経が結願した後、命じられる事が有ります」ということだ。酉剋、鐘を打った。出居《でい》が座に着した。次いで諸卿が御前の座に着した。不断御読経によって、これより先に、僧侶が御前に伺候した。秉燭に及んで、行香《ぎょうごう》が行なわれた〈私、中納言《ちゅうなごん》経房、参議《さんぎ》道方・朝経・経通・資平。殿上人《てんじょうびと》二人が加わった。〉。「晩方、いささか発られました。邪気が時々、叫びま

した。入道相府と関白は、御所に伺候しています」と云うことだ。私が殿上間に伺候していた際、章信が関白の仰せを伝えて云ったことには、「鬼間《おにのま》に於いて逢うこととする」ということだ。すぐに参って拝謁した。おっしゃって云ったことには、「諸寺の別当を定めなければならない。ところが、諸卿の数が少ない。そうとはいっても、定めるべきであろうか、如何か」ということだ。申して云ったことには、「上達部《かんだちめ》の数が少ない上に、今日は没日《もつにち》で、最悪日《さいあくにち》です。神事の後、宜しい日に定められるのが宜しいでしょう」と。関白は承諾された。この頃、帥中納言行成が参入した。「召しによって、参入しました」と云うことだ。大納言公任を、同じく召した。「この議定《ぎじょう》によるものである」と云うことだ。公任卿は参らなかった。関白が云ったことには、「御病悩の様子ばかり発る。明日から四箇日は神事である。参入することはできない。また、軽服《きょうぶく》の卿相および僧たちは、伺候することができない。先日の雉の怪異《かいい》は、もっとも火事を恐れなければならない。邪気が申したところは、必ずしも信じることはない。ところが、火事は必定で、遁れられることは難しいであろうから、攘火《じょうか》の事を内外に行なわれなければならない」ということだ。申して云ったことには、「神祇官《じんぎかん》の斎院に於いて、明日から御祈禱《きとう》を行なうのが宜しいでしょう。また、天台《てんだい》(延暦寺《えんりゃくじ》)の諸院・諸堂の御祈禱は、これは古跡《こせき》です。ところが、行なわれないのは、如何なものでしょう」と。答えられて云ったことには、「天台の御祈禱は、近代は絶えて聞かない。また、神祇官の御祈禱を、明日から奉仕させるように」ということだ。また、云ったことには、「近習《きんじゅう》の人々は軽服である。また、母后《ははきさき》(彰子)は弘徽殿《こきでん》にいらっしゃるであろう。このような間、そうあるべき人はいない。はなはだ便宜のないことである。蔵人頭を経た上達部は、互いに伺候するよう、命じるように」ということだ。夜に入って、私は退出した。頭中将朝任が、御導師《どうし》阿闍梨の辺りに就いて、度者《どしゃ》を給うということを伝えた。

二十九日、丙午。　邸内に野猪あり／冷泉院に放つ／道長、公卿の請願を厭い、拝謁を避く

早朝、庭で雑人《ぞうにん》の猥雑《わいざつ》の声がした。事情を問わせたところ、申して云ったことには、「南池の辺りの山吹の中に、野猪《やちょ》〈くさゐなき。〉がいました。童部《わらわべ》が見付け、男たちに告げました。随身《ずいじん》たちが逐い出しました。走って松樹に登りました」と。この間、これを見ると、野猪は堕ちて池水に入り、南岸を指して行った。岸に昇った際に、執り獲て、持って来た。朱雀院《すざくいん》に放ち遣った。使の仕丁《しちょう》の男が帰って来て云ったことには、「冷泉院《れいぜいいん》の山に放ちました」ということだ。晩方、宰相が来て云ったことには、「関白殿に参りました。奉謁《ほうえつ》しませんでした。次いで入道殿に参りました。おっしゃられて云ったことには、『神事の間、源中納言と新宰相は、互いに候宿《こうしゅく》するように』ということでした。『去る夕方、源中納言□□明日、参って候宿するということを申した』ということでした。近習の僧俗が云ったことには、『朔日から卿相に会うことはできないということを、入道殿がおっしゃられました。上《じょう》臈《ろう》の卿相が、連々、伺候されて長話するので、はなはだ苦しいのです。そこで拝謁されることはできません』ということだ。『或いは両大納言（斉信・公任）や師納言が、長話したのでしょうか』と云うことでした。『除目以前に拝謁されることはできない』と云うことでした」と。

三十日、丁未。　春日祭使、出立

今日、春日祭使左少将経輔が、郁芳門第《いくほうもんてい》から出立《しゅったつ》した。前帥が舞人《まいびと》と陪従《べいじゅう》の下襲《したがさね》や袴《はかま》を皆、調備して揃えた。人々に乞わないということを、先日、談ったものである。ところが、事は前例がある。そこで摺袴《すりばかま》を送った。「また、事情を上達部や殿上人に告げなかった」と云うことだ。帥の芳心《ほうしん》は、もっとも深い。そこで今日および還立《かえりだち》の日に訪ね参るということを、宰相に伝えさせた。帥が(源)安道《やすみち》朝臣を介して、伝え送って云ったことには、「経輔の供人《ともびと》は馬がありません。馬二疋を貸し与えてくださ い」ということだ。すぐに貸し送っておいた。宰相が祭使所《さいししょ》から来て云ったことには、「未剋の頃、出立しました」と。上達部が穏座《おんのざ》に下り居た後、参り到った。幾くもなく、歌舞《かぶ》があった。「源中納言経房・左《さ》三位中将《さんみちゅうじょう》(藤原)道雅《みちまさ》・致仕大納言は、直衣を着して簾中《れんちゅう》にいた」ということだ。宰相は内裏に参った〈宿衣《しゅくえ》を着した。〉。敦頼朝臣が云ったことには、「家が調備した摺袴を、皆に着させました。その後、皇太后宮《こうたいごうぐう》(藤原妍子《きよこ》)が、袴二腰《こし》を下給しました〈綾摺《あやずり》の重袴《かさねばかま》としました。五重《かさね》。〉。御使は逃げ去りました。そこで物を皇太后宮大進《こうたいごうぐうだいじん》(藤原)頼任《よりとう》に被《かず》けました〈白い掛《うちき》と単重《ひとえかさね》の袴。〉。頼任が云ったことには、『元の御使を捜して下給すべきでしょうか』と。晩方、処々から多く出来しました」ということだ。

○十一月

一日、戊申。　梅宮祭の次第／高田牧についての書状／方違

早朝、宰相(藤原資平《すけひら》)が内裏から退出して云ったことには、「昨夜、候宿《こうしゅく》しました。中納言〈(源)経房《つねふさ》。〉と一緒に、二間《ふたま》に候宿しました。御在所《ございしょ》は、はなはだ近かったです。後一条《ごいちじょう》天皇の聖体《せいたい》は、尋常のようでした。女房《にょうぼう》たちは、ただ火事が有るということで、夜通し、周章《しゅうしょう》していました」と。召使《めしつかい》が申して云ったことには、「明日の梅宮祭《うめのみやのまつり》に参入するということです。式次第を申してください」ということだ。病悩を称した。先日、筑前守《ちくぜんのかみ》(平)理義《まさよし》が、宰相に書状を送って云ったことには、「(宗形《むなかたの》)信遠《のぶとお》の事によって、頗る悔属《かいしょく》の詞が有ります」と。今日、返事を送るよう、宰相に伝えておいた。明朝、念誦堂《ねんじゅどう》の壇を築造することにする。太白方《たいはくほう》に当たるので、今夜、西中門《にしちゅうもん》の北廊《きたろう》に宿した。(安倍)吉平《よしひら》と(惟宗《これむねの》)文高《ふみたか》が申したことによる。

二日、己酉。　石塔造立／方違／故増暹の為に図仏・写経供養

今日、石塔を造立し奉った。昨日は春日祭《かすがのまつり》であったからである。念誦堂の壇〈塔を安置し奉る処だけに壇を築造することとした。陰陽頭《おんみょうのかみ》文高が申したことによる。〉、および西門の北腋《わき》の壇を築造するので、早朝、西隣の宅に移った〈辰剋、自ら土を掘り、初めて壇所を置いた。その後、西隣に移った。〉。黄昏、垣を築き終わった。すぐに堂前《どうぜん》に帰った。泉を頗る掘り広げた〈東行。〉。「宰相の宅の東垣を、今日から築かせる」と云うことだ。そこで妻子も共に西対《にしのたい》に移った。宰相は祭使《さいし》の還饗所《かえりあるじしょ》に向かった。私が促したのである。今日、故増暹《ぞうせん》の為に、普門寺《ふもんじ》に於いて図仏・写経《しゃきょう》を行ない、法事を修させた。病であったので、衣櫃《ころもびつ》一懸《かけ》を封して、送った。伝え申させて云ったことに

は、「死後、善事《ぜんじ》を修してください」ということであった。そこで行なわせたものである。この衣櫃の内に、綾二疋・絹四十余疋・縑《かとり》一疋を納めた。私は細手作布《ほそたづくりのぬの》六端《たん》・法服《ほうふく》二具《よろい》□□。同法の興照《こうしょう》大徳《だいとく》が行なわせた。「請僧《しょうそう》は、彼が定めた」と云うことだ。

三日、庚戌。　道長、定頼の大弁昇任を公任に約す／頼宗に『白氏文集』要文を貸す／藤原懐忠、薨去

早朝、左京大夫《さきょうだいぶ》(藤原)経通《つねみち》が来て、語って云ったことには、「大弁については、勝手気ままなことです。今朝、関白《かんぱく》(藤原頼通《よりみち》)が密談されたところです。四条大納言《しじょうだいなごん》(藤原公任《きんとう》)は、懇切《こんせつ》に入道殿《にゅうどうどの》(藤原道長《みちなが》)に申請しましたので、すでに許容が有りました」ということだ。五節《ごせち》の舞姫《まいひめ》の装束《しょうぞく》を請け取って、退去した。左少将《さしょうしょう》(藤原)経輔《つねすけ》が来て、摺袴《すりばかま》の恐縮を申した。逢った。清談《せいだん》の次いでに云ったことには、「昨日、皇太后宮権大夫《こうたいごうぐうごんのだいぶ》〈経房。〉・修理《しゅり》大夫《だいぶ》〈(藤原)通任《みちとう》。〉・左《さ》三位中将《さんみちゅうじょう》〈(藤原)道雅《みちまさ》。〉・宰相が、来訪しました」と。左衛門督《さえもんのかみ》〈(藤原)頼宗《よりむね》。〉が、(藤原)師通朝臣《もろみちあそん》を遣わして、『白氏文集《はくしもんじゅう》』要文《ようもん》一帖《じょう》を返し、また二帖〈第五・六□□巻。〉を借りに来た。宰相が来て云ったことには、「昨夜、内裏に候宿しました」と。去る朔日、民部卿《みんぶきょう》(藤原)懐忠《かねただ》が薨じた〈年、八十六歳。〉。或いは云ったことには、「剃頭《ていとう》の後、入滅《にゅうめつ》した」ということだ。

四日、辛亥。　神鏡、鳴る／除目の情報

一日、内侍所《ないしどころ》の賢所《かしこどころ》が、両度、鳴った〈御占《みうら》に云ったことには、「兵革《へいかく》の事」と云うことだ。〉。

四条大納言が、雑事の次いでに云ったことには、「（藤原）定頼《さだより》の転任《てんにん》は、相違は無いであろう」ということだ。或いは云ったことには、「入道殿が約諾した」と云うことだ。また、大納言《だいなごん》（公任）が云ったことには、「前帥《さきのそち》（藤原隆家《たかいえ》）を□□に任じるという事は、決定した」ということだ。

六日、癸丑。　陣定の通達／道長病悩

召使が云ったことには、「明日、陣定《じんのさだめ》が行なわれます」ということだ。「按察《あぜち》（藤原）斉信《ただのぶ》卿が催促されました」ということだ。夜間に障りが無ければ参るということを答えておいた。早朝、前美作介《さきのみまさかのすけ》（源）則理《のりまさ》が云ったことには、「明日、旧国の議定《ぎじょう》が行なわれます。必ず参入してください」ということだ。そこで参入しようと思った。

或いは云ったことには、「去る夕方から、入道殿が病悩の様子でいらっしゃる」ということだ。四条大納言の書状に云ったことには、「『入道殿は瘧病《おこりやまい》を悩《や》まれている』と云うことだ」ということだ。宰相は入道殿に参った。夜に臨んで、来て云ったことには、「悩まれている所は、異状は無いとはいっても、悩苦しているということを四条大納言に伝え示されました」と。

七日、甲寅。　陣定、延引／道長を見舞う

今日の陣定は、四条大納言に障りが有って、参ることができない。明日、行なうということを、則理が来て告げた。私が答えて云ったことには、「明日は厄日《やくび》である。参ることはできない。もしくは明後日は、必ず参入することとする」と。則理はすぐに退いた。考えるに、このことを按察大納言《あぜちだいなごん》（斉信)に伝え示すであろう。宰相が云ったことには、「召使が申して云ったことには、『明後日に陣定が行なわれます』ということでした」と。晩方、入道殿に参った〈宰相は車後《くるまじり》に乗った。〉。定基律師《じょうきりつし》が、参入したということを申した。おっしゃられて云ったことには、「一昨日、不覚に悩み煩った。未だこのように悩んだ時はなかった。昨日は頗る減じた。今日は宜しい。□が重ねて発《おこ》ったので、今は湯《とう》治《じ》を行なおうとしている。逢うことができない」ということだ。しばらくして、退帰した。帥《そち》(藤原)行成《ゆきなり》と左衛門督頼宗が参会した。

八日、乙卯。　東北院供僧／頼通の辞表、紛失

法性寺座主《ほっしょうじざす》慶命《きょうみょう》僧都《そうず》が来て、談った次いでに、東北院《とうほくいん》の供僧《ぐそう》について相談した。阿闍梨《あじゃり》日増《にちぞう》の死欠《しけつ》の替わりに、阿闍梨頼寿《らいじゅ》を供僧とする事を、雅楽頭《うたのかみ》(清原)為成《ためなり》に命じて仰書《おおせがき》を書かせて、あの院の別当慶命僧都の許に遣わした。頼寿阿闍梨が来た。まずはこのことを伝えておいた〈仰書は紙背《しはい》に記す。〉。蔵人《くろうど》左《さ》衛《え》門尉《もんのじょう》(平)範国《のりくに》が宣旨《せんじ》を持って来た。宰相を介して伝えさせた。いささか障るところが有って、逢うことができなかった。宰相が云ったことには、「範国が談って云ったことには、『関白の辞表《じひょう》を、御所に於いて紛失しました。この辞表は、頭中将《とうのちゅうじょう》(源)朝任《あさとう》・蔵人(平)定親《さだちか》が一緒に大床子《だいしょうじ》の上の御厨子《みずし》に納めました。「近く勅答《ちょくとう》を給うことになっていた」と云うことです。ところが、原本の御辞表がありませんでした。如何なものでしょう。未だ漏らし伝えるには及んでいません。「両人は嘆息している」と云うことです』ということです。(藤原)章信《あきのぶ》が云ったことには、『置物《おきもの》御厨子に置いておきました。女房が破って用いたのでしょうか』ということです」と。

　阿闍梨頼寿

　　阿闍梨日増の死欠の替わり。

右、仰せられて云ったことには、「この頼寿を、宜しく東北院の供僧とするように」ということだ。

　　寛仁《かんにん》四年十一月八日　　雅楽頭清原為成が奉った。

九日、丙辰。　陣定、延引

早朝、新宰相《しんさいしょう》（経通）が来た。宰相と一緒に入道殿に参った。今日、陣定が行なわれる。事情を按察大納言に取った。報じて云ったことには、「服親《ぶくしん》の假《か》が有ります。そこで参入することができません」ということだ〈故左馬頭《さまのかみ》（藤原）相尹《すけただ》の弟の僧円助《えんじょ》と按察とは、従父兄弟である。〉。

十日、丁巳。　大原野・吉田祭の饗宴

大納言公任が伝え送って云ったことには、「大原野祭《おおはらののまつり》や吉田祭《よしだのまつり》の饗宴は、藤原氏の后が準備するものである。ところが、三后（藤原彰子《あきこ》・藤原妍子《きよこ》・藤原威子《たけこ》）は御服喪《ふくも》である。皇后宮《こうごうぐう》（藤原娍子《すけこ》）は尼である。関白や左右大臣（藤原顕光《あきみつ》・藤原公季《きんすえ》）は、皆、軽服《きょうぶく》である。誰が準備されるのであろうか。もしかしたら貞信公《ていしんこう》（藤原忠平《ただひら》）および殿（藤原実頼《さねより》）の御記《ぎょき》に見えるところは有るのか。如何か」ということだ。まったくその例は無い。私が答えて云ったことには、「現在の氏長者《うじのちょうじゃ》である関白（頼通）が、所司《しょし》を召し仰せられるのが宜しいであろう〈所司と謂うのは、大膳職《だいぜんしき》・内蔵寮《くらりょう》・穀倉院《こくそういん》だけである。〉。もしくは春日祭の例を□□されるべきであろうか」と。

十一日、戊午。　大原野・吉田祭の饗宴について公任に問う／宇佐使発遣／顕光、大原野祭の饗宴を奉仕せんとす

大納言が伝え送って云ったことには、「吉田祭の饗宴は、所司に命じられた。春日祭の饗宴は合わなかった」ということだ。所司に命じられるという事は、昨日の愚案《ぐあん》である。私が報じて云ったことには、「左府（顕光）は（藤原）道綱《みちつな》の服喪が七箇日〈後に聞いたことには、『左府と円助とは従父兄弟である。そこで服喪が有る』ということだ。〉。吉田祭と大原野祭は、あの卿（道綱）が薨じた後、すでに数日を経ている。如何であろうか〈『奉仕するということを申された。その後、この障りを申して、所司に託された』と云うことだ。〉。饗宴については、どの司に命じられるのか。また、春日祭の饗宴は、合わないということである。如何か」と。大納言が云ったことには、「『大原野祭の饗宴については、左府が未だあれこれを申されていない』と云うことだ。日が延びたので、除服《じょぶく》して勤められるべきであろうか。□時期に臨んで、障りを申されたのか。吉田祭については、右府（公季）が服親《ぶくしん》の假によって、奉仕されることができないということを申された。そこで外記《げき》に勘申《かんじん》させられたところ、『延長《えんちょう》四年、后宮《きさいのみや》（藤原穏子《やすこ》）および氏長者（忠平）が、御服喪であったので、右府（藤原定方《さだかた》）が勤行《ごんぎょう》した』ということだ。『この他には、見えるところは無い』と云うことだ。延長の『貞信公御記《ていしんこうぎょき》』には、この事は見えない。そもそも、春日祭の饗宴は、宿院《しゅくいん》の預《あずかり》が宿院に於いて弁備《べんび》する。免田《めんでん》が有る。着到殿《ちゃくとうでん》に於いて、饗宴を設備しない。

そこで合うわけがない。所司がいずれの司かは、承っていない。きっと大膳職であろうか」ということだ。夜に臨んで、宰相が内裏から退出して云ったことには、「去る夕方、内裏に候宿しました。今日、帥納言《そちなごん》（行成）が宇佐使《うさし》発遣の上卿《しょうけい》を勤めました。内文《うちぶみ》および結政所《かたなしどころ》の請印《しょういん》が行なわれました。私（資平）が結政《かたなし》に着しました」ということだ。また、宰相が云ったことには、「頭弁《とうのべん》定頼が云ったことには、『大原野祭の饗宴を奉仕されるということを、左府に申しました』と。おっしゃられて云ったことには、『鹿田荘《かだのしょう》の地子物《じしぶつ》を給わって、これを奉仕する』ということでした」と。後日、あの殿の家《けい》司《し》（平）致行《むねゆき》朝臣が云ったことには、「円助の服喪が有るでしょう。そこで奉仕されることはできません」と。史《し》（但波《たんばの》）奉親《ともちか》が申して云ったことには、「所司に命じられました」ということだ。今、考えると、左府と円助とは従父兄弟であるだけである。

「今日、宇佐使を発遣された」と云うことだ。使は刑部少輔《ぎょうぶのしょう》（藤原）家経《いえつね》〈先日、使に選ばれた際、父（藤原）広業《ひろなり》が申させて云ったことには、「宇佐使となった者は、往古《おうこ》から官が有ります。未だ散位《さんい》の者を遣わされたことはありません」ということだ。「そこで前日の小除目《こじもく》で、刑部少輔に任じられた」と云うことだ。〉。

十二日、己未。　賀茂社、所領について延暦寺を訴える

賀茂上下御社《かものかみしものみやしろ》の禰宜《ねぎ》と祝《はふり》が来た。申させて云ったことには、「天台《てんだい》（延暦寺《えんりやくじ》）の牒《ちょう》に云ったことには、『外堺《がいかい》五里の四至《しし》の内は、神郷《しんごう》としてはならない。また、上古《じょうこ》の官符《かんぷ》が有る。山（延暦寺）の使が牓示《ほうじ》を打ち、小野《おの》・栗栖野《くるすの》郷を処置させてはならない』と。すぐに申文《もうしぶみ》を出し、頭中将に託しました。今

日、関白殿に申させることにします」ということだ。この事は、あれこれ命じてはならない。勅定《ちょくじょう》があるであろう。何処から外堺と称すればいいのか、知らないのである。

十三日、庚申。　亡母忌日／吉田祭／道長、召し無き人の参入を禁ず

忌日《きにち》である。そこで諷誦《ふじゅ》を道澄寺《どうちょうじ》に修した。念賢《ねんけん》を招請して、斎食《さいじき》させた。私は斎食しなかった。法華経《ほけきょう》と般若心経《はんにゃしんぎょう》を講演《こうえん》させ奉った。袈裟《けさ》を施したのは、通例である。僧の食膳は調備させなかった。ただその料を三僧に頒《わか》ち施した。

宰相が云ったことには、「昨夕、内裏に候宿しました。今朝、退出しました。今日、吉田祭に参りました。関白の仰せによるものです。分配《ぶんぱい》の中納言(藤原)兼隆《かねたか》は、軽服でした」ということだ。夜に入って、宰相が帰って来て云ったことには、「札があるようではありませんでした。ただ帷《とばり》二宇《う》を立て、一屋もありませんでした。散楽《さんがく》のようでした」ということだ。

無量寿院《むりょうじゅいん》の門々に、札を立てられた。その文に云ったことには、「召しの無い人は、参ってはならない」と。昨夕、立腹されたことは、極まり無かった。或いは云ったことには、「望む事によって、二、三の卿相《けいしょう》が、頻りに参る。その事から起こったものか」と云うことだ。宰相が云ったことには、「(藤原)親業《ちかなり》朝臣が云ったことには、『今年と明年は、すべてまったく、人々に応対することはない。僧侶は皆、番が有る。この他の人は、参ってはならない』ということです」と。

十五日、壬戌。　道長邸月例念仏

宰相は入道殿に参った。深夜、帰って来て云ったことには、「通例によって、念仏《ねんぶつ》を行なわれました。諸卿は雲集《うんしゅう》しました。毎月十五日、上下の者は参入することになりました」ということだ。門々の札は、まだ立てられている。

十六日、癸亥。　大原野祭上卿を辞す

召使が申して云ったことには、「明日、大原野祭が行なわれます。分配の上卿の右衛《え》門督《もんのかみ》〈（藤原）実成《さねなり》。〉は、服喪によって参入することができません。そこで参るよう、外記が申させました」ということだ。病悩していることを答えた。

十七日、甲子。　大原野祭／敦康親王の栄爵申請について指示

大原野祭に奉幣《ほうべい》を行なった。宰相も、同じく共に奉幣した。今日の祭使は、右近将監《うこんのしょうげん》平恒頼《つねより》。故式部卿宮《しきぶきょうのみや》〈（敦康《あつやす》親王）〉が申請した、外国《げこく》の給三分《さんぶ》四人・某年の年給《ねんきゅう》の栄爵《えいしゃく》一人を返上する文を、大《だい》外記《げき》〈（小野）文義《ふみよし》〉を召して、先ず事情を伝えさせた。外国の給が有ることによる〈前日、外記に勘申させた。〉。次いで少内記《しょうないき》〈（橘）孝親《たかちか》〉を召して、申請文と名簿文《みょうぶぶん》を下給した〈平信方《のぶかた》。〉。恪勤《かくご》の位記《いき》を作成するよう命じた。

十八日、乙丑。　念誦堂の檜皮を葺く／経通、左京大夫を上表／経通に舞姫装束を送る

辰剋、念誦堂の檜皮《ひわだ》を葺《ふ》き始めた。

宰相が来て、語った次いでに云ったことには、「昨日、新宰相〈経通。〉が、左京大夫を辞す状を上呈しました」と。舞姫の装束〈赤色の唐衣《からぎぬ》・蘇芳《すおう》の織物《おりもの》の掛《うちき》・茜染《あかねぞめ》の打綾《うちあや》の掛・□袴《はかま》〔三重袴《みえばかま》。〕・綾の地摺《じずり》の裳《も》・織物の□□腰《こし》。〉を新宰相の許に送った。使の随身《ずいじん》(源)信成《のぶなり》に桑糸二疋を与えた。

十九日、丙寅。　殿上垸飯／鎮魂祭／資平、小忌の上卿を命じられる

晩方、宰相が来て云ったことには、「新宰相が、食物を殿上間《てんじょうのま》に出しました。頭弁が準備したものです。はなはだ豊贍《ほうせん》でした」ということだ。

宰相が言い送って云ったことには、「只今、召使が云ったことには、『帥中納言《そちちゅうなごん》(行成)が穢《え》であるということを申されました。小忌《おみ》の役を勤めてください』ということでした。急には方策がありません。今夜、鎮魂祭《ちんこんさい》が行なわれます。先ずはこの事を勤めます。明朝、状況に随うことにします」ということだ。よく注意して□よう答えた。夜に入って、来て云ったことには、「只今、鎮魂祭に参り着します。また、小忌については、あれこれ補って、勤めることにします」ということだ。

二十日、丁卯。　行成、小忌の上卿を勤む

晩方、宰相が来て云ったことには、「小忌については、未だ決定を承っていません」と。夜に入って、外記祐基《すけもと》の許に問い遣わしたところ、申し送って云ったことには、「帥中納言が奉仕されます」ということだ。

二十一日、戊辰〈節会《せちえ》部《ぶ》にある。〉。　豊明節会／内弁を奉仕／雷鳴・疫病

豊明節会《とよのあかりのせちえ》が行なわれた。内裏に参ろうとした。午剋の頃から、雨脚はすでに間隙が無かった。晩方、参入した〈宰相は車後に乗った。〉。これより先、小忌の宰相経通が参入した。しばらくして、諸卿が参入した。黄昏に臨んで、頭中将朝任が、内弁《ないべん》を奉仕するようにと伝え仰せた。外記を召して、小忌の上卿と少納言《しょうなごん》が参っているかどうかを問うた。申して云ったことには、「上卿〈中納言行成。〉は、未だ参っていません。少納言は参入しています」ということだ。上卿を督促するよう命じた。外記が、外《げ》任《にん》の奏が揃っているということを申した。命じて云ったことには、「しばらく控えているように」と。すぐに南座《なんざ》に移り着し、外任の奏を召して、見た。頭中将朝任を介して、奏上させた。すぐに下給した。格別な仰詞《おおせことば》は無かった。前例を失している。外記を召し、返給した詞に云ったことには、「列に侍らせよ」と。大歌別当《おおうたのべっとう》の中宮大夫《ちゅうぐうだいぶ》（斉信）が、参っていなかった。左兵衛督《さひょうえのかみ》〈中納言（藤原）能信《よしのぶ》。〉に、大歌別当代《おおうたのべっとうだい》を奉仕させる事を、頭中将を介して奏請《そうせい》させた〈「代官《だいかん》を奏請することについては、故殿《こと の》（実頼）の御記に見える。貞信公の教命《きょうめい》である」ということだ。〉。申請によれとの仰せが有った。内々に戒め示した。また、命じて云ったことには、「小忌の上卿が遅参《ちさん》している。今となっては、小忌の参議《さんぎ》に、もしかしたら列を曳かせては如何か。先例にあるのか」ということだ。先例は有るということを申させた。「早く列を引くように」ということだ。大外記文義朝臣が云ったことには、「召使が帰って来て、申して云ったことには、『小忌の上卿が、内裏に参りました』ということです」と。調べたところ、「五節所の辺りには、未だ参っていません」ということだ。今となっては、諸卿が外弁《げべん》に出るよう、伝えておいた。すぐに大納言（藤原）教通《のりみち》、中納言経房・能信、参議（源）道方《みちかた》・（藤原）朝経《あさつね》・経通・資平が、外弁に向かった。この頃〈戌剋の頃。〉、雨脚は注ぐようであった。左右近衛府《このえふ》が、平張《ひらばり》を立てる事・宣命《せんみょう》の版位《へんい》を宜陽殿《ぎようでん》に改めて置く事を、文義朝臣に伝えた。標《しめ》については、急に改めることができない。左右近衛府が、平張を立てた。右近衛府《うこのえふ》は、頗る懈怠《けたい》していた。私は壁の後ろに於いて、靴を着した。随身に、式次第の小書を笏《しゃく》に押させた。頭中将を呼んで、将たちに、未だ陣を引かない事・内侍《ないし》が召す事を指示した。しばらくして、陣を引いた。一、二歩で、謝座《しゃざ》を行なった。参上して、座に着した。しばらくして、門を開いた。闈司《いし》は分かれていた。舎人《とねり》を召したことは二声。舎人は称唯《いしょう》した。少納言が参入した。承明門《しょうめい》の壇上に立った。夜は暗く、距離は遠かった。たしかに能く見えなかった。関白が告げられた。すぐに宣したことには、「刀禰《とね》を召せ」と。称唯して退出した。次いで諸卿が参入した〈小忌の参議経通、大納言教通、中納言経房・能信、参議道方・朝経・資平。〉。宜陽殿に列立《れつりつ》した〈□□見えなかった。〉。終わって、宣したことには、「座に侍れ」と。謝座と謝酒《しゃしゅ》を行なったことは、恒例のとおりであった。参上して、座に着した。大納言教通と参議道方の他は、五節所に向かった。この頃、粉熟《ふずく》を据えた。小忌が座に伺候しなかったので、箸を下すことができなかった。しばらくして、卿相が五節所から帰り参った。小忌は遂に参上しなかった。そこで箸を下した。あれこれが云ったことには、「小忌の中納言行成は、五節所にいる。やはり、先ず参上すべきであろうか。中納言頼宗は、やはり息童《そくどう》〈藤原兼頼《かねより》〉の昇殿《しょうでん》に携わって、謝座に預からなかった。座に着さず、五節所に到った」と云うことだ。最も奇怪とすべきである。飯を据えた。長い時間、汁を据えなかった。

度々、催促して、やっと据え終わった。諸卿は食に就いた。次いで造酒司《ぞうしゅし》が白酒《しろき》を勧めた。次いで黒《くろ》酒《き》。その後、一献《こん》が行なわれた。国栖《くず》が未だ歌笛《かてき》を奏さない頃に、造酒司が参上した。二献を勧めようとした。そこで退帰させた。国栖を催促させた。しばらくして、歌笛を奏した。終わって、二献が行なわれた。幾《いくば》くもなく、三献が行なわれた。その後、左兵衛督能信卿に指示した。すぐに退下して、承明門に向かい、右大弁《うだいべん》朝経〈右の大い大ともひ藤原朝臣。〉を召した。命じて云ったことには、「大夫《まちきみ》たちに御酒《みき》を給え」と。退下して、更に参上し、南檻《かん》の下に進み立ち、召し仰せた。座に復した。大歌が一節を奏した。この頃、雨は密であった。資平朝臣を召して、左兵衛督を召すよう命じた〈「左の武舎人《つわもののとねり》の官《つかさ》の藤原朝臣を召せ」と。親が内弁である時、子を召し仰せた例は、康保《こうほう》二年の『村上御記《むらかみぎょき》』に見える。「左大臣（実頼）が、見参簿《げんざんぼ》を参議（藤原）頼忠《よりただ》朝臣に給わった」ということだ。〉。称唯して南欄《らん》に進み、召したことは、御酒御使と同じであった。左兵衛督能信卿が参上した。この頃、小忌の中納言行成卿が参上し、座に着した。懈怠と称すべきである。大歌の座を宜陽殿に移し立てるよう、右大弁朝経を介して命じさせた。しばらくして、移し立てた。内竪《ないじゅ》を介して、大歌を召させた。すぐに□座に着した。歌笛の声を発すよう、催促させた。すぐに発した。次いで五節の舞姫が□出た。主殿司《とのものつかさ》の女官《にょうかん》四人が、脂燭《しそく》を執って、柱に添えて舞を照らした〈女官は遅れて出た。行□□声、□□□□。蔵人頭《くろうどのとう》（朝任）に伝え仰せて、催し進めさせた。〉。舞が終わって、帰退した。大歌は退出した。その座を撤去させた。次いで私は、群卿を率いて退下し、宜陽殿に列立した〈小忌は列さなかった。五節所にいたのか。両人は皆、五節の舞姫を献上した。その事を準備していたのか。事の道理は、そうであってはならない。〉。拝舞《はいぶ》した。終わって、座に復した。私は独り、還り昇らなかった。仗座《じょうのざ》に着し、外記を召して、見参簿を進上させた〈卿相以下が一枚、俘囚《ふしゅう》が一枚、禄の目録が一枚。中納言頼宗は、参入したとはいっても、謝座に預からなかった。また、座に伺候しなかった。そこで見参簿に入れなかった。〉。見終わって、返給した〈左大臣(顕光)は、年齢は七十七歳である。ところが、上達部《かんだちめ》が参入しない時については、見参簿に入れない。貞信公や故殿の御記《ぎょき》に見える。別の宣に云うことが有る時は、入れるべきであろうか。〉。次いで内記《ないき》を召し、宣命を進上した。見終わって、返給した。私は座を起ち、紫宸殿《ししんでん》の北廂《きたびさし》〈雨儀《うぎ》。〉を経て、射場《いば》に進んだ。頭中将朝任を介して、伝奏《てんそう》させた。御覧が終わって、返給した。紫宸殿の東階《ひがしのきざはし》の下〈南面《みなみおもて》。〉に到り、宣命と見参簿を執って、笏に取り副え、参上して、座に着した。見参簿と禄の目録を懐いて、左大弁《さだいべん》道方を召し〈「左の大い大ともひ源朝臣」と。〉、宣命を下給した。次いで右大弁朝経を召し〈その詞は、宣命使(道方)と同じであった。但し、「右の大い大ともひ」と。〉、見参簿を下賜し、退下した。禄所《ろくしょ》に就いた〈春興殿《しゅんこうでん》。〉。参議の数が少ない時は、小忌が□□離れるのである。ところが、五節所にいて、座に伺候しなかった。そこで□なかった。私及び諸卿は、退下して、宜陽殿に列立した。宣命使は版位に就き、宣制《せんせい》したことは両段。諸卿が再拝《さいはい》・舞踏《ぶとう》したことは、式のとおりであった。宣命使は参上して、座に復した。諸卿は議して、参上しなかった。深夜、雨が甚しかったからである。すぐに禄所に就いて、禄を給わった〈子の初剋。〉。この頃、雨脚は注ぐようであった。或いは早く退出し、或いはしばらく留まった。私は仗の辺りを徘《はい》徊《かい》した。時剋は推移し、雨の間隙を待って退出した。この頃、雷電があった。家に帰った後、雷鳴は特に甚しかった。翌日、吉平朝臣に問い遣わしたところ、報じて云ったことには、「雷鳴が異なっていたことを上奏《じょうそう》しました」ということだ。奏の草案《そうあん》を密々に書き送ってきた。「主上《しゅじょう》（後一条天皇）は慎しまれなければならない。また、明年五月、疫病《えきびょう》がある。また、地震がある」ということだ。地震については、月は指定していなかった。旧い奏の草案を見合わせたところ、特に相違は無かった。但し、古い奏には、「徳化《とくか》を施して災害を消すことにする」という文が有った。ところが、その事は記していなかった。思うところが有るのか、如何か。「近日、往々、疫病が発起する」と云うことだ。「或いは家中が死亡し、或いは一郷がすべて煩う」と云うことだ。

二十二日、己巳。　陣定参入の督促

前美作介則理が云ったことには、「明日、主税寮《しゅぜいりょう》が申請した事を定められることになりました。必ず催促して参らせるよう、按察大納言が内々に伝えられました。もしも参入しなかったならば、陣定は開かれません」ということだ。四条大納言も、同じくこのことを伝えられた。「明日、陣定が行なわれなければ、何としよう」ということだ。参入するということを答えておいた。但し、逢わなかった。四条大納言が、明日、参るかどうかを問い送られた。明日、陣定が行なわれる事を、召使が申させたのである。按察の催促であるので、参入するということを伝えた。

二十三日、庚午。　陣定

今日、陣定が行なわれるので、申剋の頃、内裏に参った〈宰相は車後に乗った。〉。大納言斉信・公任・教通、中納言行成・経房・実成、参議(藤原)公信《きんのぶ》・朝経・経通・資平が参入した。主税寮が勘申した美作国《みまさかのくに》の舂米《しょうまい》について定め申した。未だ定文《さだめぶみ》を書かない間に、病悩を称し、按察に告げて、退出した。

二十四日、辛未。　賀茂臨時祭試楽

早朝、宰相が来た。晩方、また来た。新宰相が来た。両人と清談した。共に内裏に参った。「臨時祭《りんじさい》試楽《しがく》が行なわれる」と云うことだ。心神《しんしん》が宜しくなかったので、参入しなかった。

二十五日、壬申。　延暦寺・賀茂社の相論について実検使を派遣／脩子内親王養女着袴への招き

右中弁《うちゅうべん》(源)経頼《つねより》が、延暦寺の奏状、および四至の官符、および賀茂上下御社司《しゃし》の奏状を持って来た。これは四至の相論《そうろん》についてである〈東は江際《えぎわ》を限り、南は急谷を限り、西は下水飲《しもみずのみ》を限り、北は楞厳院《りょうごんいん》を限る。延暦寺の奏状に云ったことには、「下水飲と謂うのは親林寺《しんりんじ》」と。〉。入道殿の処分に随うよう、伝えておいた。しばらくして、帰って来て、入道殿の仰せを伝えて云ったことには、「四至は、すでに官符にある。早く使を遣わして、その四至を実検《じっけん》させるように。先ず事情を関白に申せ」と。使を遣わすということを伝えた。但し、史を使とすることとする。

民部大輔《みんぶのたいふ》(源)方理《かたまさ》が、一品宮《いっぽんのみや》(脩子《ながこ》内親王)の御書状を伝えて云ったことには、「明後日、いささか準備しているところが有る。参入するように」ということだ。その時に臨んで、障りが無ければ、参るということを申させた。或いは云ったことには、「左衛門督頼宗の女《むすめ》(藤原延子《のぶこ》)をあの宮の養子として、着袴《ちゃつこ》を行なわれる」と云うことだ。□□下﨟《げろう》の卿相の着袴所《ちゃつこしょ》のようなものに追従《ついしょう》するわけにはいかない。考えるに、大納言たちはきっと参入しないのではないか。そもそも人々は、興々としているのではないか。事を宮に寄せて、招き呼んだようなものである。晩方、宰相が来て云ったことには、「昨日の試楽は、秉燭《へいしょく》の後に始まりました」と。章信朝臣が告げ送って云ったことには、「入道殿が云ったことには、『大将〈実資〉が臨時祭に参入するのが宜しいであろう』とおっしゃっていました」ということだ。

二十六日、癸酉。　賀茂臨時祭／頼通養女嫄子、着袴

諷誦を清水寺《きよみずでら》に修した。また、金鼓《こんぐ》を打たせた。

今日、臨時祭が行なわれた。内裏に参った〈宰相は車後に乗った。〉。陣頭に人はいなかった。殿上間に参上した〈午剋。〉。大納言斉信・公任、参議道方が、殿上間に伺候していた。斉信卿が云ったことには、「宣命について、内記に問うたところ、揃っているということを申しました」ということだ。奏上されるよう伝えた。答えて云ったことには、「上﨟《じょうろう》が参られないので、尋ね問うたところ、今となっては奏上することはできません。汝《なれ》〈実資〉が奏上してください」ということだ。そこで内記を召した。内記〈橘〉孝親《たかちか》が小板敷《こいたじき》の下に参って来た。宣命を進上するよう命じた。すぐに持って来た。蔵人式部《しきぶの》丞《じょう》〈平〉定親《さだちか》を介して、奏上した〈関白は軽服であって、里第《りてい》にいらっしゃった。そこで先ず事情を頭中将朝任に問うたところ、云ったことには、「内覧を経ることはない」ということだ。〉。御覧が終わって、返給した。

小板敷に於いて、宣命を使の頭中将朝任に下給した。内記を召して、覧筥《らんばこ》を給わった。この頃、使・舞人《まいびと》・陪従《べいじゅう》の衝重《ついがさね》を据えた。下官（実資）及び卿相は、仮に壁の下の侍従《じじゅう》の座に着した。これより先、宸儀《しんぎ》（後一条天皇）〈麴塵袍《きくじんのほう》を着された。〉は、御座に出御《しゅつぎょ》した。男たちを召した。頭弁定頼が、殿上間の方から参った。仰せを奉り、南廊《なんろう》から退下した。徒跣《かちはだし》で御前を渡り、使たちを召した。竹の後ろを経て、退帰した。使たちは参入し、座に着した。内蔵頭《くらのかみ》経頼が盃を執って、使の座頭《ざがしら》に着した〈□であった。〉。侍従が陪従の盃を執った〈次々、このとおりであった。〉。次いで下官が盃を執って、使の上頭《じょうとう》に着し、酒を勧めた。終わって座を起ち、上達部の座に着した。侍従が衝重を執って、私の前に据えた。三献は大納言斉信。使は座を起って、私の許に進み、酒を勧めた。この後、巡は卿相の座を往来した。次いで箸を下した。この頃、汁を据えなければならない。ところが、あらかじめ据えていた。古跡《こせき》ではない。事を早くしようとしたのか〈三献の後、据えた。遊宴は通例のとおりであった。〉。次いで大納言公任が勧盃《けんぱい》した。勧盃の人は、すぐに上達部の座に着した。座に着した毎に、衝重を据えた。中納言行成が盃を執ろうとした際、蔵人所衆《くろうどどころのしゅ》が重盃《かさねさかずき》の人の円座《わろうだ》を執って、進み出た。本来ならば召しに応じなければならない。ところが、先ず進み出た。そこでしばらく呉竹《くれたけ》の後ろに退かせた。行成卿が盃を執った。日が漸く暮れたので、この巡は直ぐに流した。次いで重盃の人の円座を敷いた頃、右大臣が参入して、上達部の座に着した。次侍従《じじじゅう》三人が重盃を執り、進んで円座に着した。次いで蔵人頭定頼が盃を執り、大臣に勧めた。巡行《じゅんこう》が終わった。大臣以下は座を起って、序列どおりに挿頭《かざし》を退き執った〈これより先に、挿頭を長橋《ながはし》に立てた。また、螺《ら》盃《はい》と銅《どう》盞《さん》を置いた。必ずしもそうではない事である。〉。使以下の許に進み、冠に挿した。この頃、宸儀は入御《にゅうぎょ》した。卿相は殿上間に参上した。所司は御前の座を撤去した。塵を掃除したことは、通例のとおりであった。次いで蔵人たちが、円座を執って、御前の簀《すの》子《こ》敷《じき》や長橋に敷いた。次いで天皇が出御した。蔵人頭定頼を介して、諸卿を召した。序列どおりに御前に進んだ。参議たちは長橋に伺候した。定頼が仰せを奉って、使たちを召した。御前を渡ったことは、初めと同じであった。未だ召しを蒙《こうむ》らない前に、歌遊を行なうのを通例としている。ところが、音は無かった。先例を知らない。次いで使と陪従が、参り進んだ。一、二歌は、恒例のとおりであった。駿河《するが》舞《まい》と求子《もとめご》は、通例のとおりであった。儀が終わって、天皇は入御した〈申三剋。〉。諸卿は退下した。定頼が関白の仰せを伝えて云ったことには、「上達部は御神楽《かぐら》に伺候するように」ということだ。「今日の事は、早くするよう、関白が催促された」ということだ。頭弁定頼が卿相に伝えたものである。「関白が見物されることになっているからである」と云うことだ。今日、上達部は見物しなかった。儀が終わって、右大臣は退出した。「今夕、関白の養女《ようじょ》(嫄子《もとこ》女王)〈五歳。故式部卿《しきぶきょう》親王(敦康親王)の女。〉が、着袴の儀を行なった」と云うことだ。大納言公任以下が参入した。意向の有った人々が伺候した。斉信と下官は、御書状が無かったので、猶予して参らなかった。思慮は多《た》端《たん》であった。そこで先ず、資平を参らせて、事情を取った。告げ送って云ったことには、「帥中納言行成に問うたところ、答えて云ったことには、『まったく参入しないように。儀はこれは、褻《け》の儀である』ということでした」と。そこで下官は、病悩を蔵人に告げ、退出した。斉信卿一人が、留まって伺候した。「他は関白殿から帰り参ったであろう」と云うことだ。

今日、参入した卿相〈右大臣、大納言斉信・公任、中納言行成・経房・実成、参議道方・公信・朝経・経通・資平。〉。今日の舞人の下襲《したがさね》は、桜花であった。例を失した。

二十七日、甲戌。　脩子内親王養女、着袴

今日、一品宮に参るという事は、猶予が多端であった。或いは云ったことには、「入道殿が口入《こうじゅ》された」ということだ。「大納言たちの分の引出物《ひきでもの》の馬は、あの殿(道長)から送られた」と云うことだ。「もし参入しなければ、不快の事が有るであろう」と云うことだ。そこで按察に問い達したところ、報じて云ったことには、「今日と明日の物忌《ものいみ》は、覆推《ふくすい》したところ、『軽い』ということでした。そこで参入すべきです」と。四条大納言が云ったことには、「状況に随って参入するように」と。今、思慮を廻らすと、今日は病悩を称し、明日、除目《じもく》に参るのは如何であろう。近代の様子は、吾が身を進退しない。無理に参入を企てようとした頃、中務大輔《なかつかさのたいふ》方理が来て云ったことには、「今日は、やはり必ず参入されますように」ということだ。参るということを申させておいた。秉燭の後、参入した。宰相は車後に乗った。雨脚は、まだ降っていた。西対に、上達部〈東廂《ひがしびさし》。〉と殿上人《てんじょうびと》の座〈南廂《みなみびさし》。〉が有った。左衛門督〈頼宗。〉が、再三、催促した。そこで座に着した。下﨟は相次いで座に着した。饗《きょう》饌《せん》〈高坏《たかつき》。〉を供した。一献〈金吾《きんご》(頼宗)が盃を執った。〉。その後、按察大納言〈斉信。〉・藤大納言《とうだいなごん》〈公任。〉・

左大将《さだいしょう》〈教通。〉。軽服の人である。ところが、吉席《きっせき》に就いた。また、左衛門督は主人のようであった。吉席に就くのに、何事が有るであろう。その他の人は、吉席に就くのは、如何であろう。また、左兵衛督能信□□□。皆、吉服《きっぷく》を着した。入道殿の教命か。このような事を見ると、下官が参らないのは、必ず不快が有るであろう。左金吾《さきんご》〈頼宗〉は、両度、勧盃を行なった。金吾の女〈五歳。〉を宮〈脩子内親王〉の養子として、特に着袴の儀を準備されたのである。一、二処から児の装束を送られたのである〈宮々か。〉。御使に被物《かずけもの》があった。また膳物は、殿上人が執って、簾《すだれ》の前に進んだ。寝殿《しんでん》の南の簾の前に円座を敷いた。左金吾は、参るよう伝えた。先ず下官が進んだ。次々の者は、同じであった。次いで衝重を据えた。左衛門督と左兵衛督が、勧盃を行なった。管絃《かんげん》の興が有った。楽人《がくにん》は、渡殿《わたどの》の南縁にいた。雨によるものか。二、三曲の後、左衛門督が禄を執り、私に被《かず》けた〈女装束《おんなしょうぞく》。織物の褂を加えた。〉。大納言も、皆、同じであった。中納言は褂が無かった。宰相の禄は、細かく見なかった。また、楽人の禄が有った。大納言四人は、馬各一疋を庭前に牽いて、騎せた。左金吾は、あこめ一重《かさね》を脱いで、私の随身番長《ばんちょう》〈高《こうの》〉扶武《すけたけ》に被けた。亥剋の頃、儀が終わって、家に帰った。雨脚は終わり、霄《みぞれ》が止まなかった。右兵衛督《うひょうえのかみ》公信は、禄の様子を見て、退出した。検非違使《けびいし》別当《べっとう》であるからか。

今日の卿相は、大納言斉信・公任・教通、中納言頼宗・経房・能信・実成、参議道方・公信・経通、左三位中将道雅、参議資平。

二十八日、乙亥。　除目始／延暦寺四至実検使

召使が云ったことには、「今日、除目始《じもくはじめ》が行なわれます。大外記文義朝臣が申させました」ということだ。申剋の頃、内裏に参った〈宰相は車に乗った。〉。「卿相は、関白の御直廬《じきろ》にいる」と云うことだ。日が入って、左右大臣が参入した。秉燭の後、関白の御書状によって、左右大臣及び諸卿は、御直廬に参入した。左大弁道方が執筆《しゆひつ》を勤めた。関白の仰せによって、受領功過文《ずりようこうかぶん》を召させた。しばらくして、進上した。未だ議定に及ばない頃、儀が終わった。今日の諸卿は、左大臣・右大臣、大納言斉信・公任、中納言頼宗・経房・能信・実成、参議道方・公信・経通・資平。

右中弁経頼が云ったことには、「延暦寺が申した四至について、使を遣わして実検させるよう、関白の仰せが有りました」ということだ。早く遣わすよう、命じておいた。

二十九日、丙子。　**除目／資平、閑職への任官拒否を愁訴／受領功過定／補任の概要／資平の慶賀**

早朝、宰相が来て云ったことには、「去る夕方、或いは云ったことには、『勘解由長官《かげゆのかみ》・大蔵卿《おおくらきよう》・修理大夫・左京大夫のどれかに任じられるとのことだ』と云うことでした」ということだ。「皆、不要の官です」ということだ。そこで書状を蔵人弁章信朝臣の許に示し遣わした。報じて云ったことには、「すぐに関白に申しました。聞いたという報が有りました」と。宰相は入道殿に参り、直接、このことを申した。おっしゃって云ったことには、「官職は朝廷の御決定である。あれこれ申してはならない」ということだ。宰相は関白の御直廬に参った。私は申の終剋の頃、内裏に参った。左右大臣も、同じく参入された。黄昏に臨んで、関白の御書状が有った。そこで大臣以下が参入した。その儀は、昨日と同じであった。受領《ずりょう》の功過《こうか》を定めた。摂津《せっつ》〈（藤原）佐光《すけみつ》。〉は、造塔の事が有る。ところが、宜しいという定に随って、過失は無いとされた。次いで肥後《ひご》〈（菅野）敦頼《あつより》。〉は、過失が無かった。山城守《やましろのかみ》（藤原）永道《ながみち》の辞退状を下されて云ったことには、「もしかしたら収めるべきであろうか。もし許納《きょのう》するのならば、替わりの人を定め申せ」ということだ。諸卿が申して云ったことには、「辞状は、『年が厄運《やくうん》に当たっています。怖れなければなりません。そこで辞退します』ということだ。厄年《やくどし》を慎しまなければならないというので辞退するのは、そうであってはならない。病によって辞し申すについては、議定を行なわなければならない。慎しまなければならないからといって辞退する事は、拠るところが無い。許してはならない」ということだ。子剋の頃、除目が終わった。清書《せいしょ》は、中納言能信と参議公信である。

除目は要官《ようかん》を記しただけである。権大納《ごんだいな》言《ごん》行成〈侍従を兼ねた。〉、権中納言《ごんちゅうなごん》道方、参議広業〈式部大輔《しきぶのたいふ》を兼ねた。〉・定頼〈右大弁を兼ねた。〉、左大弁朝経・右大弁定頼、権左中弁《ごんのさちゅうべん》（藤原）重尹《しげただ》・権左中弁経頼〈近江守《おうみのかみ》を兼ねた。〉・右中弁章信〈右衛《え》門権佐《もんのごんのすけ》を兼ねた。〉、左少弁《さしょうべん》（藤原）義忠《よしただ》〈東宮学士《とうぐうがくし》を兼ねた。〉・右少弁《うしょうべん》（藤原）頼明《よりあきら》〈太皇太后宮大進《たいこうたいごうぐうだいじん》を兼ねた。〉、民部卿（源）俊賢《としかた》〈太皇太后宮大夫《たいこうたいごうぐうだいぶ》を兼ねた。致仕《ちし》の人である。ところが任官した。まったく往古《おうこ》から聞いたことのない事である。〉・大蔵卿通任、修理大夫資平〈侍従を兼ねた。〉、大宰権帥《だざいのごんのそち》権中納言経房。他は記さない。定頼は、一度に二官に任じられた〈参議と大弁。〉。某《なにがし》（資平）が云ったことには、「慶賀《けいが》を申すわけにはいきません」ということだ。早く申すよう伝えた。暁方、来て云ったことには、「慶賀を申しました」と。また「慶賀を申して、拝礼《はいらい》しました」と云うことだ。この官は、本意《ほい》ではないということで、愁嘆《しゅうたん》は極まり無かった。「除目に臨んだ際、これに任じるという云々が有りました。そこで重ねて、(源)章任《あきとう》朝臣を介して関白に申させました。報じて云ったことには、『無理に任じるわけにはいかない。本意に従うこととする。ところが、入道殿に、必ずこれに任じるという意向が有る。その命には背き難い』ということでした。そこで重ねて申すことができなかっただけです」と。

参議経通を正三位に叙した。行幸《ぎょうこう》の加階《かかい》が有ったのか。調べて記さなければならない。

○十二月

一日、丁丑。　石塔造立供養／資平、修理大夫を辞さんとす

石塔供養《せきとうくよう》は、通例のとおりであった。早朝、左京大夫《さきょうだいぶ》(藤原)経通《つねみち》が来て云ったことには、「正三位に叙されました。慶賀《けいが》を申すわけにはいきません」ということだ。大弁に任じられなかったので、その恨みが有って、言ったものか。晩方、やはり申すということを伝えてきた。修理大夫《しゅりだいぶ》(藤原)資平《すけひら》が来て云ったことには、「本意《ほい》ではない官に任じられました。すでに為す術がありません」と。様子を見ると、愁吟《しゅうぎん》は極まり無かった。夜に入って、重ねて来て云ったことには、「職務に就かず、やはり早く辞し申します」ということだ。あれこれ、心のままにするよう、答えた。今日、慶賀の人々が来た。

右大弁《うだいべん》（藤原）定頼《さだより》が来た。私は束帯《そくたい》を着して逢った。先ず拝礼《はいらい》を行なった。私は答拝《とうはい》した。秉燭《へいしょく》の後、左大弁《さだいべん》（藤原）朝経《あさつね》と新宰相《しんさいしょう》（藤原）広業《ひろなり》が来た。両人は拝礼を行なった。私は答拝した。

二日、戊寅。　資平、修理大夫辞任を、妍子を通じて道長・頼通に申請

夜に入って、宰相が来て云ったことには、「入道殿《にゅうどうどの》（藤原道長《みちなが》）に参ろうとしていたのですが、犬の死《し》穢《え》が有りました。また、関白殿《かんぱくどの》（藤原頼通《よりみち》）に到りました。そこで皇太后宮《こうたいごうぐう》（藤原妍子《きよこ》）に参って、匠作《しょうさく》については、勤仕《ごんし》することに堪えられないということを入道殿に申させるようにという事を、啓上《けいじょう》させました」と。また、云ったことには、「丹波守《たんばのかみ》（藤原）資業《すけなり》を介して、関白殿に申させました。すでに許す意向が有りました」ということだ。

三日、己卯。　馬を平維衡に遣わす／資平、修理大夫辞任を道長・頼通に申請／黒戸御所に放火／四角四堺祭／上卿を固辞

馬一疋を常陸介《ひたちのすけ》（平）維衡《これひら》朝臣《あそん》の許に遣わした。その郎等《ろうどう》の通政《みちまさ》と云う男を介して、これを遣わした。通政は我（実資）の従僕《じゅうぼく》である。維衡が任国に赴く時期は、その日を知らない。ところが、家人《けにん》である上に、芳心《ほうしん》が有るので、あらかじめ遣わしたものである。宰相が来て云ったことには、「関白殿に参り、匠作について申しました。許す意向が有りました。おっしゃって云ったことには、『今月の内に、直《なおし》物《もの》が行なわれるであろう』と。その次いでに行なわれるのでしょうか」ということだ。「次いで入道殿に参りました。その事をおっしゃられました。特に勘当《かんどう》の様子はありませんでした」ということだ。

頭中将《とうのちゅうじょう》(源朝任《あさとう》)が来て、関白の仰せを伝えて云ったことには、「昨夜、火を包んで、黒戸《くろと》の下・陣《じん》屋《や》の上に置かれた。左少将《さしょうしょう》(源)実基《さねもと》と右少将《うしょうしょう》(藤原)実康《さねやす》が、これを見て、吉上《きちじょう》と一緒に撲滅《ぼくめつ》した。昨日、諸陣に宿直《とのい》した官人たちを召問《しょうもん》させるように」ということだ。また、云ったことには、「疫病《えきびょう》が、往々に有ると聞く。そこで四角四堺祭《しかくしかいさい》を行なわれることとした」ということだ。何日来、風病《ふうびょう》が発動《はつどう》している。内裏に参ることができない。他の上卿《しょうけい》を召して、命じられるよう、伝えておいた。下官(実資)に命じたのではない。ただ内々に談じたところである。

四日、庚辰。　放火の夜の陣直官人を勘問

去る二日の夜、宿直していた諸官人を注進《ちゅうしん》するよう、大外記《だいげき》(小野)文義《ふみよし》朝臣に命じた。文義朝臣が申して云ったことには、「佐《すけ》を加えて記すべきでしょうか。佐もまた、宿直していた者がいます」ということだ。記すよう命じた。

深夜、維衡朝臣が来た。昨日の馬の恐縮を謝した。しばらく雑事を談じた。

五日、辛巳。　道長、資平の修理大夫辞任を許可

晩方、宰相が来て云ったことには、「匠作を辞す事を、定基律師《じょうきりつし》を介して入道殿に洩らし申させました。只今、報じて云ったことには、『詳しく申しておいた。すでに和気《わき》が有る。今となっては、関白殿に申されるように』ということでした」と。

六日、壬午。　藤原公成、蔵人頭に補さる／釜鳴の怪異

宰相が来て云ったことには、「両殿（道長・頼通）に参りました。定基律師が云ったことには、『入道殿が云ったことには、「匠作を辞退する事は、彼（資平）にその気持が有るのなら、何事が有るであろう」と。勘当の様子は無かった』ということでした。今日、右中将《うちゆうじよう》（藤原）公成《きんなり》を蔵人頭《くろうどのとう》に補されました」と云うことだ。

午剋、釜鳴《かまなり》があった。（安倍）吉平《よしひら》・（惟宗《これむね》）文高《ふみたか》・（賀茂《かも》）守道《もりみち》が占って云ったことには、「卦遇《かぐう》は九醜《きゆうしゆう》。重く慎しまなければならない。また、卯・酉年の人は慎しまなければならないようだ」ということだ。吉平が云ったことには、「怪異《かいい》の日以後三十五日の内、戊・己日は慎しまなければならない」ということだ。文高が云ったことには、「九醜の怪異の期、三箇年の内は、忌み慎しまなければならない」ということだ。守道が占って云ったことには、「怪異の日以後、三十五日の内、明年五・六・十月節の戊・己日」ということだ。

七日、癸未。

宰相が、夜に入って、来て云ったことには、「今日、入道殿に参入しました。按察《あぜち》（藤原斉信《ただのぶ》）と新大納言《しんだいなごん》（藤原行成《ゆきなり》）が、御前にいました。私（資平）も、同じく伺候しました。次いでが有って、匠作についておっしゃられました。恩許《おんきよ》の意向が有りました」ということだ。

九日、乙酉。　**道長、枇杷殿造営を巡見**

入道殿に参った際〈宰相は車後《くるまじり》に乗った。〉、関白の車が枇杷殿《びわどの》の東門の前に留めてあった。そこで車を留めた。関白は枇杷殿にいた。或いは云ったことには、「入道殿は枇杷殿にいらっしゃるであろう」ということだ。下官が枇杷殿に参った頃、入道殿はすぐに来られて、造営を巡見された。左大将《さだいしょう》(藤原)教通《のりみち》、中納言《ちゅうなごん》(藤原)兼隆《かねたか》・(源)道方《みちかた》、右兵衛督《うひょうえのかみ》(藤原)公信《きんのぶ》が、参会した。入道殿は、しばらくして帰られた。関白及び卿相《けいしょう》は、同じくその御供に従った。私もまた、追従《ついしょう》した。左将軍(教通)は、参って従うということを申した。すぐに逢うという仰せが有った。そこで奉謁《ほうえつ》した。先ず匠作について問われた。子細は達せられた。頗る和許《わきょ》の意向が有った。また、受戒《じゅかい》に参ることができないということを申した。すぐに退出した。

十日、丙戌。

宰相が云ったことには、「関白殿に参りました。おっしゃられて云ったことには、『辞退については、恩許の意向が有った。但し、我(頼通)の意向ではどうにもならない。入道殿に申して、事情を伝えるように』ということでした」と。

十一日、丁亥。　**吉平に釜鳴の怪異の占いを問う**

吉平朝臣を呼んで、釜鳴の怪異の占いを問うた。云ったことには、「九醜の卦《け》は、もっとも重いものです。ところが、用・伝は、吉神《きつじん》を帯びます。多くは用・伝によって、これを推します。ひとえに卦による者は、用・伝を取ることができません。用・伝・卦を合わせて、推条《すいじょう》が有ります。用・伝に吉神が有れば、遠い期を取りません。そこで近い期を取りました。文高や守道については、ただ九醜の卦を守って、遠い期を取りました。そうであってはなりません。やはりこの占いを推すと、咎《とが》は無いと申すべきです。もしくは、能く慎しまれれば、かえって慶びが有るであろうとも申すべきでしょう。但し、重きによって慎しまれれば、また何事が有るでしょう」ということだ。

十二日、戊子。　陣直官人の勘文

今日と明日は、物忌《ものいみ》である。門を閉じて、固く慎しんだ。大外記文義朝臣が門外に来て、云ったことには、「諸陣に宿直していた官人の勘文《かんもん》を持って参りました」ということだ。物忌を過ぎてから持って来るよう命じた。密々に申させて云ったことには、「明後日、山（延暦寺《えんりゃくじ》）に登ることになりました」ということだ。そこで召し取って、籠宿《ろうしゅく》させた。明朝、見ることとする。「（中原）師重《もろしげ》に預けて、退去した」ということだ。

十三日、己丑。　請假／道長、受戒の為、比叡山に登る／比叡山で釼・笏を用いる可否／仁王会定

産穢《さんえ》の假《か》七箇日を申請した。

宰相は、兼官《けんかん》の後、未だ内裏に参っていない。「今日は宜しい日です。そこで先ず参入し、すぐに退出して、山に登ります」と云うことだ。今朝、入道相府《にゅうどうしょうふ》（道長）が山に登る。明日、受戒する〈廻心戒《えしんかい》。〉。諸卿は追従する。早朝、四条大納言《しじょうだいなごん》（藤原公任《きんとう》）が伝え送られて云ったことには、「或いは云ったことには、『或る人は、山上で釼《たち》と笏《しゃく》を用いるらしい』と云うことだ。これを如何しようか」ということだ。私が報じて云ったことには、「勅使《ちょくし》の他は、山上の釼や笏は、未だ知らない事である。時議《じぎ》が有ったのか。笏や釼を随身《ずいじん》されて、何事を処置されることが有るのか。但し、先年の円融《えんゆう》院と花山《かざん》院の御受戒では、把笏《はしやく》や帯釼《たいじん》について、覚えていないばかりである」と。

「今日、左大臣（藤原顕光《あきみつ》）が、仁王会《にんのうえ》について定めた」と云うことだ。検校《けんぎょう》は、中納言（源）経房《つねふさ》と参議《さんぎ》公信である。

十四日、庚寅。　仁王会定／右衛門府の倉、焼亡／道長の受戒遅く、資平下山できず

「昨日、仁王会定《にんのうえさだめ》が行なわれた。ところが、宰相が参らなかった。そこで右中弁《うちゅうべん》（藤原）章信《あきのぶ》が書いた〈五位。〉」と云うことだ〈仁王会の日について、詳細を左府（顕光）の辺りに取った。すぐに相府（顕光）が書状を送られて云ったことには、「仁王会は十八日、検校は左金吾《さきんご》（藤原頼宗《よりむね》）と右兵衛督である。参議が参らなかった。弁に書かせた」ということだ。〉。「昨夜、右衛門府《えもんふ》の倉が焼亡した。この倉には、米百余石を納めていた。盗人が行なったものである」と云うことだ〈後に聞いたことには、検校は左金吾頼宗ではない。帥納言《そちなごん》経房である。左府が思い誤って、伝えられたのか。〉。

「今日、入道相府が受戒した後、宰相は早く下山することになっている」ということだ。そこで申剋の頃、迎馬《むかえうま》を坂下《さかもと》に遣わした。戌剋の頃、率いて帰ってきて、云ったことには、「下山した雑人《ぞうにん》が云ったことには、『黄昏に臨んで、受戒の儀が未だ終わっていません。また、雨脚が止みません。下山することができません』と云うことでした。そこで率いて戻って来ました」ということだ。

十五日、辛卯。　道長受戒の儀

巳剋の頃、宰相が下山して云ったことには、「昨日、御受戒が行なわれました。雨脚は止みませんでした。山上は雲が満ちて、暗夜に異なりませんでした。卿相以下の衣装は、泥のようでした。把笏や帯釼は行ないませんでした」と。下官の考えたとおりである。「諷誦《ふじゅ》を諸堂に修されました。内裏から左少将（源）顕基《あきもと》〈四位。〉を介して、労問《ろうもん》が有りました。また、宮々から御使が有りました。皆、物を被《かず》けました」と云うことだ。今日から根本中堂《こんぽんちゅうどう》に於いて、七仏薬師法《しちぶつやくしほう》を行なわれる〈壇所は、根本中堂と食堂《じきどう》。〉。七壇阿闍梨《あじゃり》〈座主《ざす》法印院源《ほういんいんげん》・大僧都《だいそうず》慶命《きょうみょう》・前大僧都《さきのだいそうず》心誉《しんよ》・少僧都《しょうそうず》文慶《もんけい》・律師叡効《えいこう》・阿闍梨覚超《かくちょう》・阿闍梨覚空《かくくう》。〉。また、根本中堂に於いて、不断薬師経読経《ふだんやくしきょうどきょう》を行なわれた。参上した卿相は、大納言《だいなごん》斉信・公任・教通、致仕《ちし》（源）俊賢《としかた》、中納言頼宗・経房・兼隆・道方、参議公信・経通・広業・資平・定頼。「今朝、関白殿は山に登りました。坂下で輦車《てぐるま》を持って迎えました。ところが乗りませんでした。藁履を着して参上しました」と云うことだ。

「四条大納言・帥中納言《そちちゅうなごん》（経房）・私（資平）の三人の饗饌《きょうせん》は、内供《ないぐ》良円《りょうえん》が準備したものでした。はなはだ豊贍《ほうせん》でした。言うことはできません」と。また、云ったことには、「今朝、関白が山に登りました」と。目がお見えにならないので、行なわれた善行《ぜんこう》か。

十六日、壬辰。　仁王会の加供

「今回の仁王会は、大極殿《だいごくでん》に於いて行なわれるであろう。触穢《しょくえ》の人は、加供《かぐ》を行なってはならない。また、通例によって、諸堂や門に於いて行なわれるであろうか」と云うことだ。

行事《ぎょうじ》の史《し》(藤原)信賢《のぶかた》を召し遣わして、詳細を問うた。申して云ったことには、「大極殿に於いて、行なわれることになったのです」と。伝えさせて云ったことには、「触穢の人は、加供を行なってはならない。ところが、朝廷が疫病を攘《はら》う為に、特に行なわれるものである。穢《けが》れていない物で、加供を行なうように。廻文《かいぶん》を除いてはならないのである。俸禄《ほうろく》は、はなはだ厚い。素飡《そさん》は恐れ多い。そこで伝えるものである」と。信賢が云ったことには、「検校は帥中納言経房と右兵衛督公信です」ということだ。左府が伝えたところと、頗る相違している。思い誤られたのか。仁王会行事所《ぎょうじしょ》から、廻文を持って来た。

十七日、癸巳。　頼通、帰京／良円、道長の許に参入すべきかを問う

「関白は、一昨日、東坂《ひがしざか》から山に登った。今朝、帰られる」と云うことだ。内供が山から伝え送って云ったことには、「親しい人々が云ったことには、『入道殿が山にいらっしゃる間に、参入しないのは、便宜《びんぎ》が無いのではないか』ということでした。何としましょう。必ずしも参るわけにはいきません。教示に随うことにします」と。報じて云ったことには、「有職《ゆうそく》の人が参らないのは、如何なものか。法性寺座主《ほっしょうじざす》(慶命)と相談して、その教喩《きょうゆ》に従うように。但し、あの座主が参会するのならば、一緒に参入するのが宜しいのではないか。明日は道虚日《どうこにち》である。明後日、参入することにする」と。

十八日、甲午。　賀茂社奉幣／祇園百箇日諷誦／臨時仁王会

当年の賀茂《かも》社御幣《ごへい》〈正月から閏十二月まで。〉を、運好《うんこう》師を遣わして、奉った。今日から百箇日、諷誦を祇園《ぎおん》社で修す〈日毎に紙一帖《じょう》を用いる。〉。物怪《もつけ》を消除《しょうじょ》し、息災延命《そくさいえんめい》の為である。宰相が来た。すぐに大極殿に参った。大極殿に百高座《こうざ》を立て、仁王会を行なわれた。加供を行なわせた〈僧綱《そうごう》一口《く》、僧六口。〉。

十九日、乙未。　臨時仁王会の状況／殺生を禁じる宣旨／軽犯者を原免／無量寿院に阿闍梨を置く／度縁請印／陣直官人の勘文

早朝、宰相が来て云ったことには、「昨日、内裏に参りました。仰せによって、大極殿に参りました。当日の欠請《けつしょう》は、六十人に及びました。そこで僅かに薄暮に臨んで、朝講《ちょうこう》を始めました。夕講《ゆうこう》は行なわなかったようなものでした。すべて読経を行ないませんでした。感応《かんのう》は無いでしょう」と。また、云ったことには、「六斎日《ろくさいにち》は、殺生《せっしょう》を行なってはならないとの宣旨《せんじ》が下りました。新大納言行成卿が、上卿を勤めました。軽犯《けいはん》の者は免《ゆる》されました。検非違使別当《けびいしべっとう》公信が、仰せを奉って、勘申《かんじん》させました。もしかしたら内侍宣《ないしせん》によって、原免《げんめん》されたのでしょうか」と。「また、無量寿院《むりょうじゅいん》に阿闍梨六人を置きます。また、封戸《ふこ》を寄進される宣旨を、左大臣が奉りました。入道相府の封戸三百戸を分けて、寄進されます」ということだ。また、云ったことには、「今日、結政所《かたなしどころ》に於いて、度縁《どえん》に請印《しょういん》することになりました。入道殿の命によるものです。申剋以前に、天台《てんだい》（延暦寺）に奉らなければなりません」ということだ。「内裏から召しが有りました。結政《かたなし》の請印の事によるのでしょうか」ということだ。去る二日に宿直していた諸衛府《えふ》の官人の勘文を、今朝、左頭《さとう》（朝任）に託した。

二十日、丙申。　資平、道長の下山に参会／度縁千枚を延暦寺に送る

宰相が来て云ったことには、「明朝、入道殿は山を下ります。卿相は馬に騎ります。関白が参られます」と云うことだ。「馬を随身して、西坂下《にしさかもと》に参り向かいます」ということだ。また、云ったことには、「昨日、結政所に於いて、度縁千枚に請印させました。今日、蔵人弁章信が持って、台山《だいさん》(延暦寺)に登りました」と云うことだ。召使《めしつかい》が申して云ったことには、「二十四日、季《きの》御読経始《みどきようはじめ》が行なわれます」ということだ。

二十一日、丁酉。　道長、下山

申剋の頃、宰相が来て云ったことには、「入道殿は西坂《にしざか》から下りられました。関白殿と新大納言行成は、車に乗りました。他の卿相は、坂下に参会しました。致仕大納言《ちしだいなごん》俊賢は、御車後に供奉《ぐぶ》しました」ということだ。「大納言教通、中納言頼宗・経房・(藤原)能信《よしのぶ》・兼隆・(藤原)実成《さねなり》、参議(藤原)通《みち》任《とう》・公信・経通・広業・資平・定頼は、皆、馬に騎りました」と。

二十四日、庚子。　季御読経発願／道長、資平の修理大夫辞任を許さず

今日、季御読経が行なわれた。そこで参入した。宰相は車後に乗った。帥中納言経房・源中納言《げんちゆうなごん》道方・式部大輔《しきぶのたいふ》広業が、陣座《じんのざ》にいた。「左大臣が参上しました」ということだ。そこで殿上間《てんじようのま》に参上した。この頃、出居《でい》が座に着した。次いで左大臣、私・中宮大夫《ちゆうぐうだいぶ》斉信・権大納言《ごんだいなごん》公任・新大納言行成、修理大夫資平が、御前に伺候した。行香《ぎようごう》が行なわれた。侍臣《じしん》二人が加わった。酉剋、退下した。すぐに退出した。右大弁定頼が云ったことには、「経房・道方卿は、南廂《みなみびさし》に伺候しています。広業は紫宸《ししん》殿《でん》に伺候せず、退出しました。新任だからでしょうか」と。公任卿が云ったことには、「それならば、ただ参ってはならないのではないか」ということだ。「右大弁は紫宸殿に伺候している」ということだ。宰相が云ったことには、「昨日、殿に参りました。匠作については、やはり免じないという意向が有りました。但し、勘当の様子はありませんでした。そこで先ず、職務に従います。退いて辞すことにするということを申します」ということだ。これは上計《じょうけい》である。

二十五日、辛丑。　頼通の誘い／顕光に笏木を奉る／資平、出仕の日を勘申

夜に入って、(藤原)敦親《あつちか》朝臣が来て云ったことには、「関白の御書状に云ったことには、『明日、いささか準備していることが有る。もしも特に障りが無ければ、来るであろうか』ということでした」と。「夜間は、障りは無い」ということだ。報じたことは、参るという趣旨であった。

笏木《しゃくのき》三枚を左府に奉った。昨日、伝えられたのである。

黄昏、修理大夫が来て云ったことには、「今日、職務に従う日を、吉平に勘申させました。『二十七日、癸卯』ということでした」と。

二十六日、壬寅。　宇佐使、帰京／小一条院王子着袴の報知／具平親王王子師房、元服／加冠を勤む

今夕、宇宇使《うさし》(藤原)家経《いえつね》が帰参した。往還は四十六日。小一条院《こいちじょういん》が、判官代《はんがんだい》(藤原)永信《ながのぶ》朝臣を介して、おっしゃられて云ったことには、「明日、王子の着袴《ちゃっこ》の儀に参入するように」ということだ。酉剋の頃、関白殿に参った。匠作〈資平〉は車に乗った。関白殿と謂うのは、これは上東門院《じょうとうもんいん》である。今日、故中務卿《なかつかさきょう》親王〈具平《ともひら》親王〉の王子〈源〉師房《もろふさ》〈歳は十三。〉が、元服《げんぷく》を加えた。西対《にしのたい》の南廂に於いて、この儀が行なわれた。新大納言行成は、しばらく南廊《なんろう》にいた。私もまた、その処にいた。右頭中将《うとうのちゅうじょう》公成を介して、伝えられて云ったことには、「只今、参入するように」ということだ。秉燭の後、主人〈頼通〉が南廊に出居を行なった。卿相が参入した。しばらく清談《せいだん》した。その後、主人が事情を伝え、先ず座に着した。次いで下官、およびあれこれが序列どおりに座に着した。殿上人《てんじょうびと》が座に着した〈南又廂《みなみのまたびさし》。〉。上達部《かんだちめ》の饗饌は、あらかじめ据えてあった。殿上人も、また同じであった。盃酌《はいしゃく》については、通例のとおりであった。亥剋、円座《わろうだ》二枚を敷き〈上達部の座の上。〉、冠者《かじゃ》〈師房〉が座に着した〈西方から殿上人の座の前を経た。直衣《のうし》と下襲《したがさね》を着していた。〉。次いで殿上人が理髪《りはつ》の具を取って、冠者の前に置いた〈冠者が未だ座に着さない前に置くべきか。それとも座に着した後に置くべきか。疑いが定まったことは、長い時間であった。〉。修理権大夫《しゅりのごんのだいぶ》〈源〉済政《なりまさ》が、催促に随って円座に着し、理髪を行なった。右少将〈源〉隆国《たかくに》と〈藤原〉良頼《よしより》が、脂燭《しそく》を執って、左右に進んで坐った。理髪が終わって、巾子《こじ》に入れ、退いて坐った。主人は、再三、勧めた。下官は座を起って、座上から進み〈主人の命によって、進んだものである。〉、円座に坐った。冠を巾子に差し入れ、髪掻《こうがい》を取って、鬢《びん》を理えた。本座に復した。済政は進んで、鬢を理えた。終わって、退出した。次いで冠者が退入したことは、退出の儀と同じであった。次いで理髪の雑具と円座を撤去した。次いで加冠《かかん》の座〈畳・土敷《つちしき》・茵《しとね》。〉を敷いた。次いで膳物を据えた

〈高坏《たかつき》十二枚と打敷《うちしき》。〉。理髪の座を、殿上人の座の上に敷いた。済政が座に着した。主人の催促によって、あの座に着した。大納言二人〈斉信・公任・行成。〉が勧盃《けんぱい》を行なった。私は箸を立てた。終わって、本座に復した。冠者は位袍《いほう》を着し、西中門《にしちゅうもん》から入って、拝礼を行なった。五品《ごほん》が燭《しょく》を秉《と》った。満座は朗詠《ろうえい》した。一、二巡。その後、被物《かずけもの》があった〈上達部・殿上人・理髪。上達部は女装束《おんなしょうぞく》。加冠は織物《おりもの》の袿《うちき》を加えた。理髪は綾の掛と袴《はかま》か。確かには見なかった。〉。次いで引出物《ひきでもの》〈馬一疋。鴾毛《ときげ》。〉が有った。すぐに退出した。

二十七日、癸卯。　資平、初めて修理職の文書を見る／小一条院王子、着袴

「今日、修理大夫は、初めて修理職《しゅりしき》の文書《もんじょ》を見た」と云うことだ。

今夜、院〈小一条院〉の王子が、着袴の儀を行なう。本来ならば参入しなければならない。ところが、老者〈実資〉には、連夜、奔走するのは、まったく堪えられそうにない。特に今日は、御読経《みどきょう》が結願《けちがん》する。先ず内裏に参ってから、参入することにした。極寒で降雨の日、一身で両所に赴くのは、為す術が無いであろう。そこで病悩〈痔病《じびょう》。〉が有って参入しないということを、まずは匠作を介して左衛門督《さえもんのかみ》〈頼宗〉に告げさせた。匠作は、内裏、及び院に参った。

二十八日、甲辰。　御読経結願に陣饗なし／小一条院王子着袴の状況／師房、源氏賜姓・昇殿

匠作が云ったことには、「昨日の御読経は、秉燭の頃に結願しました。陣饗《じんきょう》はありませんでした。前例に違っています。また、中納言兼隆・道方、参議公信・経通・広業・私〈資平〉・定頼が参入しました。法会が終わって、院に参りました。王子が着袴の儀を行ないました。これより先、関白、大納言教通、中納言頼宗・経房、参議通任が参入していました。関白が腰を結びました。引出物は馬二疋でした。また、贈物がありました。御禄はありませんでした。管絃《かんげん》が行なわれました。上達部・殿上人・楽人《がくにん》の禄は、差が有りました〈殿上人と楽人は疋絹《ひつけん》。但し、蔵人頭は縫物《ぬいもの》。〉」と。蔵人頭右中弁章信朝臣が、宣旨を持って来た次いでに云ったことには、「昨夕、新冠師房朝臣〈『先日、源氏姓《げんじせい》を賜わった』と云うことだ。〉が、内裏に参りました。昇殿《しょうでん》を聴《ゆる》されました。また禄を下給されました。格子《こうし》を下しましたので、六位一、二人に問いました。その儀を知りませんでした。為す術がありませんでした。御《お》手水間《ちょうずのま》から、これを給わりました。『師房は、傅者《ふしゃ》の説によって、小板敷《こいたじき》の前に於いて拝舞《はいぶ》した』と云うことです。未だ聞いたことのない事です」ということだ。朝餉間《あさがれいのま》の方に於いて御衣《おんぞ》を賜わった時は、壺地《つぼち》に下りて拝舞するのが、通例である。

二十九日、乙巳。　太皇太后・東宮御読経始／秋季聖天供

太皇太后宮属《たいこうたいごうぐうのさかん》と春宮属《とうぐうのさかん》が来て云ったことには、「明日、御読経始《みどきょうはじめ》が行なわれます。参入されますように」ということだ。病悩しているということを答えておいた。内豎《ないじゅ》が来て云ったことには、「明日、射場始《いばはじめ》が行なわれます。参入されますように」ということだ。承ったということを申させた。但し、明日、故障を蔵人頭の許に告げさせることとする。通例ならば、弓場始《ゆばはじめ》は十月上旬である。ところが、御病悩によって、延引《えんいん》したのか。時剋を経て、内豎が重ねて来て云ったことには、「章信朝臣が仰せを伝えて云ったことには、『関白殿の御書状に云ったことには、「明朝、陣定《じんのさだめ》が行なわれる。また、射場始が行なわれる。早く参るように」と』と」と。今回は病悩が有って参ることができないということを、申させておいた。晩方、召使が申させて云ったことには、「明日、陣定が行なわれます。参入するようにとの左府の御書状があります」ということだ。同じく病悩を、また答えておいた。

三十日、丙午。　射場始所掌の作法を教示

今日、射場始、および陣定については、病悩が有って参入しない事を、匠作に託して披露《ひろう》させた。また、太皇太后宮《たいこうたいごうぐう》（藤原彰子《あきこ》）御読経発願《ほつがん》に参らない事を女房《にょうぼう》に告げるよう、同じく伝えておいた。所掌《しょしょう》の作法を、章信朝臣が伝え送ってきたので、子細を記して、遣わした。

今日、去る秋季の聖天供《しょうでんぐ》を行なった〈三箇日。〉。長年、住鏡《じゅうきょう》阿闍梨は越後《えちご》国に住んでいる。そこで弟子が供し奉った。ところが近頃、山に帰っていて、元のように供し奉った。故覚慶《かくぎょう》座主は、数年、供し奉った。あの座主は、住鏡に供させた。また、年月が多く移った。

○閏十二月

一日、丁未。　石塔造立供養／太皇太后宮・中宮読経、発願／射場始／僧綱召

石塔供養《せきとうくよう》を行なった。匠作《しょうさく》（藤原資平《すけひら》）が云ったことには、「昨日、太皇太后宮《たいこうたいごうぐう》（藤原彰子《あきこ》）、および中宮《ちゅうぐう》（藤原威子《たけこ》）の御読経始《みどきょうはじめ》が行なわれました。先ず卿相《けいしょう》が参入しました〈『東宮（敦良《あつなが》親王）の御読経は、急に停《ちょう》止《じ》となった』と云うことです。〉。次いで射場始《いばはじめ》が行なわれました。関白《かんぱく》（藤原頼通《よりみち》）、左大臣（藤原顕光《あきみつ》）、大納言《だいなごん》（藤原）斉信《ただのぶ》・（藤原）行成《ゆきなり》、中納言《ちゅうなごん》（藤原）頼宗《よりむね》・（源）経房《つねふさ》・（藤原）兼隆《かねたか》・（源）道方《みちかた》、参議《さんぎ》（藤原）公《きん》信《のぶ》・（藤原）経通《つねみち》・（藤原）広業《ひろなり》・（藤原）定頼《さだより》・私（資平）。前々は、関白は後一条《ごいちじょう》天皇の御後《ごご》に伺候していました。ところが今日は、上達部《かんだちめ》の座に伺候しました。中宮は懸物《かけもの》を献上しました。五度、終わりました〈所掌《しょしょう》は右近少将《うこんのしょうしょう》（藤原）良頼《よしより》。〉。仗座《じょうのざ》に於いて、僧綱《そうごう》・大威儀師《だいいぎし》・威儀師《いぎし》三人・阿闍梨《あじゃり》・諸寺《てら》司《づかさ》を任じました〈僧正《そうじょう》深覚《しんがく》［転任《てんにん》。］、権僧正《ごんのそうじょう》院源《いんげん》、権律師《ごんのりつし》観真《かんしん》、大威儀師観峯《かんぽう》、阿闍梨某々、威儀師某々。〉」と。

二日、戊申。　念誦堂に檜皮を葺けず

今日と明日は、物忌《ものいみ》である。門を閉じて、特に慎しんだ。檜皮《ひわだ》工《たくみ》は、門の下から入った。念誦堂《ねんじゅどう》を葺《ふ》かせようとした。雨脚は、すでに降っていた。そこで葺かせることができなかった。

四日、庚戌。　道長、資平に修理職について語る

召使《めしつかい》が云ったことには、「明日、左大臣が定め申されなければならない事が有ります。参入されますように」ということだ。病悩を称した。また十四日に、荷前使《のさきのつかい》を勤めるよう申した。病悩が、もしも宜しければ勤仕《ごんし》するということを、伝えておいた。

匠作が来て云ったことには、「今日、殿（藤原道長《みちなが》）に参りました。直接、雑事をおっしゃられました。多くはこれは、修理職《しゅりしき》の事です」ということだ。「権僧正院源が殿に参りました。饌宴を供され、馬を志されました」と云うことだ。

六日、壬子。　諸国申請雑事定

匠作が云ったことには、「昨日、左右丞相《じょうしょう》（顕光・藤原公季《きんすえ》）、及び次席の卿相たちが、多く参りました。四箇国の新任の国司《こくし》が申請した事を定められました。右大弁《うだいべん》定頼が、これを書きました」と。

七日、癸丑。　修理職納物の返抄

夜に入って、匠作が来て云ったことには、「（藤原）章信朝臣《あきのぶあそん》が云ったことには、『今日、左頭中将《さとうのちゅうじょう》（源朝任《あさとう》）が云ったことには、「修理職の納物の返抄《へんしょう》は、現任の大夫《だいぶ》の返抄を用いるよう、宣旨《せんじ》を下しました」ということです。新大夫（資平）が申したので、宣旨を下されたのでしょうか。意向を関白に取ったところ、おっしゃって云ったことには、「修理大夫《しゅりだいぶ》（資平）は申すところは無かった。聞いたところが有ったので、下した宣旨である」ということでした』と」と。匠作は辞遁《じとん》の心を懐き、他の事を申さない。無理に職務を行なわせる為に、入道殿《にゅうどうどの》（道長）と共に行なわれたものであろうか。鬱々《うつうつ》とするばかりである。

八日、甲寅。　斎院次官の申請／平為幹を常陸国から召還／為幹入京後の措置について指示

斎院次官《さいいんのすけ》について、恐縮して喜び申しているということを、斎院長官《さいいんのかみ》（源）光清《みつきよ》朝臣を介して申させた。しばらくして、帰って来て云ったことには、「名簿《みょうぶ》を奉るように」ということだ。明後日に奉るということを申した。常陸《ひたち》国にいる（平）為幹《ためもと》朝臣を召還《しょうかん》する使の左衛門案主《さえもんのあんじゅ》紀貞光《さだみつ》が、去月二十八日の書状に云ったことには、「為幹朝臣は、伊豆《いず》国と駿河《するが》国で参会しました。ここに為幹が申して云ったこ

とには、『命婦《みょうぶ》(平惟通妻《これみち》)が上道《じょうどう》します。そこで当国の関を送り越えまして、還り向かうことにします』ということでした。ところが、為幹の身を随身《ずいじん》して参上します。但し、入京の日は、先ず率いて参ることになっている所は、『大夫史《たいふのし》(但波奉親《たんばのともちか》)の許』と申し上げております所です。もしくは、為幹の在所が未だ定まらない間は、本府の辺りに率いて参ろうと思っていますので、事情を取らせてください。そのことを密々に仰せ下されていただきたいのです」ということだ。(中原)師重《もろしげ》の許に送った書状である。子細を仰せ遣わしておいた。美濃《みの》国から馳せ上ったのか。脚力《かくりき》は来ていない。妻の許から伝えて進上したのである。この宣旨は、四条大納言《しじょうだいなごん》(藤原公任《きんとう》)が奉った。

十日、丙辰。　斎院次官の名簿

藤原相通《すけみち》の名簿を、斎院長官光清朝臣を介して、院(選子《のぶこ》内親王)に奉った。次官に任じられることになっている者である。あの院から奏上されるべきである。

十二日、戊午。　荷前使を固辞

召使が申して云ったことには、「十四日の荷前《のさき》を勤めるよう、外記《げき》(中原)長国《ながくに》が申させました」ということだ。病悩が有って、使の役を勤めることができないということを、伝えておいた。

十三日、己未。　為幹、入京

深夜、為幹朝臣を召す使の貞光が、密々に来て云ったことには、「為幹は入京しました」と。拘禁《こうきん》させる処について、史《し》奉親朝臣の所を示し遣わした。未だあれこれを命じていなかった。そこで密々に前常陸介《さきのひたちのすけ》(平)維時《これとき》朝臣に預けた。「明朝、罷り向かい、為幹を随身し、小人の宅を借りて、拘禁させよ。宣旨を待つように」ということだ。これは私の指示である。「彼は奪い取った命婦や、太皇太后《たいこうたいごう》(彰子)の御使と一緒に、同じく入京した」ということだ。

十四日、庚申。　資平、荷前使を勤む／造内裏門・大垣大工

匠作が来て云ったことには、「荷前使を勤めることになりました」ということだ。蔵人右中弁《くろうどうちゅうべん》章信が来た。命じて云ったことには、「大工《だいく》(常道《つねみちの》)茂安宿禰《しげやすすくね》を門と大垣《おおがき》を造営する大工とするよう、宣下するように」ということだ。すぐに同じ弁に命じた。また、命じて云ったことには、「春日《かすが》社を造営する事は、やはり当国の国司に造らせて進上させるように。但し、防河《ぼうか》については、料物《りょうもつ》を社司《しゃし》に渡して、勤めさせるように」ということだ。同じ弁に命じておいた。

今日、荷前使を出立《しゅったつ》された。私は障りを称して、参らなかった。

十五日、辛酉。　私荷前使／為幹を拘禁／荷前

荷前使を奉った。玄蕃允《げんばのじょう》惟光《これみつ》。

貞光が云ったことには、「今朝、宣旨によって、検非違使《けびいし》の官人たちが来ました。為幹朝臣を受け取って、左衛門府《さえもんふ》の射場《いば》に率いて向かいました。私(貞光)は、弓箭《きゅうせん》を帯びて従いました」ということだ。

昨日の荷前使は、致仕大納言《ちしだいなごん》(源)俊賢《としかた》〈荷前使が障りを申した時は、使を勤めるということを、先日、申請した。そこで勤仕したものか。〉、中納言兼隆、参議経通・(藤原)通任《みちとう》・某《なにがし》(資平)。班幣使《はんぺいし》は、参議公信〈左大《さだい》弁《べん》（藤原）朝経《あさつね》が障りを申した替わり。公信は、初めは荷前使に定められていたのである。〉。故障の人は、大納言下官（実資）・公任、中納言頼宗。

十六日、壬戌。　大極殿御読経僧名定

匠作が来て云ったことには、「昨日、召しによって、雨を冒して内裏に参りました。中宮大夫《ちゅうぐうだいぶ》〈斉信。〉が、御読経の僧名《そうみょう》を定めました〈大極殿《だいごくでん》に於いて修されます。請僧《しょうそう》は百口《く》。〉。左右大弁が参りませんでした。そこで召されたものです。但し、右大弁定頼は、物忌であることを申したのに、皇太后宮《こうたいごうぐう》（藤原妍子《きよこ》）の御読経に伺候しました。甚だ奇怪です」ということだ。また、「関白がおっしゃって云ったことには、『堪能の僧を選定するように』ということでした。ところが、臨時の御読経とはいっても、百口となると、やはり寺々の僧を招請して用いることになります。そこで前例のように定め申しました。また、修されることになった日の二十五日は、明年の御衰日《すいにち》に当たります。追って決定されなければなりません」ということだ。

十七日、癸亥。　延暦寺四至実検注文／延暦寺四至についての道長の裁定／頼通、修理職、前大夫通任の返抄を用いざるを命ず／藤原為任女、出産

権左中弁《ごんのさちゅうべん》（源）経頼《つねより》が、延暦寺《えんりゃくじ》の四至《しし》を記し申した史（宇治《うじの》）忠信《ただのぶ》の文書《もんじょ》、および寺家《じけ》の使・賀茂社司《かもしゃし》・古老《ころう》の申文《もうしぶみ》、絵図を持って来た。子細は別紙にある。入道殿に申すよう伝えた。蔵人弁章信から、宣旨〈摂津守《せっつのかみ》（源）長経《ながつね》の申文。〉を持って来た。文書を継がせるよう命じた。定めるようにとの仰せが有っ

た。そこで先ず、所司《しょし》に下して、継がせただけである。

晩方、権左中弁が来て、入道殿の書状を伝えて云ったことには、「延暦寺の四至は、『西は下水飲《しもみずのみ》を限る』ということだ。これは官符《かんぷ》の文である。寺司が云ったことには、『親林寺《しんりんじ》を下水飲と号します』と。社司及び国司は、知るはずはないということを申している。社司は、ただ知らないということを申している。論じ申すところは無い。そこで寺家が申したところに随って、親林寺を西限とする。また、北限は、官符に云ったことには、『北限は楞厳院《りょうごんいん》』ということだ。ところが寺司が申して云ったことには、『楞厳院の北を去ること二十余町に、高日寺《こうにちじ》が有ります。これは楞厳院領です。この高日寺を北限とすべきです』ということだ。官符の指すところは、楞厳院を北限としている。ところが、更に別院《べついん》を北限としてはならないのならば、西限は親林寺、北限は楞厳院。早くこの限を延暦寺の四至とするよう、官符を下給するように」ということだ。すぐに同じ弁に命じた。但し、官符を下給する事は、関白に申すよう、同じく弁に命じておいた。

匠作が来て云ったことには、「今朝、関白殿に参りました。直接、雑事をおっしゃられました。前修理大夫《さきのしゅりだいぶ》（通任）の返抄は、一切、用いてはならないということでした。国司が、もし愁訴《しゅうそ》するところが有れば、事情を聞いて、示し仰すに随って、返抄を出すことになりました」ということだ。

皇后宮亮《こうごうぐうのすけ》（藤原）為任《ためとう》の女《むすめ》は、懐妊《かいにん》してすでに十七箇月に及んでいる。種々の祈禱《きとう》は、効験《こうげん》が無い。ところが、清水寺《きよみずでら》に籠って修善《しゅぜん》を行なったところ、去る夕方、平安に女子を産んだ。

十八日、甲子。　無量寿院北方、焼亡／頼通読経結願／彰子説経／妍子仏名会

戌の初剋の頃、北東の方角に焼亡が有った。男たちが云ったことには、「無量寿院《むりょうじゅいん》の方角に当たります」と云うことだ。相通を厩《うまや》の馬に騎せて、馳せ遣わした。未だ帰って来ない間に、随身(高《こうの》)扶武《すけたけ》が馳せて来て云ったことには、「無量寿院の北の小宅が焼亡しています」ということだ。そこで入道殿に参った。関白と諸卿は、北僧房《そうぼう》の方に向かって、防火の事を行なわれた。この頃、火は漸く滅した。すぐに御堂《みどう》に帰られた。私が退出した際、左将軍(藤原教通《のりみち》)を介して、逢うという仰せが有った。そこで参入した。関白及び諸卿が、同じく御前にいた。おっしゃって云ったことには、「北風が猛烈で、火焔《かえん》が移ろうとしていた。火は処々に付いた。また、西院《さいいん》〈上東門院《じょうとうもんいん》を謂う。〉の馬場殿《ばばどの》に付いた。僅かに撲滅《ぼくめつ》した」ということだ。あれこれが未だ退出しない間に、私は早く退出した。匠作が云ったことには、「上達部は、関白の御読経結願《けちがん》に参りました。次いで太皇太后宮の説経《せっきょう》に参りました。終わって退出した頃に、火事が有りました。また、今夜、皇太后宮の御仏名会《ぶつみょうえ》です」ということだ。

十九日、乙丑。

内豎《ないじゅ》が来て云ったことには、「明日、御仏名始《ごぶつみょうはじめ》が行なわれます。ところが天皇の御物忌です。参籠《さんろう》されますように」ということだ。病悩していることを申させた。

二十日、丙寅　小一条院王子、夭折／内裏御仏名始

「一昨日、院(小一条院《こいちじょういん》)の御息所《みやすどころ》(藤原寛子《ひろこ》)が誕んだ皇子が、昨夜、夭亡《ようぼう》した」と云うことだ。「内(後一条天皇）の御仏名始が行なわれた」と云うことだ。

二十一日、丁卯。　随身に衣服を下給／養子資頼の国司任官について相談／右近衛府射場始

随身に衣服を下給したことは、通例のとおりであった。但し、近衛《このえ》（下毛野《しもつけのの》）公利《きんとし》と（六人部《むとべの》）信武《のぶたけ》は、恪勤《かくご》が輩《やから》に勝っている。そこで一疋を加えて下給した。特に信武は、昼夜を論じない。そこで更に、狩袴《かりばかま》のための細布《さいふ》を下給した。李部相公《りほうしょうこう》〈広業。〉が来た。招いたからである。これは（藤原）資頼《すけより》が給わる官について、入道殿に申請する為である〈明年の国司についてである。〉。昨日、右近衛府《うこのえふ》の射場始が行なわれた。今日、右近府生《うこんのふしょう》（清井《きよいの》）正武《まさたけ》が、矢数《やかず》を持って来た。的は五を過ぎなかった。「直物《なおしもの》が行なわれます」と云うことだ。李部と匠作が言ったところである。

二十二日、戊辰。　東三条院忌日法事／公卿分配定／春日行幸の時期

早朝、雨であった。宰相（資平）が来て云ったことには、「すぐに入道殿に参ります。今日、慈徳寺《じとくじ》に於いて、入道相府《にゅうどうしょうふ》（道長）が、故女院《にょういん》（藤原詮子《あきこ》）の御為に、仏事〈図仏と写経《しゃきょう》。〉を修されます。今日は女院の御忌日《きにち》です。閏十二月二十二日に崩じました。今年は閏十二月が有ります。そこで特に修されるものでしょうか。入道殿は慈徳寺に参られます。上達部は皆、馬に騎って、御供に供奉《ぐぶ》します」と云うことだ。そこで京兆《けいちょう》（経通）と匠作は、馬を随身して参入した。匠作が云ったことには、「昨日、直物は行なわれませんでした。御衰日によります。左大臣は、陣座《じんのざ》に於いて、ただ上達部の分配《ぶんぱい》を定められました。この定の間、卿相は頤《あご》が外れるほど笑いました」と云うことだ。「定は、はなはだ泥の

ようでした」ということだ。

扶《ふ》公僧都《こうそうず》が長い時間、清談《せいだん》して云ったことには、「春日行幸《かすがぎょうこう》は、明年九月に及ぶでしょう」と云うことだ。「二月は大厄《たいやく》、三月は小衰《こすい》です。そこで行幸を行なってはならないということについて、入道殿の意向が有ります。式部大輔《しきぶのたいふ》広業と但馬守《たじまのかみ》(橘)則隆《のりたか》の説です」と。また、云ったことには、「先日、関白殿に申しました。おっしゃって云ったことには、『行幸は三月に行なうこととする』ということでした。『小衰月は忌まれてはならないということを、陰陽師《おんみょうじ》が申した。ところが、入道殿の許容は無かったのか。また確かな説ではない』ということでした」と。

二十三日、己巳。　東三条院忌日法事の様子

匠作が来て云ったことには、「昨日、入道殿は慈徳寺に参られました。関白、大納言四人、致仕大納言、及び中納言以下が、多く参りました。極楽浄土図《ごくらくじょうどず》、および法華経《ほけきょう》を供養《くよう》されました。女院の御為です。入道殿は斎食《さいじき》を行ないました。関白以下も、食しました。山座主《やまのざす》院源も、同じく斎食を行ないました。そこで講師《こうじ》としました。法会が終わって、入道殿は内裏に参られました。御仏名会です」と。

二十四日、庚午。　直物・小除目／道長、資頼の任官を許諾／道長、大原勝林院を訪れる

昨日、直物が行なわれた。次いで小除目《こじもく》が行なわれた。藤原相通が斎院次官に任じられた。下官が申請したところである。但し、小除目には「助通」と記していた。誤ったのか。斎院長官光清朝臣を招いて、恐縮しているということを斎院《さいいん》(選子内親王)に申させた。

李《り》部宰相《ほうさいしょう》（広業）が来て、入道殿の報命を伝えた。「格別な事は無いとはいっても、和許《わきょ》の様子が有りました。ただ関白に申請しなければなりません。法師は除目《じもく》について知ることはできません」ということだ。この頃、御興言《きょうげん》が多々あった。李部が云ったことには、「早く関白に申請させるべきでしょう。匠作を介して申請させるべきです」と。また、李部が云ったことには、「昨日、入道殿は、大原《おおはら》入道少将《にゅうどうしょうしょう》（寂源《じゃくげん》）の許にいらっしゃいました。民部卿《みんぶきょう》〈俊賢。〉が同車しました。講説《こうぜち》を聴く為です。夜、帰られました。今朝、関白・四条大納言〈公任。〉・左大将《さだいしょう》〈教通。〉が、入道殿に参られました。すぐに大原に向かわれました」ということだ。

二十五日、辛未。　大極殿仁王経御読経始／諸国、疫病

「今日、大極殿仁王経《にんのうきょう》御読経始が行なわれる〈三箇日。〉。疫病《えきびょう》を攘《はら》う為に、特に修されるものである。発願《ほつがん》・結願、および中間の日々は、上達部は参るように。また、関白も同じく参られることになっている」と云うことだ。「請僧の勤めを行なわせる為である」と云うことだ。近日、京畿内《きょうきない》・外国《げこく》に、疫死《えきし》する者が多い。民の命は、尽きそうである。ああ、悲しいことよ。

二十六日、壬申。　大極殿御読経始／太皇太后宮仏名会／群盗、源政職宅に入り、政職を殺す

匠作が云ったことには、「大極殿御読経始に、関白が参られました。その他、大納言以下が参入しました〈僧は八十口が参入し、もう二十口は参りませんでした。〉。関白、及び諸卿は、内裏に参りました。太皇太后宮の御仏名会が行なわれました。儀が未だ始まらない頃、入道殿は上達部の座〈弘徽殿《こきでん》の東片《ひがしかた》廂《びさし》〉に出居《でい》を行なって、清談されました」と。

「昨夜、群盗《ぐんとう》が前加賀守《さきのかがのかみ》（源）政職《まさもと》の宅に入って、宅内の物を捜し取った。桙《ほこ》で政職を刺し殺した。政職の郎等《ろうどう》が、盗人一人を射殺した」と云うことだ。

二十七日、癸酉。　頼通、風病によって大極殿御読経に不参／郡司読奏

匠作が云ったことには、「今朝、関白殿に参りました。風病《ふうびょう》を発《おこ》されました」と云うことだ。大極殿の御読経に、日々、参られるということについて、前日、仰せが有った。ところが、参入されないとなると、諸卿は必ずしも参らないのではないか。

「今日、郡司読奏《ぐんじどくそう》が行なわれた」と云うことだ。「ところが諸卿に申さなかった」と云うことだ。「はなはだ前例に背いている。ただ大納言斉信卿が行なうよう命じたとのことである」と云うことだ。傾き怪しむばかりである。

二十八日、甲戌。　道長、無量寿院十斎堂供養／郡司読奏の様子／中宮仏名会

匠作が来て云ったことには、「昨日、無量寿院十斎堂《じっさいどう》を供養されました。終わって、卿相は内裏に参りました。郡司読奏は、大納言斉信卿が上卿《しょうけい》を勤めました。式部大輔（大江）通直《みちなお》と式部丞《しきぶのじょう》一人が参入しました。『一人で行なった例が有るので、無理に行なったものである』と云うことでした。『大納言行成以下、あれこれが参入した』と云うことです。中宮の御仏名会が行なわれました。或いは宜陽《ぎよう》殿《でん》にいて、或いは御仏名会に伺候しました」ということだ。

二十九日、乙亥。　大極殿御読経、結願

匠作が来て云ったことには、「昨日、大極殿御読経が結願しました。大納言斉信卿を上首《じょうしゅ》としました」ということだ。

三十日、丙子。　道長、資頼の任官、成就を語る／資平、物忌を破り追儺に参入／頼通の内大臣辞表、返却／延暦寺四至内田畠の注進／立野勅旨駒牽／解除／追儺

法性寺座主《ほっしょうじざす》（慶命《きょうみょう》）が来て云ったことには、「昨日、次いでが有って、資頼が望むところの事を入道殿に申しました。おっしゃって云ったことには、『事の道理は、当たっている。関白は自ら聞こえているであろう。道理で関白を責められれば、まったく避けることは無いであろう』と。その様子は、もっとも好いものでした。成就するようです」ということだ。晩方、匠作が来て云ったことには、「今日と明日は、外記《げき》物忌《ものいみ》です。私（資平）は年が当たっています。座に着す人ではないとはいっても、やはり忌み慎しまなければなりません。ところが、追儺《ついな》の分配に当たっています。もしも参入しなければ、必ず咎《とが》が有るでしょう。そこで無理に参入することにします」ということだ。「先日、関白は、内大臣を辞す表を、御在所《ございしょ》に於いて紛失した。また、あの殿に於いて、密々に書かせて、また上呈した。今夜、収めないという勅答《ちょくとう》が有った」と云うことだ。大納言行成が上卿を勤めた。

延暦寺の四至の内の田畠について、正月七日以後、中文〈山城国司《やましろこくし》。〉、および賀茂上下社司の中文を注《ちゅう》進《しん》することになった。

「立野牧《たてののまき》の御馬を牽いた。分配を行なわなかった。中分《ちゆうぶん》して、左右馬寮《めりよう》に下給した。大納言行成が上卿を承って行なった」と云うことだ。

「夜に入って、解除《げじよ》を行なった。また、諸神に奉幣《ほうべい》した」と云うことだ。

「子剋の頃、追儺は恒例のとおりであった。権大納言《ごんだいなごん》行成が追儺の上卿を勤めた。今夕、勅授帯剣《ちよくじゆたいけん》を聴《ゆる》された」と云うことだ。

付録

用語解説（五十音順）

白馬節会《あおうまのせちえ》　正月七日に天皇が紫宸殿に出御して群臣に賜宴し、左右馬寮の引く白馬を見る儀式。外任の奏、御弓奏があり、次に左右馬寮から庭上を渡る馬の毛並みを奏上する白馬奏があった。

阿《あ》**闍梨**《じゃり》　単に闍梨ともいう。伝法灌頂を受けた者、また灌頂の導師その人。一種の職官となった。

位《い》**記**《き》　位階を授ける時に発給する公文。勅授の位記は中務省の内記が作成し、中務卿および太政大臣・式部卿（武官は兵部卿）等が加署した後、内印を捺して発給した。

一条院《いちじょういん》　一条朝に成立した里内裏。東町の別納と呼ぶ一町が付属。佐伯公行が東三条院詮子に献じ、詮子はこれを天皇の後院とすべく修造。一条天皇は内裏修造後にもここを皇居とした。通常の内裏とは左右を逆として使用された。

一上《いちのかみ》　筆頭の公卿の意で、通常は左大臣がこれにあたる。摂関が大政総攬の職であるのに対し、一上は公事執行の筆頭大臣である。

位《い》**禄**《ろく》　官人が位階に応じて受ける禄物。官職禄と封禄の二種があったが、普通、位禄という場合は封禄をさす。封禄は五位以上に賜わる身分禄で、従三位以上は食封制、四位・五位は位禄制で年一回、十一月支給となっていた。

石清水八幡宮《いわしみずはちまんぐう》　山城国綴喜郡の男山に鎮座。豊前国宇佐八幡宮から八幡神を勧請して鎮護国家の神とし、皇室の祖神と称す。三月の午の日に臨時祭、八月十五日に放生会が行なわれた。

雨儀《うぎ》　晴天の際の晴儀に対し、雨雪の時に行なう儀礼。その次第を簡略にし、それに伴う室礼が行なわれた。

褂《うちき》　単《ひとえ》と表着《うわぎ》との間に着けた袷の衣で、「内着の衣」の意。「袿」とも。禄や被物用に大ぶりに仕立てたものを大掛と称した。

延暦寺《えんりゃくじ》　比叡山にある寺院。天台宗の総本山。東塔・西塔・横川の三塔からなる。天台密教の総本山として朝廷や貴族の崇敬を集めた他、源信が浄土信仰を説いて民衆化の基礎をつくった。

大祓《おおはらえ》　毎年六月・十二月の晦日、また大嘗会や凶事に際して臨時に行なわれる祭儀。罪・穢を除き、心身を清らかにし、その更生を図る。中臣は祓麻、東西文部は祓刀を奉り、百官男女を祓所の朱雀門に集め、中臣は祓詞を宣り、卜部は解除を行なう。

大原野《おおはらの》社《しゃ》　長岡京遷都の時、あるいは藤原冬嗣の請により、王城守護のために春日社を山城国乙訓郡に勧請した神社。

小《お》野宮《ののみや》　平安京の名第。大炊御門南、烏丸西の方一町。元は文徳第一皇子惟喬親王の第宅。藤原実頼、実資と伝領され、その家系は小野宮流と称された。西・北・東門があり、南に池と山を配し、寝殿を中心に、西・東・北対を持つ典型的な寝殿造で、南東の池畔に念誦堂が建てられた。実資以後は、女の千古、その女と女系で伝領された。

小《お》野宮流《ののみやりゅう》　藤原実頼に始まる小野宮家に伝わる有職の流派。またその門流を指すこともある。藤原忠平一男の実頼は、二男師輔（その流派が九条流）とともに父の儀式についての「教命」を受け継ぎ、それぞれの儀式作法を確立した。その内、実頼に始まる儀式作法を小野宮流という。実頼自身は儀式作法についてまとめようとして果たさず、その養子実資によって完成された『小野宮年中行事』によって知られる。

女叙位《おんなじょい》　皇親の女子以下宮人等に至る女子に五位以上の位を賜わる儀式。隔年を原則とした。

女装束《おんなしょうぞく》　宮中における命婦以上の女性の朝服の総称。女房装束とも。単・袿・裳・唐衣・袴からなる。俗に「十二単衣」とも称する。

過状《かじょう》　「怠状」ともいう。犯罪や怠務・失態を犯した者が上庁に対し自分の非を認め、許しを乞うために提出する書状。

春日《かすが》社《しゃ》　和銅三年に藤原不比等が藤原氏の氏神である

鹿島神(武甕槌命)を春日の御蓋山に遷して祀り、春日神と称したのに始まる。初めて一条天皇によって春日行幸が行なわれた。

春日祭《かすがのまつり》　二月・十一月の上の申の日に行なわれた奈良春日社の祭。近衛府使を摂関家の中将・少将が勤めた。社頭の儀のみならず、途中の儀も重視された。

被物《かずけもの》　禄の一種で、上位者が下位者の功労等を賞して直接相手の肩にかつがせてやる衣装の類。

方忌《かたいみ》　陰陽道の禁忌のうち、方角についての禁忌。年単位の大将軍・金神・八卦、月単位の王相神、日単位の太白神・土公・天一神等がある。

結政《かたなし》　太政官の政務執行上の一過程。官結政と外記結政の二種があり、ともに官政、外記政の準備段階的なもの。聴政の前に内外諸司からの申文を類別してそれぞれ結び束ねておき、結政当日、大弁以下の弁官が一応これを一々披見し、史が再び文書をひろげて読み上げ、これを元の形に戻す儀。官結政は外記庁の南に連なる結政所のうちの弁官の結政所で、また外記結政はその西に隣接する外記の結政所で行なわれた。

賀茂斎院《かもさいいん》　賀茂の神に奉仕する斎王。伊勢斎王のように天皇の代替わり毎に交替するわけではなく、当時は選子内親王が五代五十七年の長きにわたって勤めた。

賀茂社《かもしゃ》　賀茂別雷神社(上賀茂神社、略称上社)と賀茂御祖神社(下鴨神社、略称下社)の総称。平安遷都以後は皇城鎮護の神として朝廷から篤い尊崇を受けた。四月の中の酉の日を祭日とする賀茂祭、十一月の下の酉の日を祭日とする臨時祭が行なわれた。

元日節会《がんじつせちえ》　元日に天皇が群臣に紫宸殿で宴を賜う儀式。暦の献上、氷様奏、腹赤奏、吉野国栖の歌舞、御酒勅使、立楽等が行なわれた。

勘申《かんじん》　儀式等に必要な先例や典故を調べたり、行事の日時等を占い定めて報告すること。

官奏《かんそう》　太政官が諸国の国政に関する重要文書を天皇に奏上し、その勅裁をうける政務。奏上する文書は不堪佃田奏、不動倉開用奏等、諸国から申請された地方行政上重要と認められるものが多かった。摂政が置かれている時は摂政が直廬等で覧じ、関白がある時はその内覧を経て奏上された。

官符《かんぷ》　太政官から被管の諸司諸国へ発給される下達文書。弁官が作成する。謄詔勅ないし騰勅の官符と、太政官における議定事項を下達する場合、及び弁官のみで作成する事務的内容からなる場合とがある。

祈年穀奉幣《きねんこくほうべい》　年穀の豊穣を祈って神社に幣帛を奉じる朝廷臨時の神事。祈雨とともに臨時奉幣制の基本となり、十一世紀には二十二社奉幣制へと発展する。

季御読経《きのみどきょう》　春二月と秋八月の二季に、毎日百僧を宮中に請じて『大般若経』を転読させ、天皇の安寧と国家の安泰を祈る仏事。

行啓《ぎょうけい》　皇太后・皇后・中宮・皇太子らが外出すること。父母やその他の親族を訪問したり、遊覧や懐妊の際等、さまざまな目的で行なわれた。

行幸《ぎょうこう》　天皇が皇居を出て他所に行くこと。王臣の私第に天皇を迎える際には、しばしば家人らに叙位・賜禄が行なわれた。

行事《ぎょうじ》　朝廷の公事、儀式等において主としてその事を掌った役。

公卿《くぎょう》　大臣・納言・参議および三位以上の上級官人の称。大臣・納言・参議を見任公卿と称し、議定に参加する。これに対し、三位以上の公卿でまだ参議にならぬ者、一度参議になった前参議の者を非参議と称した。

競馬《くらべうま》　馬の走行速度を争う競技の一。単なる競走ではなく、先行する儲馬と後発の追馬の二騎一番で、いかに相手の騎手や馬を邪魔して先着するかが審査の対象となった。

蔵人《くろうど》　令外官の一。本官以外の兼官で、五位蔵人三名、六位蔵人四、五名、非蔵人三ないし六名の職階になる。代替わり毎に新任される。職掌は文書の保管、詔勅の伝宣、殿上の事務から、天皇の私生活に関することにまで拡大した。院・女院・東宮・摂関家・大臣家にも置かれた。

蔵人頭《くろうどのとう》　蔵人所の長官。定員二人。天皇の宣旨によって補された。一人は弁官、一人は近衛中将が兼補され、それぞれ頭弁、頭中将と呼ばれた。殿上に陪侍し、機密の文書や諸訴を掌った。参議には多く頭から昇進したが、有能で信任の厚い実資や行成は、なかなか参議に昇進できなかった。

慶賀《けいが》　「よろこびもうし」とも。任官・叙位や立后のお礼の挨拶を、天皇や摂関、中文の申請者に行なうこと。

外記政《げきせい》　令制太政官における政務の一形態。公卿が諸司の申す政を内裏建春門の東にある外記庁（太政官候庁）において聴取裁定すること。外記政の次第は、まず外記庁の南舎に弁・少納言・外記・史が参着して結政を行ない、次いで上卿以下公卿が庁座に着き、弁以下が列座し、弁が史をして諸司の申文を読ませ、上卿が裁決する。次いで請印し、終わって上卿以下が退出する。一同が外記庁から南所（侍従所）に移って申文の事があり、終わって酒饌を供することもある。

解除《げじょ》　罪穢を除去すること。祓とも。人形・解縄・切麻を用いて中臣祓を読む所作が一般的。神祇官の祓の他、陰陽道や仏教に伝わった祓もあった。

欠請《けっしょう》　請僧の欠員。すなわち、法会に参列する僧に生じた空席。空席を補充する必要があった。

解文《げぶみ》　八省以下の内外諸司のみならず、官人個人あるいは諸院家・寺社・荘家・住人が、太政官および所管の官司に上申する文書。

見参《げんざん》　節会・宴会等に出席すること。また、出席者の名を名簿に書き連ねて提出すること。

元服《げんぷく》　男子が成人したことを示す髪型や服装を初めてする儀式。十一歳から十五歳までの例が多い。髪を束ねて元結で結い、末の部分を切って後頭部に結い上げる理髪の儀と、次いで冠をかぶらせる加冠の儀が中心となる。元服すると実名が定められ、叙位がある。

候宿《こうしゅく》　官人が内裏内の直廬や宿所等に宿泊すること。

興福寺《こうふくじ》　奈良に所在する法相宗大本山。藤原氏の氏寺。春日社との神仏習合を進め、摂関家と興福寺・春日社との緊密な関係が成立した。

国忌《こき》　特定の皇祖・先皇・母后等の国家的忌日。政務を休み、歌舞音楽を慎しんで追善の法要を行なった。

元々は天皇忌日のみを指していたが、天皇の父母・后妃にも拡大した。

御禊《ごけい》　水で身を清める行事。主に鴨川の三条河原で行なわれた。天皇は即位後、大嘗会の前月の十月下旬に、伊勢斎宮や賀茂斎院は卜定後に行なう。

御斎会《ごさいえ》　正月八〜十四日に宮中において、『金光明最勝王経』を講説して国家安穏、五穀豊饒を祈る法会。大極殿(後には清涼殿、御物忌の時は紫宸殿)に、衆僧を召し、盧遮那仏を本尊として読経供養した。

五節舞姫《ごせちのまいひめ》　新嘗祭・大嘗会・豊明節会に出演する舞姫。九月あるいは儀礼の数日前に、公卿の女二人、受領の女二人が舞姫に決定された。十一月の中の丑の日が帳台試、寅の日が御前試、卯の日が童女御覧、辰の日が豊明節会で、この日、舞の本番が行なわれた。

小朝拝《こちょうはい》　元日朝賀の後、大臣以下が天皇を拝する儀。はじめは朝賀とともに並び行なわれたが、後には、朝賀のある年には行なわれず、朝賀と交互にする場合もあった。清涼殿東庭に殿上人以上が参列する私的な礼。一条天皇以後は朝賀が絶え、小朝拝のみが行なわれた。

駒牽《こまひき》　信濃・上野・武蔵・甲斐四国の御牧(勅旨牧)から貢上された馬を、宮中で天皇が御覧じ、貴族たちに馬が分給されて牽く儀式。毎年八月に行なわれる。

斎王《さいおう》　伊勢神宮に奉仕する皇女(もしくは女王)。未婚の内親王または女王の中から卜定され、約一年間、宮城内の初斎院に入り修斎し、続いて宮城外の浄野(平安時代以降は嵯峨野)の野宮で一年あまり潔斎に努め、卜定後三年目の九月上旬、伊勢に群行した。

作文会《さくもんかい》　詩や賦等の韻文である漢詩を作る会合。主に翌朝、披講が行なわれる。一条朝には、道長主導で盛んに開かれた。

定文《さだめぶみ》　公卿が陣定等の議定を行なった際、終わって上卿が参議(大弁の兼任が原則)に命じて、出席者各自の意見をまとめて作成させた文書。上卿はこれを天皇に奏覧し、その裁決を仰いだ。

参議《さんぎ》　太政官の議定に参与する、大臣・納言に次ぐ官。唐名は宰相・相公。定員は八名。大臣・納言と違って詔勅や大事の決定事項を弁官に宣して太政官符や官宣旨を作成させるような権限はなかった。補任されるためには、大弁・近衛中将・蔵人頭・左中弁・式部大輔の内の一つを経ていること、五箇国以上の国守を歴任していること、位階が三位以上であること等、七つの道があった。

試楽《しがく》　行幸や年中行事等、舞楽を伴う儀式に際して行なわれる楽の予行演習。賀茂・石清水臨時祭の社頭の儀に先立って行なわれるものをいう場合が多い。

直廬《じきろ》　皇太后、女御、東宮、親王、内親王、摂関、大臣、大納言等が、休息・宿泊・会合などに用いるために宮廷内に与えられる個室。摂関の場合は、ここで政務を執ることもあった。

室礼《しつらい》　屋内の一部を障子・几帳・屛風等で隔て、帳台・畳・茵を置き、厨子・二階棚・衣架、その他、身辺の調度類を設け整えたり飾りつけたりすること。

信濃布《しなののぬの》　信濃国等から産出、貢上した麻布。四丈のさらし布だったらしく、麻布の普通のもので、一定の規格のものを信濃布、上等の麻布は手作布と称した。

除目《じもく》　官職任命の政務的儀式。外官除目は春に三夜にわたって行なわれ、京官除目は秋から冬にかけて、二夜または一夜で行なわれた。執筆の大臣が前日に勅を奉って外記に召仰を命じ、当夜は諸卿が清涼殿東孫廂の御前の座に着して議し、執筆は任官決定者を大間書に記入していく。執筆は大間書を清書上卿に授け、参議に召名(勅任・奏任に分けて任官者を列記したもの)・下名(文官・武官に分けて四位以下の任官者名を列記したもの)を書かせる。

射礼《じゃらい》　毎年正月十七日、建礼門前において親王以下五位以上および左右近衛・左右兵衛・左右衛門府の官人等が弓を射る儀式。まず手結という練習を行なう。

叙位《じょい》　位階を授ける儀式で、勤務評定に基く定例的な叙位と、臨時の叙位がある。正月七日の定例の叙位は五位以上のみとなった。五日または六日に行なわれる叙位議で叙位者が決定された。

請印《しょういん》　位記や文書に内印(天皇御璽)を捺すことを請う

儀。内印は少納言が上奏して、勅許によって少納言または主鈴が捺した。外印(太政官印)等を捺す手続きにもいう。

上官《じょうかん》　政官(太政官官人)のことで、太政官官人(弁・少納言・外記・史・史生・官掌・召使・使部)全般を指す場合と、特に外記・史のみを指す場合とがある。

上卿《しょうけい》　公卿の総称の場合と、個々の朝儀・公事を奉行する公卿の上首を指す場合とがある。後者の場合、摂政・関白・太政大臣および参議は上卿を勤めない。

上表《じょうひょう》　天皇に奉る書のことであるが、特に辞官表、致仕を請う表、封戸随身を辞す表、立后・立太子・天皇元服・朔旦冬至等の慶事に際しての賀表等が多い。実際に辞任が認められる場合でも、天皇は二度は辞表を返却するのが例であった。

触穢《しょくえ》　穢とは一切の不浄をいうが、穢に触れることを触穢といい、一定の期間は神事・参内等ができなかった。人死穢は三十日間、産穢は七日、六畜死は五日、六畜産は三日の忌が必要とされた。穢は甲から乙へ、更に丙へと二転三転する。

諸国申請雑事定《しょこくしんせいぞうじさだめ》　諸国から解文によって太政官に申請された行政事項を、陣定の議題として議定すること。申請の内容は、地方行政の全般にわたる。

諸大夫《しょたいふ》　参議以上の公卿を除く四位、五位の者の総称。

陣座《じんのざ》　左右近衛陣における公卿の座。仗座ともいう。本来は近衛府の武官の詰所であったが、平安時代になると、節会や神事、議定等、宮中の諸行事の多くがここで執行された。

陣定《じんのさだめ》　陣座(仗座)を国政審議の場とした公卿議定。天皇の命を受けた上卿が、事前に外記に命じて見任公卿を招集し、当日は席次の低い者から順に所見を述べ、発言内容を参議が書き留めて定文を作成し、蔵人頭に付して上奏し、天皇の最終的な判断を仰いだ。

随身《ずいじん》　太上天皇や摂政・関白、左右近衛の大・中・少将等の身辺警護にあたる武官。

相撲節会《すまいのせちえ》　毎年七月に諸国から相撲人を召し集めて行なう相撲を天皇が観覧する儀式。七月中旬に召仰と称し、相撲節を行なうことを命じ、次いで御前の内取と府の内取という稽古に入る。節会の当日は天皇が出御し、南庭で行なわれる相撲を観覧する。これを相撲の召合という。翌日には抜出、追相撲が行なわれる。

受領《ずりょう》　任地に赴く国司。十世紀に入ると、受領国司による租税の請負化が進展した。長官(守)が中央の要職を兼帯している国や、上総・常陸・上野といった親王任国では、介が代わって受領となった。

受領功過定《ずりょうこうかさだめ》　任期が終わる受領の業績を判定する政務。特に所定の貢進の完納、公文の遺漏無き提出と正確な記載について審査された。除目と関連して、陣定において議定された。

釈奠《せきてん》　孔子やその弟子(十哲)を祀る大陸渡来の儒教儀礼。春秋二回、二月と八月の上丁日に主として大学寮で行なわれた。

宣旨《せんじ》　勅旨または上宣(上卿の命令)を外記、または弁官を経て伝宣する下達文書。奉勅宣旨・外記宣旨・弁官宣旨・官宣旨・上宣宣旨等がある。簡易な手続きで迅速に発行されるため、従来の詔・勅や太政官符・太政官牒に代わって用いられるようになった。

宣命《せんみょう》　天皇の命令を宣する下達公文書の一。詔のうちの国文体のもの。神前で読み上げ、群臣に宣り聞かせる古風で荘重な文体をとっている。

僧綱《そうごう》　僧正・僧都・律師より構成される僧位。それぞれ大少の別や権位がもうけられ、一条朝には、公卿の員数と同じ二十人に達した。

大饗《だいきょう》　大きな饗宴。二宮大饗と大臣大饗とがある。二宮大饗とは中宮と東宮の二つの宮の大饗をいい、正月二日に行なわれる。大臣大饗は正月と大臣任官時に行なわれる。

大嘗会《だいじょうえ》　天皇即位の後、初めて新穀を天照大神はじめ天神地祇に奉る儀式。夕と朝の二度にわたって神膳が供されたうえ、天皇が食し、天皇としての霊格を得る儀。大嘗宮は大極殿前庭竜尾壇下に設けられ、東に悠紀殿、西に主基殿の他、天皇の斎戒沐浴する廻立殿、神膳を調備する膳屋等より成る。

着座《ちゃくざ》・着陣《ちゃくじん》　公卿が新任・昇任、または昇叙された際に、吉日を択んで宜陽殿の公卿座に着した後、さらに陣座に着すことになっており、それらを着座・着陣と称する。

着裳《ちゃくも》　「裳着」とも。貴族の女性の成人儀礼で、成人の装束の象徴である裳を初めて着ける儀式。十二歳から十五歳ごろまでに行なう。高貴の人が裳の大腰の紐を結び、髪を元結で束ね、髪上げを行なう。

着袴《ちゃっこ》　「袴着」とも。幼児の成長を祝い、初めて袴を着す儀式。男女とも三歳あるいは五歳で行なわれた。

中宮《ちゅうぐう》　本来は皇后ないし皇太后・太皇太后の称であったが、二皇后並立以後は、原則として新立の皇后を中宮と称するようになった。ただし、正式の身位の称は皇后であった。

重陽節会《ちょうようのせちえ》　陽数の極である九が重なる九月九日に、宮中で催された観菊の宴。杯に菊花を浮かべた酒を酌みかわし、長寿を祝い、群臣に詩をつくらせた。

勅授帯剣《ちょくじゅたいけん》　通常、帯剣が聴されたのは武官および中務省・大宰府・三関国の官人等に限られていたが、天皇の命により帯剣が聴される場合を勅授帯剣という。

衝重《ついがさね》　飲食物を載せる膳の一種。檜材を薄くはいだ片木板を折り曲げて脚にし、衝き重ねたもの。饗宴の席に折敷・高坏等とともに用いられた。

土御門第《つちみかどてい》　京極第・上東門院とも。源重信(雅信とも)の第宅であったものを、源倫子が伝領したことにより、道長の所有するところとなった。

手結《てつがい》　射礼・賭射や相撲等の勝負事で、競技者を左右に分けて二人ずつ組み合わせること、またその取組。特に射礼・賭射・騎射等、射術を競う儀式の前に行なう武芸演習。

殿上人《てんじょうびと》　四位・五位の廷臣のうち、内裏清涼殿の殿上間に昇ること(昇殿)を許された者の称。天皇の側近として殿上間に詰めて天皇身辺の雑事に奉仕し、輪番制で宿直や供膳に従事した。院・東宮・女院にも昇殿制があった。

纏頭《てんとう》　歌舞・演芸をした者に、褒美として衣類等の品物を与えること。また、その品物。衣類を受けた時、頭にまとったところからいう。

祈年祭《としごいのまつり》　一年の豊穣を祈願する律令祭祀。二月四日、神祇官斎院に伯以下の神祇官人、大臣以下諸司の官人、及び諸国神社の祝部が参集、中臣が祝詞を宣り、大臣以下の拝礼の後、伯の命により忌部が班幣を行ない、祝部が幣物を拝受する。

豊明節会《とよのあかりのせちえ》　新嘗祭・大嘗会の翌日、豊楽院で行なわれる宴。新嘗祭翌日の辰日(大嘗会の時は午日)に天皇が出御し、その年の新穀を天神地祇に奉り、自ら新穀の御膳を食し、群臣に賜わった。

内弁《ないべん》　節会等、宮廷内における重要儀式に際し、内裏承明門内(大極殿で行なわれる場合は会昌門内)において、式の進行を主導する官人。

内覧《ないらん》　関白に准じる朝廷の重職。奏上および宣下の文書を内見する職。関白が万機を総攬するのに対し、内覧は太政官文書を内見することが多い。

直物《なおしもの》**・小除目**《こじもく》　除目の行なわれた後に日を改めて、人名その他の書き誤りを訂正する行事が直物で、その際に小除目(臨時除目)を伴うこともあった。

丹生《にう》**・貴布禰社**《きぶねしゃ》　大和国吉野郡の丹生川上神社と山城国愛宕郡の貴布禰神社。祈雨・止雨を祈る奉幣奉馬が行なわれた。

日記《にっき》　日々の儀式や政務を記録した日記の他に、特に検非違使が事件の経過を記録した文書をいう。盗難・傷害等の事件に際して、検非違使がその経過や被害状況、当事者の言い分を、事件発生直後に和文で直写した文書で、訴訟等の証拠にもなった。

女官《にょうかん》　朝廷および院宮に仕える女性の官人の総称。上臈・中臈・下臈に区別され、上臈には典侍・掌侍・命婦、中臈には女史・女蔵人・女孺、下臈には樋洗女・長女・刀自・雑仕等があった。

女御《にょうご》　後宮において皇后・中宮の下、更衣の上に格付けられる后妃。臣下の女は、摂関の女であっても入内してまず女御に補され、女御から皇后(中宮)の位に昇ることもあった。

仁王会《にんのうえ》　護国経典の『仁王般若経』を講じて、鎮護国家を祈念する法会。天皇の即位毎に行なわれる一代一度仁王会、一年に春秋各一回行なわれる定季仁王会、臨時仁王会に類別される。

年中行事御障子《ねんじゅうぎょうじのみしょうじ》　宮廷の年中行事を列記して清涼殿に立てた衝立障子。藤原基経が光孝天皇に献上したもので、『年中行事御障子文』の成立は、長和年間とみられる。

荷前《のさき》　毎年十二月に行なわれる朝廷の奉幣型の山陵祭祀。この奉幣の使者が荷前使。荷前の対象陵墓には変遷があり、流動的であった。また、私的に父祖の墓に奉幣する荷前もあった。

賭弓《のりゆみ》　正月十七日の射礼の翌日、十八日に行なう弓の儀式。賭物を出して弓の勝負を争う。左右近衛・兵衛の荒手結、真手結と称する下稽古を七日、十一日、十三日等に行なった。

陪膳《ばいぜん》　天皇や公卿等の貴人に食膳を供すること、またそれに奉仕する人。実際に貴人に食膳を供するのを陪膳、陪膳者に食膳を取り次ぐのを益送といった。

拝舞《はいぶ》　儀式で祝意、謝意等を表わす礼の形式。まず再拝し、立ったまま上体を前屈して左右を見、袖に手をそえて左右に振り、次にひざまずいて左右を見て一揖、さらに立って再拝する。

拝礼《はいらい》　元日、院や摂関家等に年賀の礼をすること。

八省院《はっしょういん》　大内裏の正庁で、本来は朝堂院と称した。八省とも。その正殿が大極殿である。

引出物《ひきでもの》　大饗や臨時客等の饗宴に出席した貴人や、元服や着裳等の儀式に重要な役を勤めた人に、主人側から贈られる禄の一種で、馬等の高価なもの。

疋絹《ひっけん》　「ひきぎぬ」「ひけん」とも。一疋、つまり二反ずつ巻いてある絹。被物に用いられた。

平座《ひらざ》　二孟旬、元日・重陽・豊明等の節会の日に、天皇が紫宸殿に出御しない場合、勅命により、公卿以下侍臣が宜陽殿西廂に設けられた平座に着いて行なった宴のこと。

枇杷殿《びわどの》　平安京の名邸。藤原長良から、基経・仲平、その後は仲平女の明子から女系で伝領された。後に藤原道長および妍子邸として造作されたが、内裏焼亡に際し、里内裏となった。

不堪佃田奏《ふかんでんでんそう》　諸国から年荒、すなわちその年に作付けが行なわれなかった田地を報告してきた申文を奏上する儀。不堪佃田に関わる政務は、大臣への申文（不堪佃田申文）、奏聞（荒奏）、諸卿による議定（不堪佃田定）、再度の奏聞（和奏）等から構成されていた。

諷誦《ふじゅ》　諷詠暗誦の意で、経典・偈頌等を節をつけ、声をあげて読むこと。また、諷誦文は各種の祈願や追善供養のために施物を記入して、僧に経の諷誦を請う文。

仏名会《ぶつみょうえ》　宮中ならびに諸国において、毎年十二月に三日三晩にわたって行なわれた仏事。三日間に過去・現在・未来の三世の諸仏の名号を唱えれば、六根の罪障が消滅するといわれていた。

弁官《べんかん》　律令国家の庶務中枢としての役割を果たした機関。左右大弁・左右中弁・左右少弁は各省の庶務を受け付け、また太政官の判官としての役割を担った。その下部に主典として左右大史・左右少史があり、雑任の左右史生・左右官掌・左右使部が配置されていた。

法華八講《ほっけはっこう》**・法華三十講**《ほっけさんじっこう》　『法華経』八巻を、一日を朝・夕の二座に分け、一度に一巻ずつ修し、四日間で講じる法会が法華八講、『法華経』二十八品とその開経である『無量義経』と結経の『観普賢経』とを合わせた三十巻を三十日間に講じたり、また朝夕に各一巻ずつ十五日間で結了したりする法会が法華三十講。

御修法《みしほ》　国家または個人のために、僧を呼んで密教の修法を行なう法会。

夢想《むそう》　夢の中でおもうこと。また夢に見ること。夢想の内容によっては物忌となる。『小右記』には一四七回の夢記事が記録されているが、宗教的な夢に加えて自らの昇進や、王権や道長に関わる夢を記している。

召仰《めしおおせ》　上位者が下位者を呼び寄せて、特定の任務につくことを命じること。特に、除目や行幸・相撲等の朝廷の行事の役職の任命のために行なわれるものをいうことが多い。

物忌《ものいみ》　「物忌」と書いた簡を用いる謹慎行為。大部分は怪異・悪夢の際、陰陽師の六壬式占で占申される物忌期をいい、怪日を剋する五行の日、十日毎の甲乙両日が特徴。当日は閉門して外来者を禁じ、必要な者は夜前に参籠させる。軽い場合は門外で会ったり、邸内に入れて着座させずに会ったりする場合もある。

弓場始《ゆばはじめ》　射場始《いばはじめ》とも。天皇が弓場殿に出御し、公卿以下殿上人の賭射を見る儀式。通常十月五日を式日とするが、十一月や十二月に行なわれることもあった。

列見《れっけん》　毎年二月十一日に六位以下の叙位候補者を大臣、もしくは式部・兵部卿が引見する儀式。

論義《ろんぎ》　経文の意味や教理について問答往復して本旨を明らかにしていくこと。興福寺維摩会竪義、御斎会内論義、維摩会番論義の他、季御読経等、年中行事の仏事の多くで行なわれた。

人物注（五十音順）

敦良《あつなが》親王　一〇〇九〜四五　在位一〇三六〜四五年。一条天皇第三皇子。母は道長女の彰子。兄の後一条天皇の後を承けて長元九年、二十八歳で即位し、後朱雀天皇となる。先帝より厳格であり、天皇の責を果たすのに努めた。道長女の嬉子が妃として入宮して後の後冷泉天皇を産み、三条天皇皇女禎子内親王が皇后となって後の後三条天皇を産んだ。

敦康《あつやす》親王　九九九〜一〇一八　一条天皇第一皇子。母は藤原道隆女の定子。長保二年、母定子が薨去したため、中宮彰子と道長が後見した。寛弘五年に道長の外孫敦成親王（後の後一条天皇）が誕生すると、道長の後見を失った。再三にわたり東宮候補となったが、いずれも果たせないまま終わった。

安倍《あべ》吉平《のよしひら》　九五四〜一〇二六　陰陽家。晴明男。賀茂光栄と並んで陰陽道の大家の一人。陰陽博士、陰陽助、主計頭等を歴任。道長をはじめ、天皇・貴紳の信任を得て、祓や祭を行なった。

慶円《きょうえん》　九四四〜一〇一九　天台僧。藤原氏。喜慶に師事。一条天皇の出家に際して戒師を勤め、臨終に際しては一旦天皇を蘇生させた。長和三年、天台座主となる。道長とは確執があった。天皇・貴族に深い帰依を受けた。

小《こ》一条院《いちじょういん》　九九四〜一〇五一　諱は敦明《あつあきら》親王。三条天皇第一皇子。母は藤原済時女の娍子。長和五年、後一条天皇即位と同時に東宮となったが、三条院崩御後の寛仁元年に東宮を辞し、小一条院の号を授けられた。

後《ご》一条《いちじょう》天皇　一〇〇八〜三六　諱は敦成《あつひら》親王。在位一〇一六〜三六年。一条天皇第二皇子。母は道長女の彰子。寛弘五年に誕生、同八年に皇太子に立ち、長和五年に践祚して後一条天皇となる。寛仁二年に十一歳で元服、道長三女の威子を妃とした。威子は女御、次いで中宮となり、章子・馨子内親王を産んだ。即位時に道長が摂政となり、寛仁元年に頼通がこれに替わり、同三年以後は関白となった。

婉子《つやこ》女王　九七二〜九八　村上天皇皇子為平親王女。母は源高明女。寛和元年十二月、十四歳で入内、女御となる。同二年六月、天皇出家後、藤原道信・実資と交渉を持ち、実資の室となった。

脩子《ながこ》内親王《ないしんのう》　九九六〜一〇四九　一条天皇第一皇女。母は藤原道隆女の定子。同母弟妹に敦康親王・媄子内親王がいた。寛弘四年には一品に叙され、年官年爵を賜り、三宮に准じられた。

選子《のぶこ》内親王　九六四〜一〇三五　賀茂斎院、歌人。村上天皇第十皇女。母は藤原師輔女の安子。天延三年、賀茂斎院に卜定。以来、円融・花山・一条・三条・後一条の五代五十七年にわたり奉仕、大斎院と称された。貴族社会との盛んな交流の実態が諸書に描かれる。

藤原《ふじわらの》彰子《あきこ》　九八八〜一〇七四　一条天皇中宮。道長一女。母は源倫子。長保元年、入内、女御となり、翌二年、中宮となった。寛弘五年に敦成親王(後の後一条天皇)、翌六年に敦良親王(後の後朱雀天皇)を産む。長和元年に皇太后、寛仁二年に太皇太后となる。万寿三年に出家、上東門院の称号を受け女院となった。

藤原章信《あきのぶ》　生没年未詳　知章男。文章生から出身し、三事兼帯(衛門佐・五位蔵人・弁官)した。文人の傍ら、伊予・和泉・但馬守を歴任し、宮内卿に至った。敦成親王家蔵人、敦良親王の春宮大進も勤めた。一条天皇の入棺に奉仕し、道長の遺骨を木幡まで懸けた。

藤原顕光《あきみつ》　九四四〜一〇二一　兼通の一男。母は昭子女王。応和元年に叙爵、左衛門佐、蔵人を経て、天延二年、蔵人頭。後、左大臣に至る。官人としての資質に乏しく、往々に批判、嘲笑の対象となった。また女の元子と延子は天皇・東宮に婚したが、ミウチ関係の構築には失敗した。「悪霊左府」と称された。

藤原朝経《あさつね》　九七三〜一〇二九　朝光男。母は重明親王女。寛和二年に叙爵、右大弁、蔵人頭等を経て、長和四年、参議に任じられた。権中納言まで進んだ。有能な官吏であるとともに、道長に私的にも接近している。

藤原兼隆《かねたか》　九八五〜一〇五三　道兼の二男。長徳元年に叙爵、寛弘五年に参議となる。寛仁三年に権中納言、治安三年に転正。寛仁元年に敦明親王の東宮辞退をそそのかし、道長の外孫敦良親王の立坊を工作したのは兼隆であったという（『大鏡』）。

藤原懐忠《かねただ》　九三五〜一〇二〇　元方の九男。右少将、左中将、右大弁、蔵人頭等を歴任し、永祚元年に参議、正暦五年に権中納言、翌六年に転正。寛弘六年に大納言を辞し、民部卿の地位にとどまる。

藤原妍子《きよこ》　九九四〜一〇二七　道長の二女。母は源倫子。寛弘元年に尚侍となり、同七年に東宮居貞親王（後の三条天皇）の許に入る。同八年に女御、長和元年に娍子に先立ち中宮となる。翌二年に禎子内親王を出産。寛仁二年に皇太后となった。

藤原公季《きんすえ》　九五七〜一〇二九　師輔の十一男。母は康子内親王。室に有明親王女がいた。永観元年に参議、正暦二年に中納言、長徳元年に大納言、同三年に内大臣、寛仁元年に右大臣、治安元年には太政大臣に任じられた。その後裔は閑院流と呼ばれた。

藤原公任《きんとう》　九六六〜一〇四一　頼忠の一男。母は厳子女王。通称は四条大納言。歌人、歌学者としても有名。長保三年に権中納言・左衛門督、同四年に中納言、寛弘六年に権大納言となった。藤原斉信・同行成・源俊賢とともに「寛弘の四納言」と称され、多才で有能な政務家でもあった。儀式書『北山抄』を著した。

藤原公成《きんなり》　九九九〜一〇四三　実成一男。祖父公季の養子となる。寛仁四年に蔵人頭、万寿三年に参議、長久四年に権中納言に任じられる。公成女の茂子が能信の養女となって後三条天皇の女御となり、白河天皇を産み、院政期以後の一家の繁栄をもたらした。

藤原公信《きんのぶ》　九七七〜一〇二六　為光六男。母は伊尹二女。長徳元年に叙爵。少納言、右少将等を歴任し、寛弘六年に蔵人頭、長和二年に参議となり、権中納言に至った。異母兄斉信に比べ資質に乏しかったが、和歌はよく詠んだ。

藤原定頼《さだより》　九九五〜一〇四五　公任男。母は昭平親王女。弁官等を歴任した後、寛仁四年に参議に上り、権中納言に至った。歌人。音楽にも長じ、能書家としても有名。

藤原実資姉　九四九〜一〇一八　斉敏女。母は藤原尹文女。実頼の養女となり、尼となって室町に住んだ。実資がしばしば訪れている。

藤原実資室　九七七〜没年未詳　はじめ婉子女王の女房となり、婉子女王の没後、実資の妾(または召人)となる。「今北の方」とも称された。正暦四年に夭亡した子と、千古を産む。晩年は出家し、「角殿の尼上」と呼ばれた。

藤原実資室　生没年未詳　寛和元年に「小児」と見える子、永観元年に良円を産んだ。はじめは室町殿に住み、後に小野宮に引き取られ、妾(または召人)となった。正暦の終わりか長徳のはじめに死去したか。

藤原実資男　生没年未詳　寛弘二年に初見。「町尻殿弁腹の小童」と見える。童名観薬。寛弘八年に明年の元服が定められている。

藤原実資女　九八五〜没年未詳　「小児」と見える。正暦四年に受戒、「小尼」と呼ばれた。

藤原実成《さねなり》　九七五〜一〇四四　公季男。母は有明親王女。侍従、少納言、兵部大輔、右中将等を歴任し、寛弘元年に蔵人頭、同五年に参議となり、中納言に至る。

藤原実頼《さねより》　九〇〇〜七〇　忠平嫡男。母は宇多皇女源順子。男に敦敏・頼忠・斉敏がいたが、孫の佐理・実資を養子とした。太政大臣・関白・摂政となったが、外戚関係を築くことができず、自らを「揚名関白」と呼んだ。諡を清慎公といい、日記『清慎公記』(『水心記』とも)があったが、公任の代に散逸している。

藤原重尹《しげただ》　九八四〜一〇五一　懐忠男。母は藤原尹忠女。長徳五年に叙爵。寛弘六年に父の大納言辞退の代わりとして右中弁となる。右大弁、蔵人頭等を歴任し、長元二年に参議、長暦二年に権中納言に任じられる。長久三年に中納言を辞して大宰権帥に任じられた。

藤原娍子《すけこ》　九七二〜一〇二五　大納言済時の一女。母は源延光女。三条天皇皇后。敦明・敦儀・敦平・師明

親王、当子・禔子内親王を産む。宣耀殿女御と称された。東宮妃として正暦二年に入侍。寛弘八年に女御となり、長和元年に皇后となる。道長は娍子の立后を妨害した。後一条天皇の皇太子となった敦明親王は、寛仁元年に皇太子を辞退した。

藤原資高《すけたか》　九九九〜没年未詳　高遠男。長和元年に実資の養子となり元服。道長に故高遠の遺財を奪われる。一条桟敷宅を領有。筑前守となり、少納言に進む。

藤原資業《すけなり》　九八八〜一〇七〇　有国七男。母は橘徳子。文章生より出身し、寛仁元年に文章博士となったが、翌年、辞した。受領や式部大輔を兼ねた。永承六年に出家して日野に隠棲、法界寺薬師堂を建立した。

藤原資平《すけひら》　九八六〜一〇六七　懐平男、実資の養子。母は源保光女。長徳三年に叙爵。少納言等を経て、長和二年に左中将、同四年に蔵人頭、寛仁元年に参議となる。長元二年に権中納言、康平四年に権大納言に任じられた。治暦元年に転正。実資の耳目・手足としても活動している。

藤原資房《すけふさ》　一〇〇七〜五七　実資の養子となった資平の子。後朱雀天皇の代、関白頼通の下で蔵人頭として勤め、春宮権大夫参議に上った。多病虚弱の質で、資平に先立ち、五十一歳で死去。日記『春記』を記した。

藤原資頼《すけより》　生没年未詳　懐平男、実資の養子。母は藤原常種女。阿波権守、弾正少弼、伯耆守、刑部少輔、美作守を歴任した。公私にわたり実資に近い存在であったが、道長家家司でもあった。

藤原隆家《たかいえ》　九七九〜一〇四四　道隆男。母は高階貴子。長徳元年に中納言に任じられたが、同二年、花山院闘乱事件により但馬国に配流。同四年、帰京。長保四年に権中納言、寛弘六年に中納言に更任。長和三年に大宰権帥。在任中の寛仁三年に刀伊の入寇があり、これを撃退した。

藤原威子《たけこ》　九九九〜一〇三六　後一条天皇中宮。道長三女。母は源倫子。長和元年に尚侍に任じられ、寛仁二年に十一歳の後一条天皇に二十歳で入内。女御、中宮となり、道長の女三人が后として並んだ。後一条天皇の後宮には、他の女性が入ることはなかった。万寿三年に章子内親王、長元二年に馨子内親王を出産。

藤原斉敏《ただとし》　**九二八〜七三**　実頼の三男。母は藤原時平女。室に藤原尹文女があり、高遠・懐平・実資（実頼の養子）を儲けた。参議となるが、参議兼右衛門督検非違使別当で薨去した。

藤原斉信《ただのぶ》　**九六七〜一〇三五**　為光の二男。道長の恪勤として知られ、藤原公任・同行成・源俊賢と並び「寛弘の四納言」と称された。正暦五年に蔵人頭となり、長徳二年に参議に任じられ、大納言に至る。

藤原為任《ためとう》　**？〜一〇四五**　済時男。母は源能正女。同母弟に通任、異母姉に娍子（三条皇后）がいた。右少弁、右中弁、民部大輔、伊予守等を歴任。実資の家司的役割を果たしていた。寛徳二年に射殺されたという。

藤原千古《ちふる》　**生没年未詳**　寛弘八年頃の出生。実資女。「かぐや姫」と通称される。母は実資室婉子女王の弟源頼定の乳母子とも伝えられる。実資は千古を鍾愛し、小野宮の寝殿が完成した寛仁三年には小野宮や荘園・牧等を譲る処分状を書き遺している。万寿元年に着裳。後に藤原兼頼（頼宗男）と婚し、一女を儲けた。

藤原経季《つねすえ》　**一〇一〇〜八六**　経通二男で実資の養子となった。蔵人頭となり、中納言に上った。官人としての資質は乏しく、資房に「不覚者」「素飡無才者」と酷評されている。

藤原経通《つねみち》　**九八二〜一〇五一**　懐平男。同母弟に資平がいる。永祚二年に叙爵。長和五年に蔵人頭、寛仁三年に参議、長元二年に権中納言となる。実資は経通の才学を認めながらも、摂関家に追従する行動にはしばしば批判的であった。

藤原長家《ながいえ》　**一〇〇五〜六四**　道長の六男。冷泉家の祖。母は源明子。侍従、右少将、近江介、皇太后権亮等を歴任。治安三年に権中納言に任じられ、権大納言に至る。中宮大夫・按察使・民部卿等を兼帯。

藤原教通《のりみち》　**九九六〜一〇七五**　道長の五男。母は源倫子。長和二年に権中納言に任じられる。康平三年に左大臣となり、治暦四年に後三条天皇が即位すると、関白に就任。延久二年に太政大臣となる。父道長の薨去後、兄頼通との間に政権をめぐる確執を生じた。頼通とともに外戚の地位を得ることができなかった。

藤原広業《ひろなり》　九七七～一〇二八　有国の男。文章生より出身し、蔵人、右少弁、東宮学士等を歴任し、寛弘五年に文章博士となる。寛仁四年に参議となり、式部大輔を兼帯。

藤原道綱《みちつな》　九五五～一〇二〇　兼家の二男。母は藤原倫寧女。正暦二年に参議、長徳二年に中納言兼右大将、同三年に大納言兼春宮大夫、寛弘四年に東宮傅。北の方は源雅信四女、その死後、源頼光女を妻とした。政治的な手腕や才能には乏しいとされた。

藤原通任《みちとう》　九七三?～一〇三九　師尹の孫、済時の男。異母姉に三条天皇皇后娍子がいる。三条天皇の東宮時代に春宮亮を勤め、寛弘八年、天皇践祚に伴い蔵人頭となる。同年に参議となり、長元八年に権中納言に至る。道長の病の折、これを喜ぶ公卿の一人と噂された。

藤原道長《みちなが》　九六六～一〇二七　兼家の五男。母は藤原中正女の時姫。父の摂政就任後に急速に昇進し、長徳元年、三十歳の時に、兄である道隆・道兼の薨去により、一条天皇の内覧となって、政権の座に就いた。右大臣、次いで左大臣にも任じられ、内覧と太政官一上の地位を長く維持した。道隆嫡男の伊周を退けた後は政敵もなく、女の彰子・妍子・威子を一条・三条・後一条天皇の中宮として立て、「一家三后」を実現するなど、摂関政治の最盛期を現出させた。

藤原道雅《みちまさ》　九九二～一〇五四　伊周一男。母は源重光女。幼名は松君。「荒三位」と称され、寛仁元年の前斎宮当子内親王との密通事件や花山院女王の強殺事件に関わった。非参議・左京大夫のまま、一生を終えた。

藤原行成《ゆきなり》　九七二～一〇二七　伊尹の孫、義孝の男。長徳元年に蔵人頭に抜擢された。弁官を歴任し、長保三年に参議、寛弘六年に権中納言、寛仁四年に権大納言に昇任。道長と同日に没した。一条天皇の信任篤く、道長にも重んじられ、源俊賢・藤原公任・同斉信とともに後世「寛弘の四納言」と称された。和様の最高の能書としても尊重された。日記『権記』を残す。

藤原能信《よしのぶ》　九九五～一〇六五　道長の四男。母は源明子。長和二年に蔵人頭となり、長和五年に権中納言に任じられ、治安元年には権大納言に上った。この間、春宮大夫等を兼帯するものの、四十五年間、官位の昇進はなかった。藤原氏と外戚関係を持たない尊仁親王（後の後三条天皇）の擁立に尽力した。

藤原頼通《よりみち》　九九二～一〇七四　道長の一男。母は源倫子。宇治殿と称する。姉の彰子所生の後一条天皇の在位二年目の寛仁元年、摂政となった。これ以後、後一条、後朱雀、後冷泉の三代にわたり五十一年間も摂関の座にあった。治暦三年に准三后となり、関白職を嫡子の師実に将来譲渡するという約束のもと、弟の教通に譲り、宇治に隠退した。

藤原頼宗《よりむね》　九九三～一〇六五　道長の二男。母は源明子。侍従、左右少将等を経て、長和三年に権中納言に任じられ、右大臣まで上る。この間、左右衛門督・検非違使別当・皇太后宮権大夫・春宮大夫・按察使・右大将等を兼帯。居処に因み、堀河右大臣と称された。

源《みなもとの》　朝任《あさとう》　九八九～一〇三四　時中七男。少納言、蔵人等を経て、長和元年に三条天皇の蔵人となり、寛仁三年に後一条天皇の蔵人頭、治安三年に参議に任じられる。

源経房《つねふさ》　九六九～一〇二三　高明の四男。母は藤原師輔の五女。侍従、蔵人頭等を経て、寛弘二年に参議となる。長和四年に権中納言に昇任。寛仁四年に大宰権帥として赴任し、大宰府で薨去。

源経頼《つねより》　九八五～一〇三九　雅信孫、扶義男。弁官や蔵人を歴任し、長元三年参議となり、正三位に至った。二十五年間にわたって弁官職を勤め、実務に精通した。日記『左経記』を遺している。

源俊賢《としかた》　九五九～一〇二七　高明男。母は藤原師輔の三女。妹に道長室明子がいる。正暦三年に蔵人頭、長徳元年に参議となり、権大納言まで上る。道長の最も強力な支持者の一人であり、藤原行成・同公任・同斉信とともに「寛弘の四納言」とたたえられた。

源倫子《ともこ》　九六四〜一〇五三　雅信女。母は藤原穆子。道長の嫡室として頼通・教通・彰子・妍子・威子・嬉子を儲けた。永延元年に道長と婚す。長徳四年に従三位に昇叙され、寛弘五年には従一位にまで上る。長和五年に准三宮となった。治安元年に出家。

源道方《みちかた》　九六九〜一〇四四　重信の五男。侍従、右兵衛権佐、少納言を経て弁官となる。その間、宮内卿・蔵人頭・勘解由長官を兼任し、長和元年に参議に任じられた。寛仁四年に権中納言となった。文才と管絃の才に長じていた。

源頼定《よりさだ》　九七七〜一〇二〇　為平親王の二男。母は源高明女。右中将、蔵人頭等を歴任し、寛弘六年に参議となる。藤原伊周の花山院闘乱事件に連坐し勘事に処せられたこともあった。三条天皇東宮時代の尚侍藤原綏子や、一条天皇崩御後、その女御であった藤原元子との密通事件で艶名を流した。

紫式部《むらさきしきぶ》　生没年未詳　藤原為時女、母は藤原為信女。本名未詳。『源氏物語』の作者。藤原宣孝と結婚し、賢子を産んだが、宣孝とは死別。一条天皇中宮藤原彰子に仕え、藤式部と呼ばれた。彰子の側近に仕えて重用され、実資と彰子との取り次ぎを勤めた。

良円《りょうえん》　九八三〜一〇五〇　平安中期の天台僧。実資男。母は不詳。永祚元年に七歳で延暦寺に入り、慶円の許で修行。実資と慶円とのパイプ役を務める。長和四年、大僧正慶円は職を辞して良円の律師就任を願ったが、沙汰止みとなった。長元元年に権律師、同六年権少僧都に転任するが、長暦三年の「山相論」で罪を得て以後は昇進することはなかった。

公卿構成

寛仁三年（四月時点）

太政官	位階	人名	年齢	兼官・兼職
内大臣	正二位	藤原頼通	二八	摂政
左大臣	正二位	藤原顕光	七六	
右大臣	正二位	藤原公季	六三	皇太弟傅
大納言	正二位	藤原道綱	六五	皇太后宮大夫
	正二位	藤原実資	六三	右大将
権大納言	正二位	藤原斉信	五三	中宮大夫、按察使
	正二位	源俊賢	六〇	治部卿、太皇太后宮大夫
	正二位	藤原公任	五四	
中納言	正二位	藤原行成	四八	侍従
	正二位	藤原隆家	四一	大宰権帥
権中納言	正二位	藤原教通	二四	左大将、春宮大夫
	正二位	藤原頼宗	二七	左衛門督、検非違使別当、太皇太后宮権大夫
	正二位	源経房	五一	皇太后宮権大夫
	正二位	藤原能信	二五	中宮権大夫

太政官	位階	人名	年齢	兼官・兼職
権中納言	従二位	藤原実成	四五	右衛門督
参議	従二位	藤原兼隆	三五	
	従二位	源道方	五二	宮内卿、左大弁
	正三位	源頼定	四三	左兵衛督
	正三位	藤原公信	四三	右兵衛督、春宮権大夫
	従三位	藤原通任	四七	修理大夫
	従三位	藤原朝経	四七	大蔵卿、右大弁、勘解由長官
	正四位下	藤原資平	三四	侍従
前太政大臣	従一位	藤原道長	五四	

寛仁四年（三月時点）

太政官	位階	人名	年齢	兼官・兼職
内大臣	正二位	藤原頼通	二九	関白
左大臣	正二位	藤原顕光	七七	
右大臣	正二位	藤原公季	六四	皇太弟傅
大納言	正二位	藤原道綱	六六	皇太后宮大夫
		藤原実資	六四	右大将

権大納言	正二位	藤原斉信	五四	中宮大夫、按察使
	正二位	藤原公任	五五	
	正二位	藤原教通	二五	左大将、春宮大夫
	正二位	藤原行成	四九	
中納言	正二位	藤原隆家	四二	
権中納言	正二位	藤原頼宗	二八	左衛門督、検非違使別当、太皇太后宮権大夫
	正二位	源経房	五二	皇太后宮権大夫
	従二位	藤原能信	二六	中宮権大夫
	従二位	藤原兼隆	三六	
	従二位	藤原実成	四六	右衛門督
参議	従二位	源道方	五三	宮内卿、左大弁
	正三位	源頼定	四四	左兵衛督
	正三位	藤原公信	四四	右兵衛督、春宮権大夫
	従三位	藤原通任	四八	修理大夫
	従三位	藤原朝経	四八	大蔵卿、右大弁、勘解由長官
	従三位	藤原経通	三九	左京大夫
	正四位下	藤原資平	三五	侍従
前権大納言	正二位	源俊賢	六一	治部卿、太皇太后宮大夫
		藤原道長	五五	

年譜

年次	西暦	天皇	年齢	官位	事績	参考事項
天徳元年	九五七	村上	一		誕生	
康保三年	九六六	村上	一〇	蔵人所小舎人		是歳、藤原道長誕生
安和二年	九六九	冷泉／円融	一三	従五位下 侍従	二月、元服	三月、源高明配流
天禄元年	九七〇	円融	一四		正月、昇殿	五月、藤原実頼薨去
天禄二年	九七一	円融	一五	右兵衛佐		
天延元年	九七三	円融	一七	右少将	この頃、源惟正女と結婚	二月、藤原斉敏卒去
天延二年	九七四	円融	一八	従五位上		三月、藤原兼通関白
貞元元年	九七六	円融	二〇			五月、内裏焼亡 七月、堀河院遷御
貞元二年	九七七	円融	二一	正五位下	日記を書き始めたか	七月、内裏還御 十月、藤原頼忠関白
天元三年	九八〇	円融	二四	従四位下 従四位上		六月、懐仁親王(後の一条天皇)誕生 十一月、内裏焼亡 十二月、太政官庁遷御
天元四年	九八一	円融	二五	蔵人頭		十月、内裏還御

＊寛仁三年—四年は本巻収録範囲

天元五年	九八二	円融	二六	兼中宮亮		三月、藤原遵子皇后 十一月、内裏焼亡 十二月、堀河院遷御
永観元年	九八三	円融	二七	左中将	是歳、良円誕生	八月、奝然入宋
永観二年	九八四	円融／花山	二八	蔵人頭		八月、内裏還御 十一月、『医心方』
寛和元年	九八五	花山	二九	兼中宮権大夫		四月、『往生要集』 八月、円融上皇出家
寛和二年	九八六	花山／一条	三〇	正四位下	五月、源惟正女死去	六月、藤原兼家摂政 八月、奝然帰朝 是歳、藤原資平誕生
永延元年	九八七	一条	三一	蔵人頭	五月、痢病	
永延二年	九八八	一条	三二		十月、腰病	十一月、尾張国郡司百姓、守を愁訴
永祚元年	九八九	一条	三三	参議	円融上皇の使として諸社に祈願	
正暦元年	九九〇	一条	三四	従三位	十一月、女(薬延)死去	五月、藤原道隆摂政 十月、藤原定子中宮
正暦二年	九九一	一条	三五	兼左兵衛督		二月、円融上皇崩御 九月、藤原詮子東三条院

年次	西暦	天皇	年齢	官位	事績	参考事項
正暦四年	九九三	一条	三七		二月、子、生まれ夭亡 この頃、婉子女王と結婚	四月、道隆関白
長徳元年	九九五	一条	三九	検非違使別当 権中納言 兼右衛門督 兼太皇太后宮大夫		三月、藤原伊周内覧 四月、道隆薨去、藤原道兼関白 五月、道長内覧 是歳、疫病蔓延
長徳二年	九九六	一条	四〇	中納言	六月、一条天皇より恩言有り	四月、伊周・隆家左遷
長徳三年	九九七	一条	四一		七月、藤原道綱に超越される	四月、伊周・隆家、赦免
長徳四年	九九八	一条	四二		七月、婉子女王死去	
長保元年	九九九	一条	四三	正三位	十月、藤原彰子入内の屏風歌を辞退	六月、内裏焼亡、一条院遷御 十一月、定子、敦康親王出産
長保二年	一〇〇〇	一条	四四	従二位		二月、彰子中宮・定子皇后 十月、内裏還御 十二月、定子、媄子内親王出産、崩御

長保三年	一〇〇一	一条	四五	権大納言 兼右大将	正月、資平左兵衛佐	十一月、内裏焼亡、一条院遷御 閏十二月、詮子崩御 是頃、『枕草子』
長保五年	一〇〇三	一条	四七	正二位		十月、内裏還御
寛弘二年	一〇〇五	一条	四九			十一月、内裏焼亡、東三条第遷御
寛弘三年	一〇〇六	一条	五〇		正月、資平少納言	三月、一条院遷御 十二月、紫式部、彰子に出仕
寛弘四年	一〇〇七	一条	五一	兼按察使	是歳、藤原資房誕生	
寛弘五年	一〇〇八	一条	五二		十一月、敦成親王五十日の儀で紫式部と語る	九月、彰子、敦成親王(後の後一条天皇)出産 是頃、『源氏物語』
寛弘六年	一〇〇九	一条	五三	大納言		十月、一条院焼亡、枇杷殿遷御 十一月、彰子、敦良親王(後の後朱雀天皇)出産
寛弘七年	一〇一〇	一条	五四			十一月、一条院還御
寛弘八年	一〇一一	一条／三条	五五			八月、内裏遷御

年次	西暦	天皇	年齢	官位	事績	参考事項
長和元年	一〇一二	三条	五六		四月、藤原娍子立后の内弁を勤む	二月、藤原妍子中宮 四月、娍子皇后
長和二年	一〇一三	三条	五七		五月、紫式部を介し彰子と接触	
長和三年	一〇一四	三条	五八		三月、資平、蔵人頭に補されず	二月、内裏焼亡 四月、枇杷殿遷御
長和四年	一〇一五	三条	五九		二月、資平蔵人頭 九月、三条天皇より密勅	九月、内裏還御 十一月、内裏焼亡、枇杷殿遷御
長和五年	一〇一六	三条／後一条	六〇		正月、春宮大夫を固辞	正月、道長摂政 六月、一条院遷御
寛仁元年	一〇一七	後一条	六一		三月、資平参議	三月、藤原頼通摂政 八月、敦明親王東宮を辞し、敦良親王立太子
寛仁二年	一〇一八	後一条	六二			四月、内裏遷御 十月、藤原威子中宮（一家三后）
寛仁三年	一〇一九	後一条	六三		六月、藤原顕光左大臣辞任の風聞 九月、千古に遺領処分	三月、道長出家 四月、刀伊の入寇 十二月、頼通関白

（ご注意）

・この用紙は、機械で処理しますので、金額を記入する際は、枠内にはっきりと記入してください。また、本票を汚したり、折り曲げたりしないでください。

・この用紙は、ゆうちょ銀行又は郵便局の払込機能付きＡＴＭでもご利用いただけます。

・この払込書を、ゆうちょ銀行又は郵便局の渉外員にお預けになるときは、引換えに預り証を必ずお受け取りください。

・ご依頼人様からご提出いただきました払込書に記載されたおところ、おなまえ等は、加入者様に通知されます。

・この受領証は、払込みの証拠となるものですから大切に保管してください。

収入印紙
課税相当額以上
貼　　付

印

この用紙で「本郷」年間購読のお申し込みができます。

◆この申込票に必要事項をご記入の上、記載金額を添えて郵便局でお払込み下さい。

◆「本郷」のご送金は、４年分までとさせて頂きます。

※お客様のご都合で解約される場合は、ご返金いたしかねます。ご了承下さい。

この用紙で書籍のご注文ができます。

◆この申込票の通信欄にご注文の書籍をご記入の上、書籍代金（本体価格＋消費税）に荷造送料を加えた金額をお払込み下さい。

◆荷造送料は、ご注文１回の配送につき500円です。

◆入金確認まで約７日かかります。ご諒承下さい。

振替払込料は弊社が負担いたしますから無料です。

※領収証は改めてお送りいたしませんので、予めご諒承下さい。

お問い合わせ　〒113-0033・東京都文京区本郷７―２―８
吉川弘文館　営業部
電話03-3813-9151　FAX03-3812-3544

この場所には、何も記載しないでください。

払込取扱票

通常払込料金加入者負担

02	東京

口座記号番号	金額
00100-5-244	千 百 十 万 千 百 十 円 ※

加入者名	料金	備考
株式会社 吉川弘文館		

各票の※印欄は、ご依頼人において記載してください。

ご依頼人・通信欄

フリガナ ※
お名前
郵便番号　電話
※ ご住所
※

◆「本郷」購読を希望します

購読開始　　号 より

1 年 1000円 (6 冊)　3 年 2800円 (18冊)
2 年 2000円 (12冊)　4 年 3600円 (24冊)
(ご希望の購読期間に○印をお付け下さい)

日附印

裏面の注意事項をお読みください。(ゆうちょ銀行) (承認番号東第53889号)

これより下部には何も記入しないでください。

切り取らないでお出しください。

記載事項を訂正した場合は、その箇所に訂正印を押してください。

振替払込請求書兼受領証

口座記号番号	00100-5-244 (通常払込料金加入者負担)
加入者名	株式会社 吉川弘文館
金額	千 百 十 万 千 百 十 円 ※
ご依頼人	おなまえ ※ 様
料金	日附印
備考	

この受領証は、大切に保管してください。

吉川弘文館

新刊ご案内　2020年2月

〒113-0033・東京都文京区本郷7丁目2番8号　振替 00100-5-244（表示価格は税別です）
電話 03-3813-9151（代表）　ＦＡＸ 03-3812-3544　http://www.yoshikawa-k.co.jp/

ユネスコの世界文化遺産に登録された平泉の魅力に迫る

平泉の文化史 全3巻

『内容案内』送呈

菅野成寛監修

各二六〇〇円

Ｂ５判・本文平均一八〇頁　原色口絵八頁

奥州藤原氏歴代が築き上げた岩手県平泉は、固有の文化として世界文化遺産に登録された。中尊寺金色堂や柳之御所、無量光院等の調査成果を、歴史・考古・美術の諸分野をクロスオーバーして紹介。平泉文化圏の実像に迫る。

刊行開始！

❶平泉を掘る　寺院庭園・柳之御所・平泉遺跡群

及川　司編

遺跡から掘り出された、中世の平泉。奥州藤原氏歴代の居館・柳之御所遺跡、毛越寺に代表される平安時代寺院庭園群、平泉の仏教文化に先行する国見山廃寺跡などの発掘調査成果から、中世平泉の社会を明らかにする。本文一九二頁　（第1回配本）

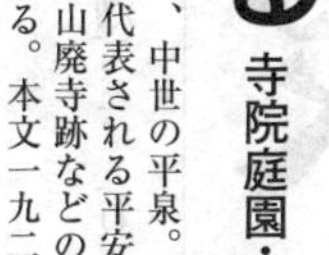

【続刊】

❷平泉の仏教史　歴史・仏教・建築　菅野成寛編　（6月発売予定）

❸中尊寺の仏教美術　彫刻・絵画・工芸　浅井和春・長岡龍作編　（9月発売予定）

モノのはじまりを知る事典　生活用品と暮らしの歴史

木村茂光・安田常雄・白川部達夫・宮瀧交二著　四六判・二七二頁／二六〇〇円

私たちの生活に身近なモノの誕生と変化、名前の由来、発明者などを通史的に解説。人がモノをつくり、モノもまた人の生活と社会を変えてきた歴史がわかる。理解を助ける豊富な図版や索引を収め、調べ学習にも最適。〈2刷〉

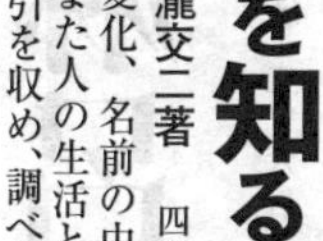

料金受取人払郵便

本郷局承認

3492

差出有効期間
2021年7月
31日まで

郵便はがき

113-8790

東京都文京区本郷7丁目2番8号

吉川弘文館 行

愛読者カード

本書をお買い上げいただきまして、まことにありがとうございました。このハガキを、小社へのご意見またはご注文にご利用下さい。

お買上**書名**

＊本書に関するご感想、ご批判をお聞かせ下さい。

＊出版を希望するテーマ・執筆者名をお聞かせ下さい。

お買上
書店名　区市町　書店

◆新刊情報はホームページで　http://www.yoshikawa-k.co.jp/

◆ご注文、ご意見については　E-mail:sales@yoshikawa-k.co.jp

ご氏名《ふりがな》	年齢　　歳　男・女	
〒 □□□-□□□□	電話	
ご住所		
ご職業	所属学会等	
ご購読新聞名	ご購読雑誌名	

今後、吉川弘文館の「新刊案内」等をお送りいたします(年に数回を予定)。
ご承諾いただける方は右の□の中に✓をご記入ください。 □

注文書

月　　日

書　　名	定　価	部　数
	円	部
	円	部
	円	部
	円	部
	円	部

配本は、○印を付けた方法にして下さい。

イ. 下記書店へ配本して下さい。
(直接書店にお渡し下さい)

(書店・取次帖合印)

書店様へ＝書店帖合印を捺印下さい。

ロ. 直接送本して下さい。
代金(書籍代＋送料・代引手数料)は、お届けの際に現品と引換えにお支払下さい。送料・代引手数料は、1回のお届けごとに500円です(いずれも税込)。

＊お急ぎのご注文には電話、FAXをご利用ください。
電話 03−3813−9151(代)
FAX 03−3812−3544

寛仁四年	一〇二〇	後一条	六四			三月、道長、無量寿院落慶供養
治安元年	一〇二一	後一条	六五	右大臣 兼皇太子傅		
治安二年	一〇二二	後一条	六六			七月、道長、法成寺金堂供養
治安三年	一〇二三	後一条	六七			
万寿元年	一〇二四	後一条	六八		十二月、千古着裳	二月、京都大火
万寿二年	一〇二五	後一条	六九		十二月、千古と藤原長家の縁談	三月娍子、七月寛子、八月嬉子死去
万寿三年	一〇二六	後一条	七〇		四月、輦車を聴される	正月、彰子出家、上東門院となる
万寿四年	一〇二七	後一条	七一		正月、千古と藤原長家の婚儀頓挫	九月、妍子薨去 十二月、道長薨去
長元元年	一〇二八	後一条	七二			六月、平忠常の乱
長元二年	一〇二九	後一条	七三		正月、資平権中納言 十一月、千古、藤原兼頼と結婚	
長元三年	一〇三〇	後一条	七四		九月、『小右記』六年分を資平に遣わす	

年次	西暦	天皇	年齢	官位	事績	参考事項
長元五年	一〇三二	後一条	七六		『小右記』写本、この年で終わる	
長元九年	一〇三六	後一条／後朱雀	八〇		四月、皇太子傅を止められる	
長暦元年	一〇三七	後朱雀	八一	従一位	三月、右大将辞任を請う、聴されず	
長暦二年	一〇三八	後朱雀	八二		六月、資房蔵人頭	
長久元年	一〇四〇	後朱雀	八四		『小右記』逸文、この年まで	六月、長久の荘園整理令
長久三年	一〇四二	後朱雀	八六		正月、資房参議	
長久四年	一〇四三	後朱雀	八七		十一月、右大将を辞す	
寛徳元年	一〇四四	後朱雀	八八		六月、致仕を請う、聴されず	
寛徳二年	一〇四五	後朱雀／後冷泉	八九			十月、寛徳の荘園整理令
永承元年	一〇四六	後冷泉	九〇		正月十八日、出家・薨去	

系図

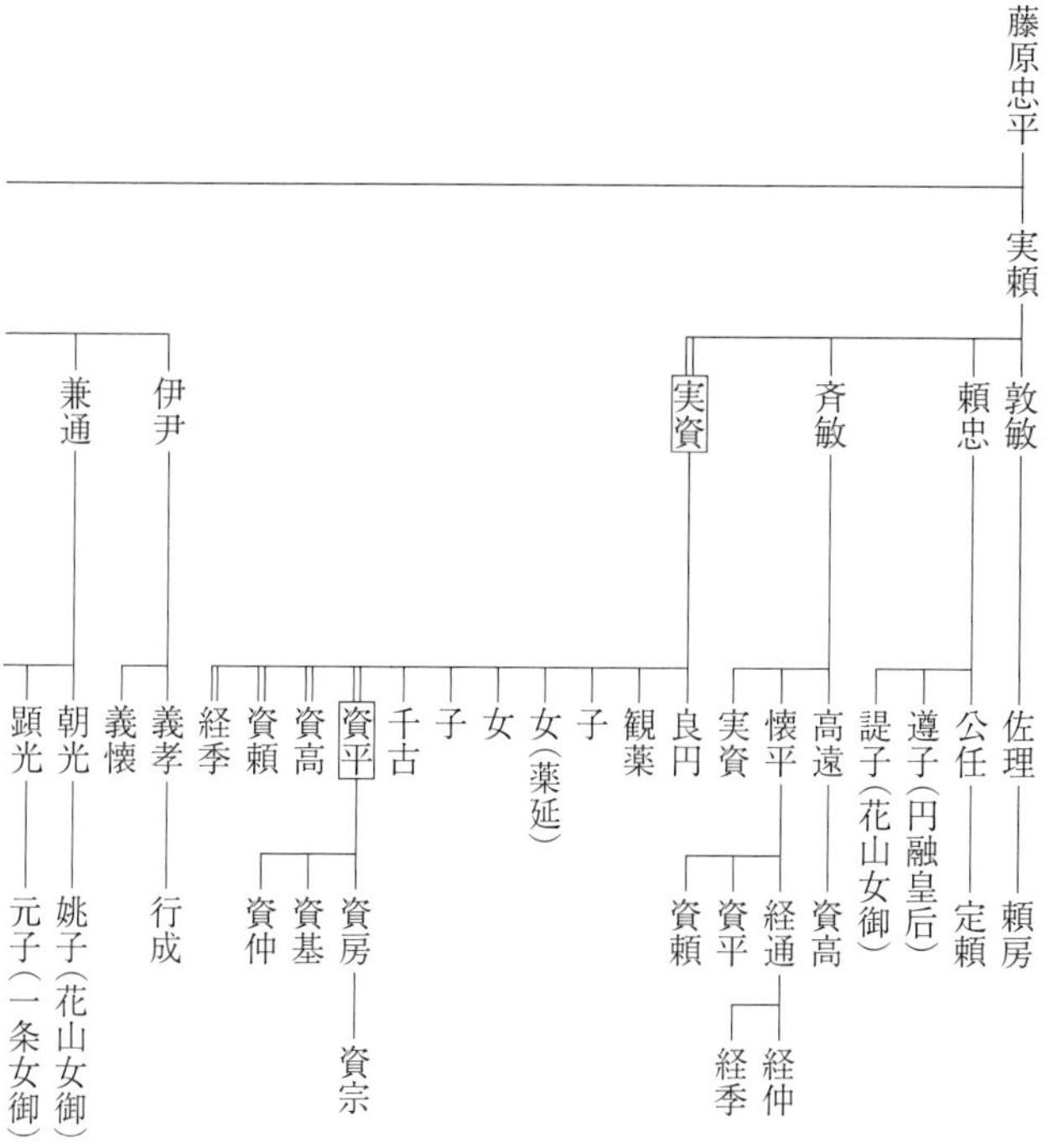
藤原忠平
実頼
敦敏
佐理
頼房
頼忠
公任
定頼
遵子（円融皇后）
諟子（花山女御）
斉敏
高遠
資高
懐平
経通
経仲
経季
資平
資頼
実資
実資
良円
観薬
子
女（薬延）
女
子
千古
資平
資房
資宗
資基
資仲
資高
資頼
経季
伊尹
義孝
行成
義懐
兼通
朝光
姚子（花山女御）
顕光
元子（一条女御）

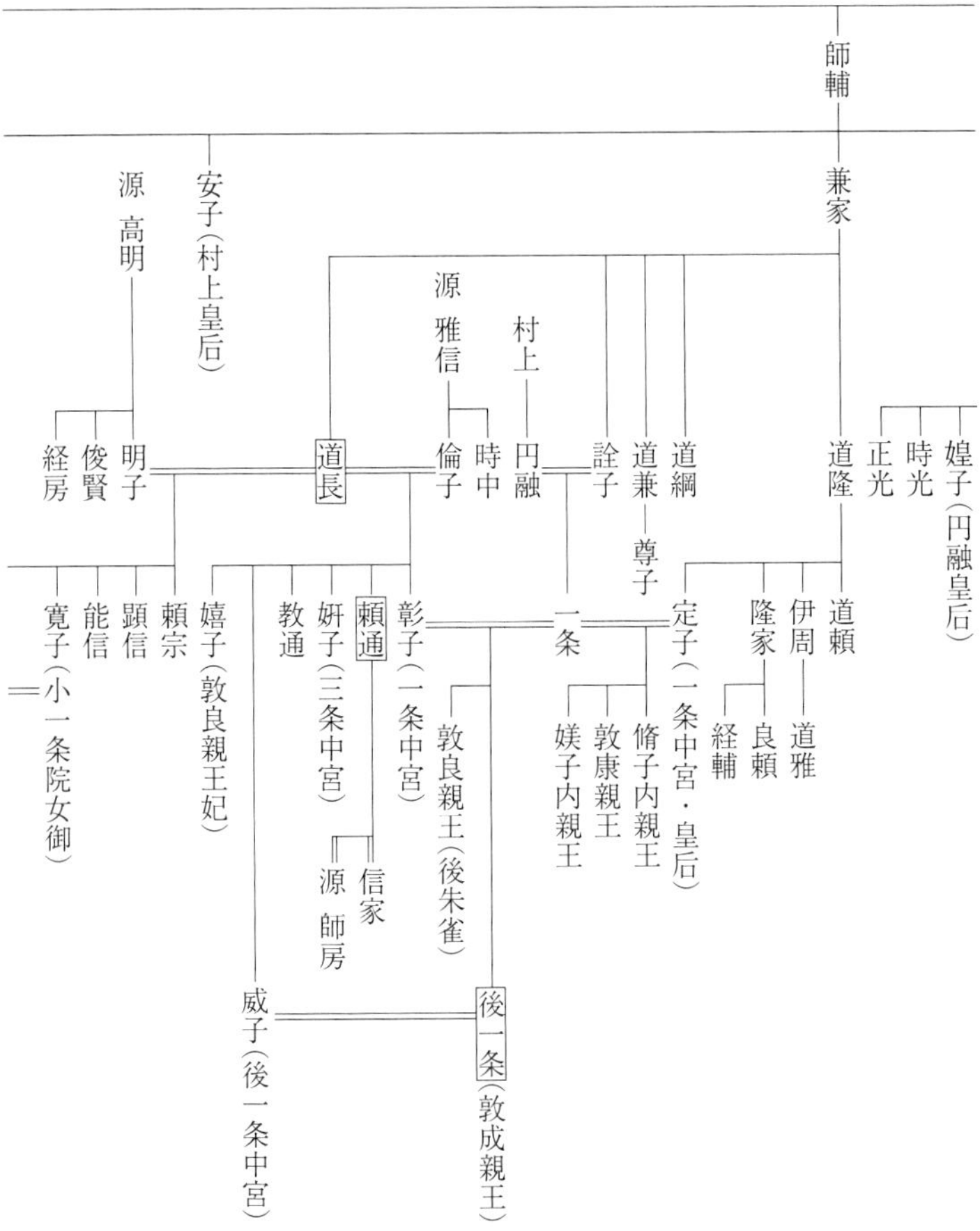

師輔
兼家
安子（村上皇后）
源 高明
道隆
道綱
道兼
詮子
道長
源 雅信
村上
円融
時中
倫子
明子
俊賢
経房
正光
時光
媓子（円融皇后）
尊子
道頼
伊周
隆家
定子（一条中宮・皇后）
一条
彰子（一条中宮）
頼通
妍子（三条中宮）
教通
嬉子（敦良親王妃）
頼宗
顕信
能信
寛子（小一条院女御）
道雅
良頼
経輔
脩子内親王
敦康親王
媄子内親王
敦良親王（後朱雀）
信家
源 師房
後一条（敦成親王）
威子（後一条中宮）

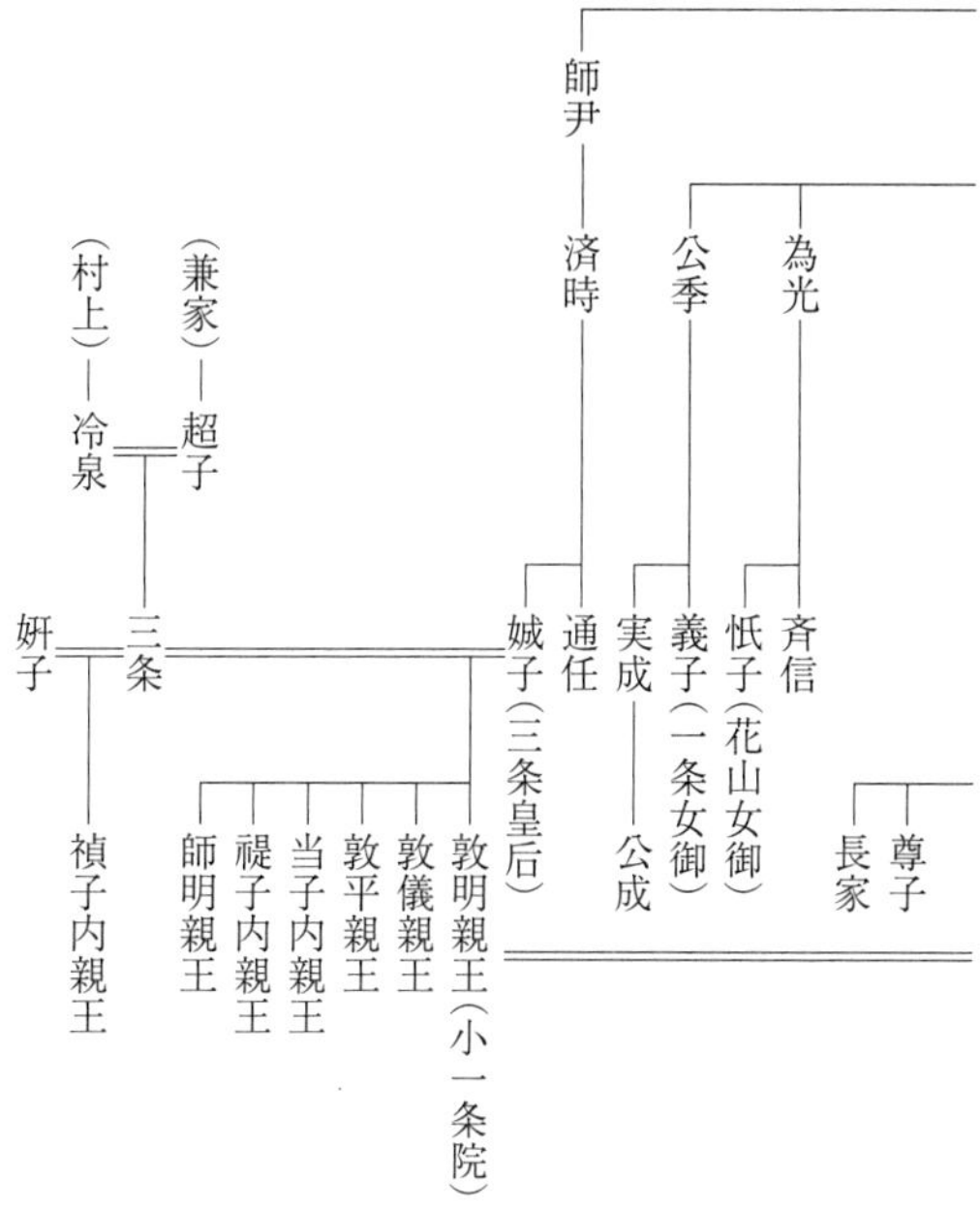
師尹
済時
通任
娍子(三条皇后)
公季
義子(一条女御)
実成
公成
為光
斉信
忯子(花山女御)
尊子
長家
(兼家)
超子
(村上)
冷泉
三条
妍子
禎子内親王
敦明親王(小一条院)
敦儀親王
敦平親王
当子内親王
禔子内親王
師明親王

①中和院
②職曹司
③小安殿
④大極殿
⑤太政官庁
⑥一条院（道長）
⑦一条院別納
⑧一条第（道長）
⑨染殿
⑩土御門第（道長）
⑪枇杷殿（道長）
⑫小一条院
⑬花山院
⑭小野宮北宅（資平）
⑮小野宮西殿（実資）
⑯小野宮（実資）
⑰小野宮東町（実資）
⑱陽成院
⑲町尻殿
⑳小野宮南町（実資）
㉑二条第（道長）
㉒法興院
㉓堀河殿（顕光）
㉔閑院（公季）
㉕東三条第（道長）
㉖東三条第南院（道長）
㉗室町殿
㉘二条第（実資）
㉙小二条第（源俊賢）
㉚三条院（道長）
㉛竹三条宮
㉜高松殿
㉝三条第（行成）
㉞三条殿
㉟三条院
㊱四条宮（公任）

国土地理院発行1/25,000地形図「京都東北部」「京都西北部」を基に，縮小・加筆して作成.

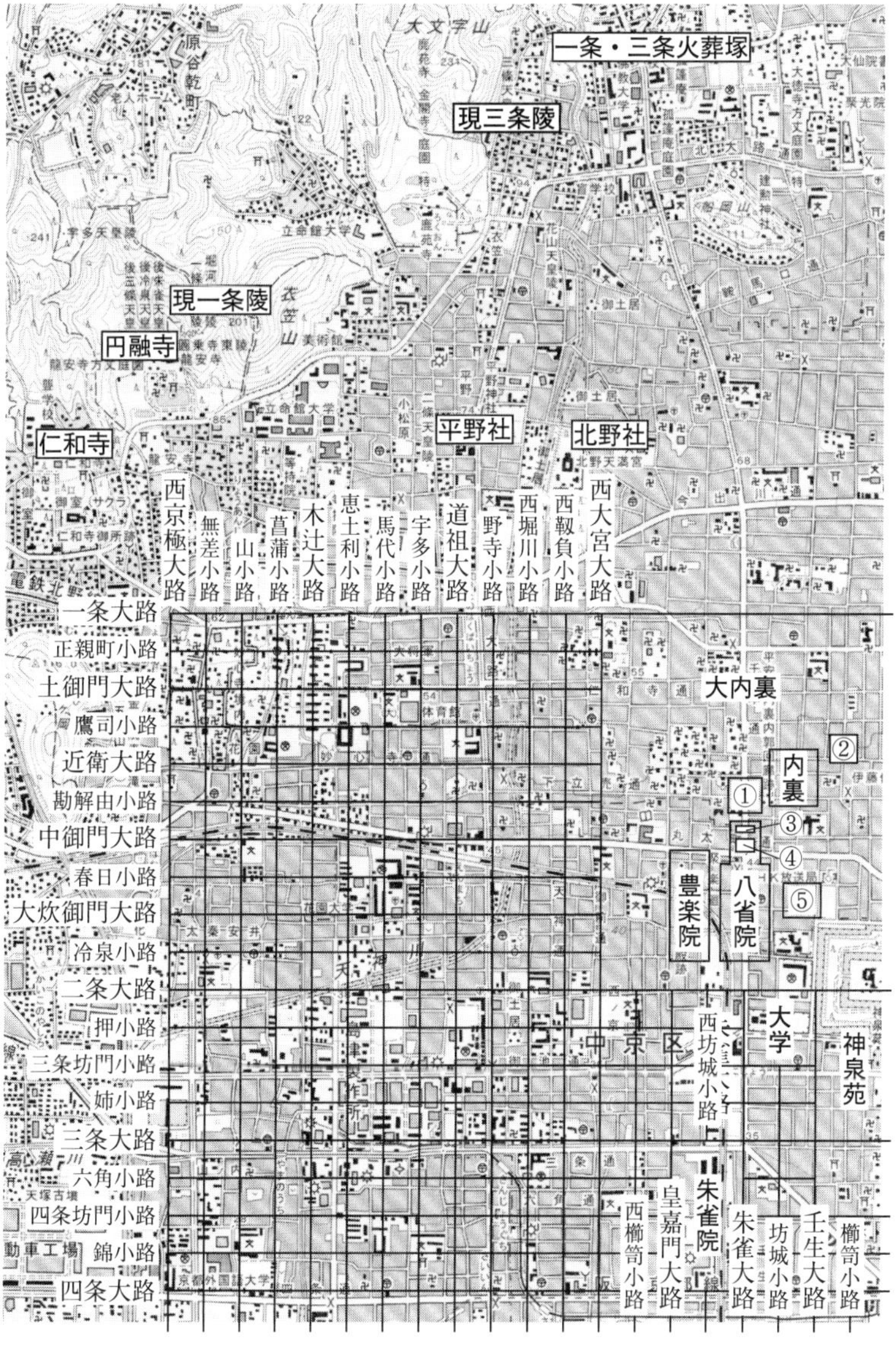

関係地図（平安京北半・北辺）

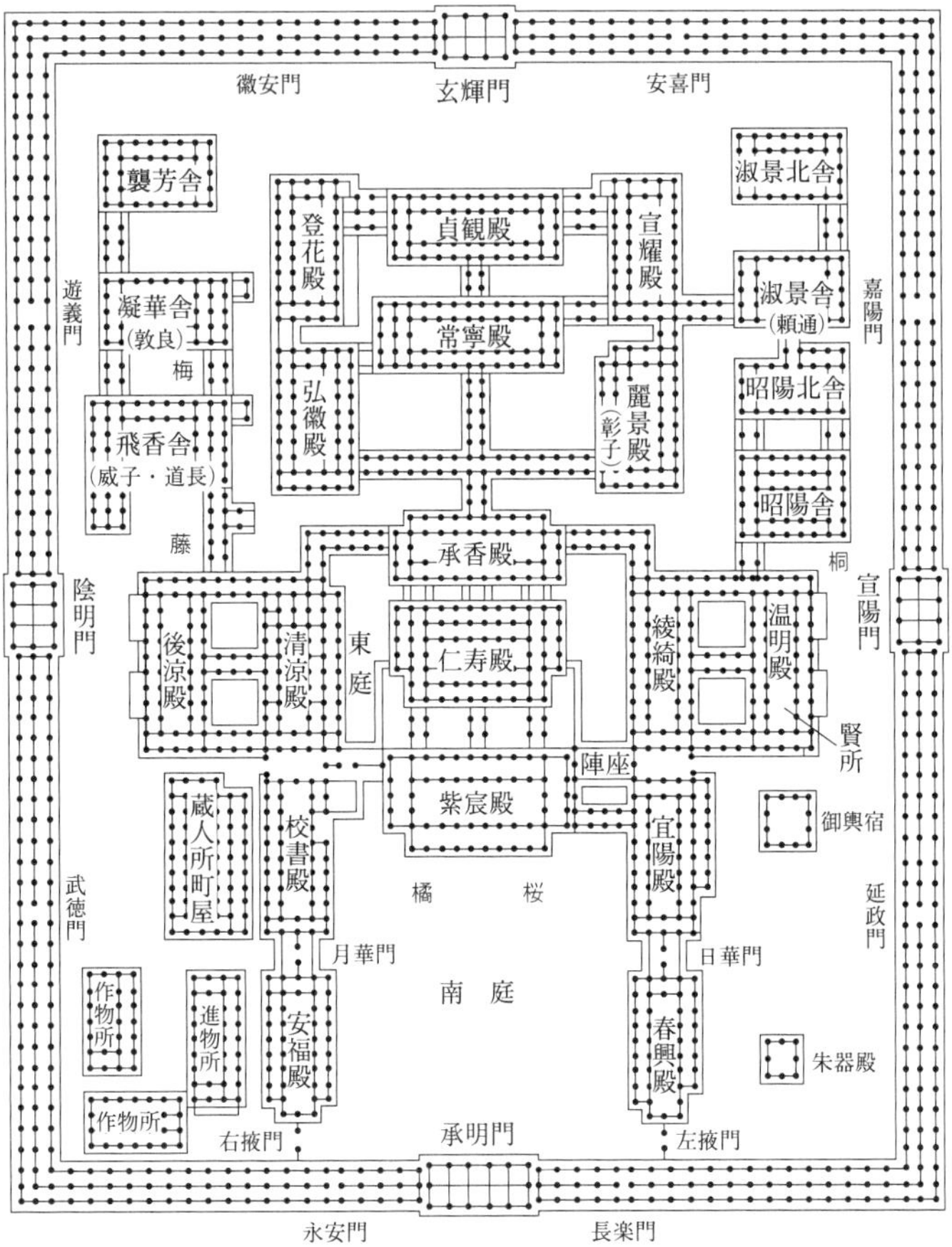
徽安門
玄輝門
安喜門
襲芳舎
登花殿
貞観殿
宣耀殿
淑景北舎
凝華舎
(敦良)
常寧殿
淑景舎
(頼通)
遊義門
嘉陽門
梅
弘徽殿
麗景殿
(彰子)
昭陽北舎
飛香舎
(威子・道長)
昭陽舎
藤
承香殿
桐
陰明門
宣陽門
後涼殿
清涼殿
東庭
仁寿殿
綾綺殿
温明殿
賢所
陣座
紫宸殿
蔵人所町屋
校書殿
宜陽殿
御輿宿
武徳門
橘
桜
延政門
月華門
日華門
南庭
作物所
進物所
安福殿
春興殿
朱器殿
作物所
右掖門
承明門
左掖門
永安門
長楽門

平安宮内裏図

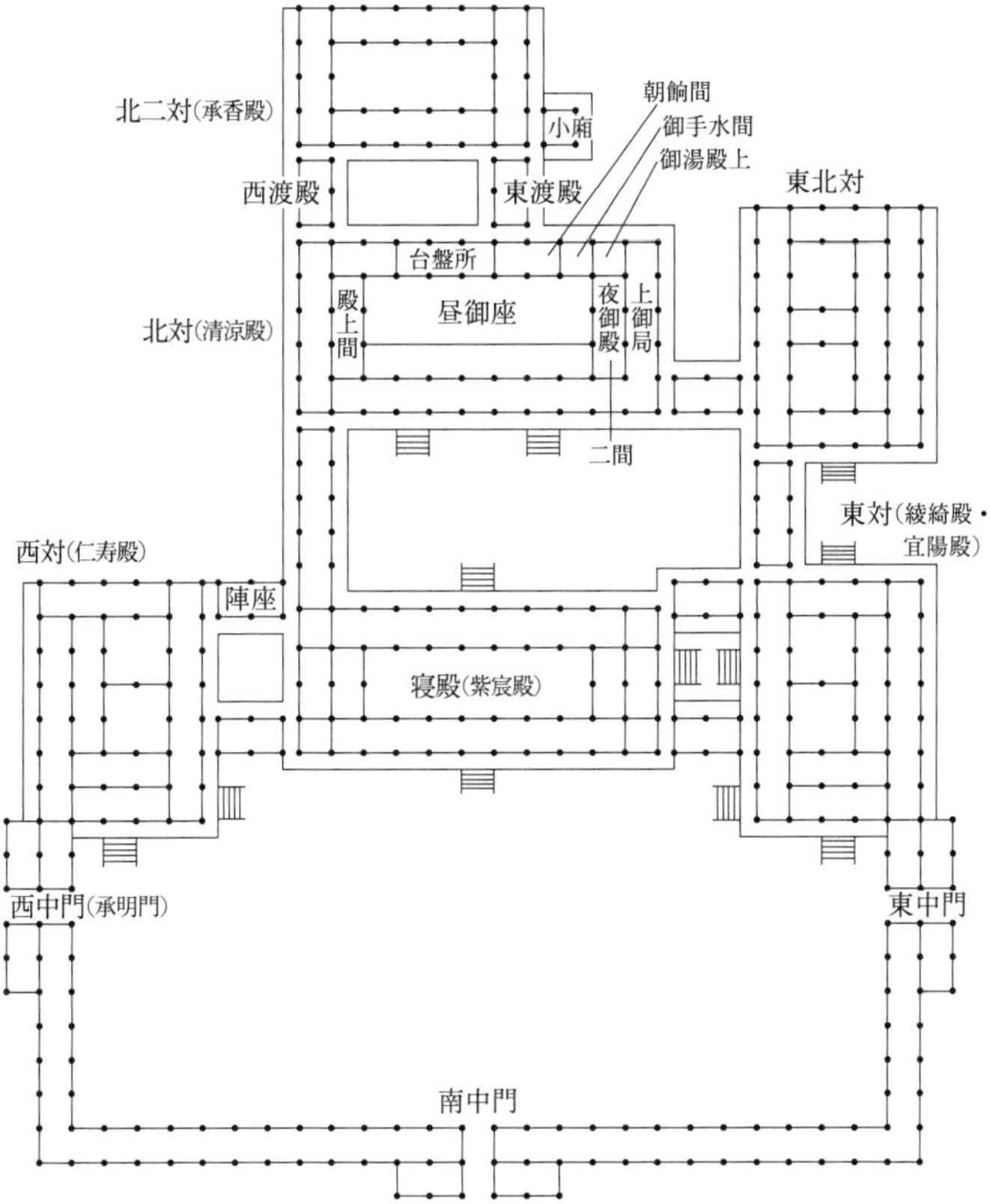

北二対（承香殿）
小廂
朝餉間
御手水間
御湯殿上
西渡殿
東渡殿
東北対
台盤所
殿上間
昼御座
夜御殿
上御局
北対（清涼殿）
二間
東対（綾綺殿・宜陽殿）
西対（仁寿殿）
陣座
寝殿（紫宸殿）
西中門（承明門）
東中門
南中門

一条院内裏図

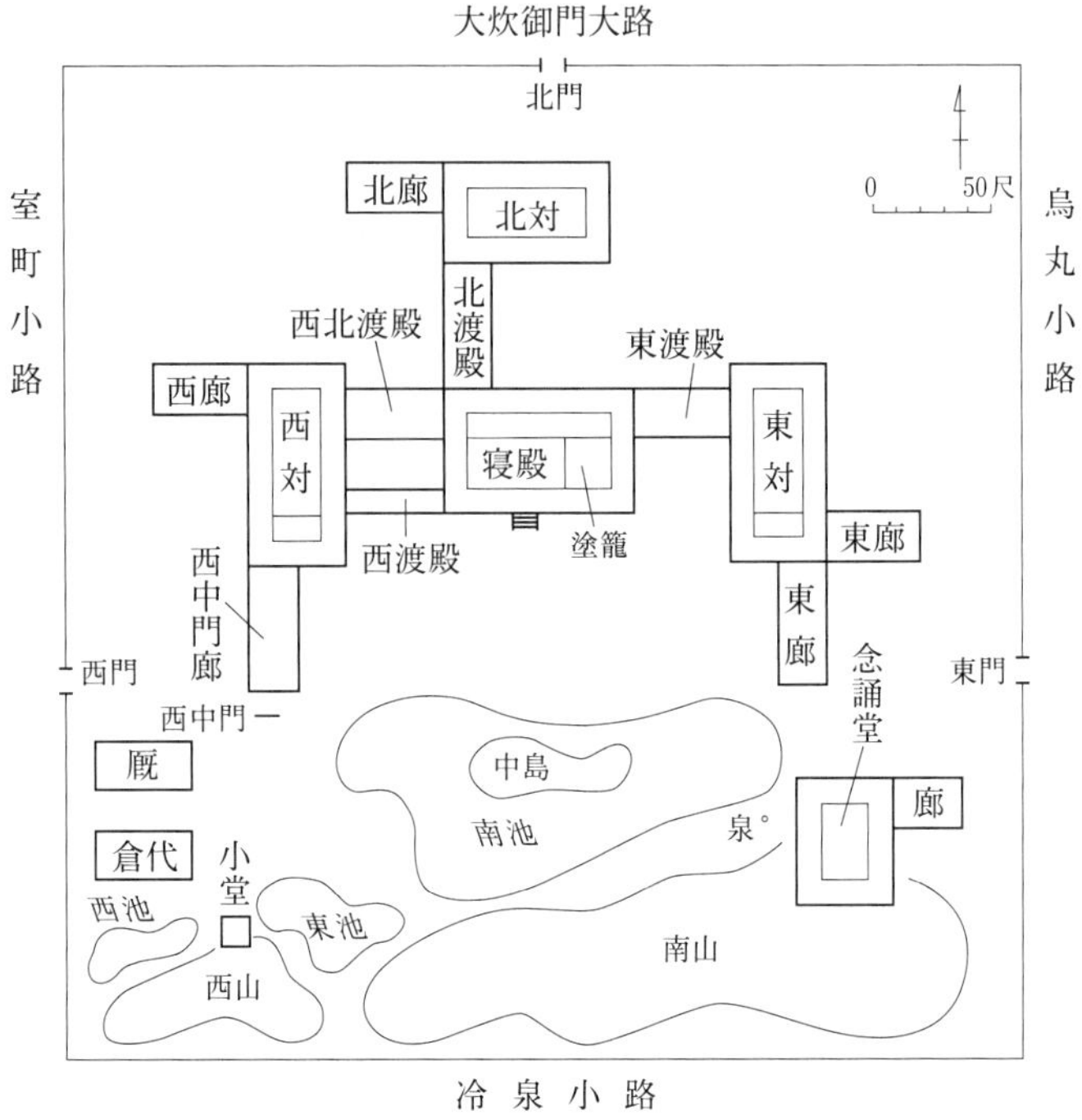

小野宮復元図(吉田早苗「藤原実資と小野宮第」『日本歴史』350，1977 に加筆，作成)

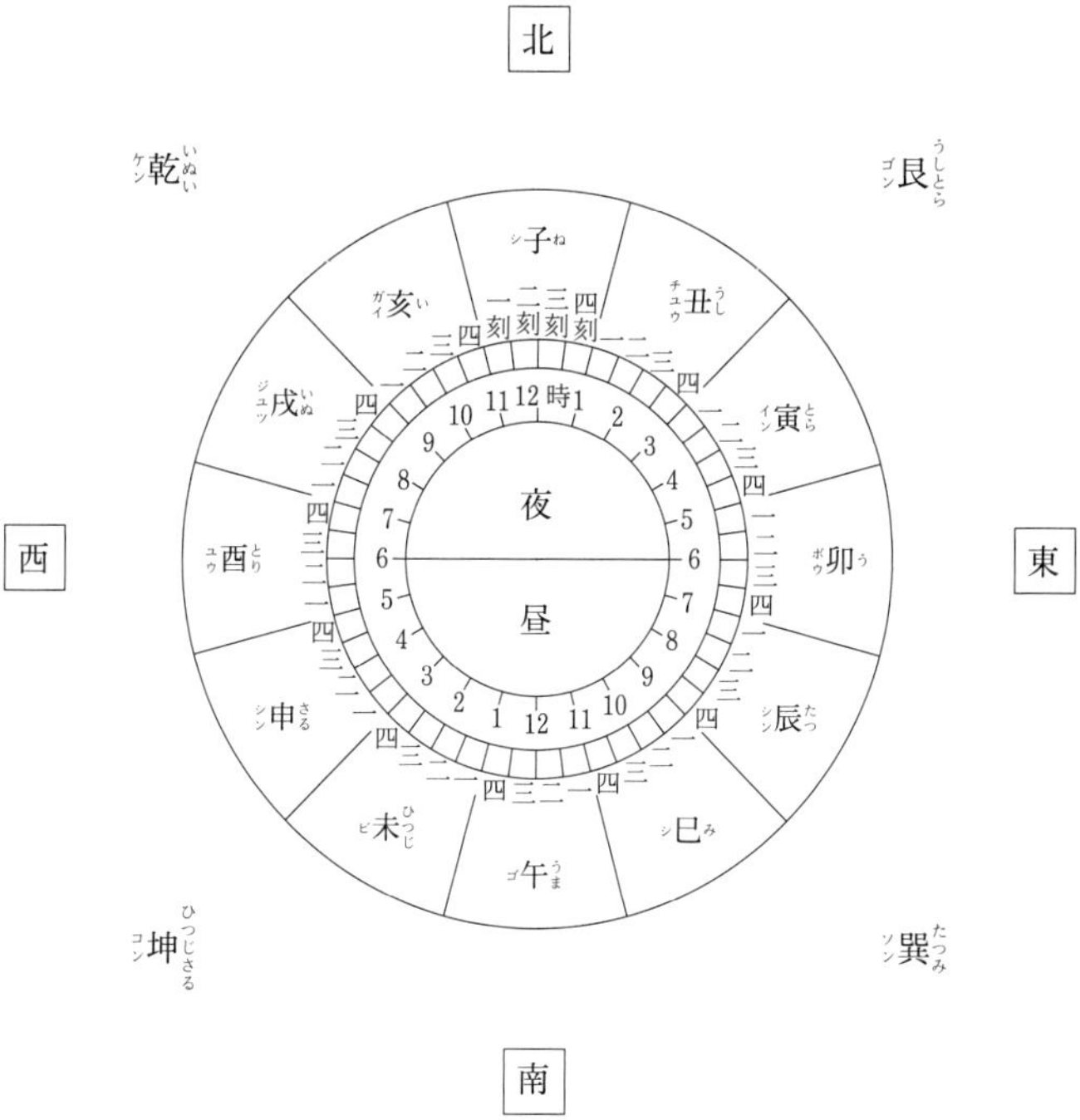
北
乾《ケン》《いぬい》
艮《ゴン》《うしとら》
子《シ》《ね》
亥《ガイ》《い》
丑《チュウ》《うし》
戌《ジュツ》《いぬ》
寅《イン》《とら》
一刻 二刻 三刻 四刻
12 時
夜
昼
西
酉《ユウ》《とり》
卯《ボウ》《う》
東
申《シン》《さる》
辰《シン》《たつ》
未《ビ》《ひつじ》
巳《シ》《み》
午《ゴ》《うま》
坤《コン》《ひつじさる》
巽《ソン》《たつみ》
南

方位・時刻

編者紹介

一九五八年　三重県津市に生まれる
一九八九年　東京大学大学院人文科学研究科国史学専門課程博士課程単位修得退学
一九九七年　博士（文学、東京大学）
現　在　国際日本文化研究センター教授

〔主要著書〕
『一条天皇』（人物叢書、吉川弘文館、二〇〇三年）、『藤原道長「御堂関白記」全現代語訳』（講談社学術文庫、二〇〇九年）、『三条天皇』（ミネルヴァ日本評伝選、二〇一〇年）、『藤原行成「権記」全現代語訳』（講談社学術文庫、二〇一一―一二年）、『藤原道長「御堂関白記」を読む』（講談社選書メチエ、二〇一三年）、『藤原伊周・隆家』（ミネルヴァ日本評伝選、二〇一七年）、『藤原氏』（中公新書、二〇一七年）、『「御堂関白記」の研究』（思文閣出版、二〇一八年）、『公家源氏』（中公新書、二〇一九年）

現代語訳　小右記　10
大臣闕員騒動

二〇二〇年（令和二）四月二十日　第一刷発行

編　者　倉《くら》本《もと》一《かず》宏《ひろ》
発行者　吉　川　道　郎
発行所　株式会社　吉川弘文館
郵便番号一一三―〇〇三三
東京都文京区本郷七丁目二番八号
電話〇三―三八一三―九一五一〈代表〉
振替口座〇〇一〇〇―五―二四四
http://www.yoshikawa-k.co.jp/
印刷＝株式会社　三秀舎
製本＝誠製本株式会社
装幀＝山崎　登

ISBN978-4-642-01825-8